촘스키,
세상의
물음에
답하다

촘스키, 세상의 물음에 답하다 2

— 권력이 세상을 지배하는 방식에 관하여

초판 1쇄 2005년 12월 12일 펴냄
초판 12쇄 2012년 10월 30일 펴냄
2판 1쇄 2013년 12월 20일 펴냄
3판 1쇄 2021년 2월 10일 펴냄
지은이 노엄 촘스키
엮은이 피터 R. 미첼 & 존 쇼펠
옮긴이 이종인
삽화가 장봉군
펴낸이 김성실
제작 한영문화사

펴낸곳 시대의창   **등록** 제10-1756호(1999. 5. 11)
주소 03985 서울시 마포구 연희로 19-1 4층
전화 02)335-6125   **팩스** 02)325-5607
전자우편 sidaebooks@daum.net
페이스북 www.facebook.com/sidaebooks
트위터 @sidaebooks

ISBN 978-89-5940-754-5 (04300)
ISBN 978-89-5940-752-1 (전3권)

UNDERSTANDING POWER The Indispensable Chomsky
edited by Peter R. Mitchell and John Schoeffel

UNDERSTANDING POWER
The Indispensable Chomsky

촘스키,
세상의
물음에
답하다

권력이 세상을 지배하는 방식에 관하여

시대의창

편집자 일러두기

1. 이 책은 *UNDERSTANDING POWER: The Indispensable Chomsky* (Edited by Peter R. Mitchell and John Schoeffel, The New Press, New York, 2002)를 번역한 것이다.
2. 〈편집자의 말〉에 밝혔듯이, 영어판은 본문에 주석 번호만 달렸고, 주석 내용은 웹사이트(www.www.understandingpower.com)에서 찾아보도록 구성되었다. 웹사이트에서는 출처뿐만 아니라 이 책 내용에 대한 논평, 정부 문서의 발췌본, 신문 기사와 연구서의 인용문, 기타 중요한 정보 등 다양한 자료를 제공한다. 한국어판에는 원서와 같이 주석 번호는 모두 달되, 본문을 이해하는 데 도움이 될 만한 내용만 선별하여 발췌 번역했다. 책에 실리지 않은 주석을 더 참조하고 싶다면 웹사이트를 참고하기 바란다.
3. 본문에서 대괄호([ ]) 안의 설명은 촘스키 본인 혹은 원서 편집자 피터 R. 미첼과 존 쇼펠이 단 주석이다.

인류의 고통에 대한 참을 수 없는 연민

간절히 질문하고 가까운 사례를 가지고
깊이 생각해 나간다면, 인(仁)이 그 안에 있느니라.

이 책은 촘스키가 10년 동안의 간담회, 연설회, 세미나 등을 통해 '세상'의 물음에 답한 내용을 망라하여, 그 가운데서 촘스키 사상의 고갱이와 세상을 읽는 통찰의 큰 줄기를 보여주는 내용을 치밀하게 가려 뽑아 엮은 책이다.

이전에 시대의창에서 펴낸 《촘스키, 누가 무엇으로 세상을 지배하는가》(2002년 초판, 2013년 개정판)와 〈촘스키, 세상의 권력을 말하다〉 시리즈(2004년 초판, 2013년 개정판)가 주로 특정 주제를 놓고 전문 인터뷰어와 나눈 대담이었다면, 이 책은 불특정 다수의 청중을 앞에 두고 그들과 함께 광범위한 주제에 관해 이야기를 나눈 것이어서 마치 대화를 나누듯이 생동감 있고 그 내용이 훨씬 논쟁적이며 고백적이다.

그러다 보니 촘스키를 부르는 호칭부터 다양한데, 저마다 뉘앙스가 다르다. 가령 촘스키 씨, 노엄 또는 당신이라고 호칭한 경우에는 '내(청중)가 뭔가를 잘 모르니 한 수 배우고 싶다'는 의도로 던진 질문이 많고, 촘스키 박사라고 호칭한 경우에는 '학술적 내용으로 당신과 논쟁하고자 한다'는 의도로 읽힌다.

바로 이런 사실은, '저명인사'의 말을 청중이 일방적으로 듣기만 하고 끝나는 게 아니라 청중도 대화에 적극 참여하여 치열한 논쟁을 펼쳐 나간다는 것을 보여준다. 가령 촘스키가 미국 언론의 편파성을 통렬하게 비판하면 질문에 나선 청중이 반박하고 그렇게 하여 치열한 대화가 진행된다. 두 사람의 대화 가운데 군더더기는 빼버리고 핵심만 편집해서 그렇지, 아마도 대화의 현장에서 두 사람은 얼굴을 붉히기도 했을 것이다.

또 어떤 청중이 '당신이 세계적 지명도가 있는 학자이므로 당신의 말을 들어주는 것이지, 안 그렇다면 몇 명이나 당신의 연설회에 나왔겠느냐'고 묻자 촘스키는 "어떤 연설이 의미를 갖는 것은 그 연설의 '내용'이지, 연설자의 이름 뒤에 나오는 직함이 아니다. 상식적인 사안에 대해서 논평하는 데에도 특별한 자격을 갖춰야 한다는 생각은 또 다른 속임수일 뿐이다. 그것은 민중을 주변화하려는(소외시키려는) 술수이므로 그런 속임수에 넘어가서는 안 된다"고 답변한다.

그런가 하면 시민운동의 고단함에 대해서 얘기가 오가는 가운데, 어떤 청중이 '시민운동을 하다가 너무나 요원한 전망에 혹시 절망에 빠진 적은 없느냐'고 묻자, 촘스키는 '매일 저녁 절망을 느낀다'고 고백하면서도 '하지만 절망에 빠져서 허우적거리며 아무것도 안 한다면 그게 무슨 의미가 있겠는가. 그런 예측은 아무런 의미도 없으며, 당신의 분위기 또는 당신의 성품을 그대로 반영했을 가능성이 높다. 만약 그런 전제조건 위에서 행동한다면 사태는 결국 당신이 예측한 대로 벌어지고 말 것이다. 하지만 얼마든지 현재의 상태를 바꿀 수 있다는 전제조건을 믿고 적극적으로 활동한다면 정말 그 상태가 바뀔 것'이라고 통박한다.

　이런 식으로 진행되는 대화는 시종 팽팽한 긴장을 유지하는데, 강처럼 흐를수록 넓어지고 깊어진다. 촘스키는 추상과 관념을 철저하게 배제한 채 구체적 사실과 증거를 가지고 세상의 물음에 답해 나간다. 또 모르는 것은 추호도 짐작해 말하는 법 없이 솔직하게 모른다고 한다.

　촘스키는 (소련 체제를 비판한 사하로프를 예로 들면서) '나는 미국 사람이기 때문에 미국의 잔학 행위를 얘기할 수밖에 없다'고 말한다. 그의 이러한 '윤리적' 발언은 아리스토텔레스의 《니코마코스 윤리학*Nicomachean Ethics*》에 나오는 다음의 말을 연상시킨다. "철학자에게는 친구도 진리도 다 소중하지만 친구보다는 진리를 더 중시하는 것이 철학자의 의무다."

　촘스키는 '대중이 갖고 있는 중대한 환상 가운데 하나는 '정부'가 곧 권력 그 자체라는 생각이다. 그러나 정부는 권력 그 자체가 아니며 권력의 한 부분만을 담당할 뿐이다. 진정한 권력은 사회를 소유한 사람들의 손에 있고, 국가 관리자들은 공무원에 지나지 않는다'는 말로 세인의 그릇된 인식을 깨우친다.

　그러면서 그는 개인(기업, 언론) 권력의 무한 확장과 허울뿐인 주권재민主權在民의 현실에 경종을 울린다. 나는 이 책을 처음 읽었을 때, 혹시 이런 개인 권력에 대한 분노가 촘스키를 움직이는 힘이 아니었을까 궁금해하면서 셰익스피어의 《코리올라누스*Coriolanus*》에 나오는 다음의 대사를 많이 생각했다. "분노는 나의 힘*Anger is my meat*. 나는 분노를 나의 식사로 삼았으나 그것은 먹으면 먹을수록 더 나를 배고프게 한다."

　그러나 이 책을 거듭 읽으면서 분노보다는 '민중에 대한 사랑'이 그를 움직이는 힘이라고 확신하게 되었다. 실제로 촘스키는 매사추세츠 공과대학교(이하 MIT) 연구실에 그가 존경하는 버트런드 러셀의 사진을 걸어두고 그 밑에 러셀의 좌우명을 붙여놓았다고 한다. "세 가지 열정이 내 인생을 지배해왔는데 하나는 사랑에 대한 열망이고, 둘은 지식에 대한 탐구이며, 셋은 인류의 고통에 대한 참을 수 없는 연민이다."

《논어論語》〈자장子張 편〉에는 "간절히 질문하고 가까운 사례(자기 나라의 사례)를 가지고 깊이 생각해 나간다면, 인仁이 그 안에 있느니라"라는 말이 나오는데, 인은 곧 사랑의 동양적 표현이므로, 세상의 물음에 답하는 촘스키의 말은 일언이폐지一言以蔽之하여 사랑의 말일 터이다.

이종인

한 권에 담은 촘스키의 정치사상

우리의 목표는 촘스키의 정치사상을
일목요연하게 개관할 수 있도록 녹취록을 단행본 형태로 편집하되,
촘스키 학술서의 엄정함과 인터뷰 형식의 친근함을 종합적으로
살릴 수 있는 그런 책을 만드는 것이었다.

이 책에 실은 토론의 주제는 다양한 범위에 걸쳐 있으며, 이 세상을 이해하는 혁명적인 관점을 제시하면서 권력의 내면을 들여다보는 촘스키의 통찰을 다루고 있다. 촘스키의 독보성은, 사실 관계를 밝히는 정보를 풍성하게 제시하면서 전 세계 권력기관들의 만행과 기만을 완벽하게 폭로해버린다는 데 있다.

인터넷 덕분에 우리는 이 책의 웹사이트에 방대한 증빙 기록을 올려놓을 수 있게 되었다. 이 온라인 주석들은 인용 책자의 열거가 아니라, 이 책의 본문에 대한 논평, 정부 문서의 발췌본, 신문 기사와 연구서의 중요한 인용문, 기타 중요한 정보 등 다양한 자료를 제공하고 있다.

우리의 목표는 사실에 근거한 촘스키의 주장을 뒷받침할 수 있는 가능한 한 많은 증빙 자료를 제시하는 것이었다. 이 책의 온라인 주석은 이 책(영어판)의 웹사이트 www.understandingpower.com에서 다운로드받거나 프린트할 수 있다.

우리는 수십 회에 걸쳐 진행한 간담회의 녹음 테이프들을 먼저 녹취한 다음 읽기 좋게 편집했다. 이어 불필요하게 반복된 부분은 제거하고 다시 취합하여 주제와 아이디어의 일관된 순서를 따라가며 재편집했다. 우리의 목표는 촘스키의 정치사상을 일목요연하게 개관할 수 있도록 녹취록을 단행본 형태로 편집하되, 촘스키 학술서의 엄정함과 인터뷰 형식의 친근함을 조화롭게 살릴 수 있는 그런 책을 만드는 것이었다.

우리는 촘스키의 말을 있는 그대로 충실하게 살리려고 애썼다. 실제로 촘스키는 이 책의 본문을 모두 읽어보았다. 하지만 단행본의 구조와 스타일을 살리기 위해 약간의 수정을 가할 필요가 있었음을 밝힌다.

이 책에서, 질문하는 사람들은 'Man'(한국어판에서는 '청중 1'-편집자) 또는 'Woman'(한국어판에서는 '청중 2'-편집자)으로 표시했는데, 이렇게 하는 것이 같은 사람의 연이은 질문을 쉽게 알아보게 하고 또 다른 질문자가 끼어들었을 때도 금방 구분할 수 있다는 판단에서였다.

우리는 주석에서 인용된 자료들을 (몇몇 외국어로 된 것들을 제외하고는) 모두 찾아보고 확인했다. 대부분의 자료들은 본문 내용을 뒷받침하기 위해 인용한 것이었지만 그렇지 않은 것도 일부 있다.

우리는 주석에 관련된 아주 흔한 오해를 다루고 있는 1장의 주석 67번을 참조할 것을 권한다. 주류 언론의 기사를 빈번하게 언급한 것은 언론의 '프로파간다 모델'을 정면에서 폭로하기 위한 것이다. 촘스키는 이 모델에 대하여 1장에서 자세히 설명하고 있다.

이 책이 인쇄에 붙여진 동안, 9·11사태가 터져 커다란 파장을 일으켰다. 미국 언론들은 '테러'에 대해서는 엄청나게 다루었지만 놀랍게도 이런 사태가 발생한 맥락에 대한 논의는 일체 생략해버렸다.

부시 대통령과 정부는 "미국은 세계의 자유와 기회의 횃불이기 때문에 테러 공격의 목표물이 되었다"고 발표했는데, 미국의 주류 언론은 이 성명을 앵무새처럼 되풀이했을 뿐이다.

걸프전(1992) 동안 자행된 이라크 민간인에 대한 무차별 살상, 미국이 주도한 경제제재로 이라크 국민들이 겪은 참상, 민중을 탄압한 서남아시아 독재 권력들에 미국이 보낸 지지 등에 대해서는 전혀 언급하지 않았다. 그저 '테러에 따른 분노'를 증폭시키는 데에만 열을 올렸을 뿐이다.

이 책은 9·11사태 이전에 편집되었지만, 이 테러 공격의 중요한 배경과 온갖 의문에 대한 답이 이 책 속에 이미 제시되어 있다. 왜 미국 언론은 그처럼 제한적이고 무비판적이고 부정확한 분석만 내놓고 있는가? 미국 외교정책의 근간은 무엇이며 왜 그것이 전 세계적으로 광범위한 증오를 불러일으키고 있는가? 이런 상황을 바꾸기 위해 보통 사람 또는 시민 들은 무엇을 할 수 있는가?

촘스키는 테러 공격 직후 이렇게 말했다. "선진국 국민은 이제 선택 앞에 서 있다. 그저 놀라움을 표시하며 공포에 떠느냐, 아니면 이런 범죄를 일으킨 원인을 파악하려고 애쓰느냐……."

겁먹고 놀란 현재의 관점에서 볼 때, 이 책에서 다룬 여러 논의 사항은 전보다 더 긴급해 보인다.

피터 R. 미첼 & 존 쇼펠

촘스키, 세상의 물음에 답하다 1

촘스키, 세상의 물음에 답하다 3

5

세상을 지배하는 제국의 방식을 말하다

※ 1990년, 1993년에서 1996년 사이에 뉴욕, 매사추세츠 메릴랜드, 콜로라도, 일리노이, 온타리오에서 있었던 토론회를 바탕으로 엮었다.

1

왜곡된 '전제'를 바로잡아 말하다

동유럽의 국가들도 스스로를 '민주주의' 국가라고 부릅니다.
그런데 왜 우리는 '사회주의'가 실패했다는 얘기만 하고 '민주주의' 또한
실패했다는 얘기를 안 하는 겁니까?
스스로를 민주주의라고 부른다고 해서 그들이 실제로
민주적이라는 뜻은 아닙니다.

소련의 경제개발 대 서방의 경제개발

<u>참조2</u> 미래를 위한 가장 좋은 시나리오를 구상할 때, 충분히 통하는 경제체제로는 어떤 것을 예상하십니까?

— 우리 경제체제는 '통하고' 있습니다. 단지 주인의 이익만을 위해 작동한다는 게 문제지요. 나는 일반 대중의 이익을 위해 작동하는 경제체제를 보고 싶습니다. 애덤 스미스의 용어[1]를 빌리자면, 일반 대중이 정책의 '주된 건설자principal architects'가 될 때 그런 체제가 생겨날 겁니다. 경제든 정치든 권력이 소수의 손에 집중되어 있으면 누가 각종 정책들로부터 이득을 볼지는 너무나 뻔합니다. 천재가 아니더라도 얼마든지 짐작할 수가 있습니다. 바로 이 때문에 민주주의가 일반 대중에게 좋은 겁니다. 하지만 진정한 민주주의를 성취하기 위해서는 기업자본주의corporate capitalism라는 방대한 체제를 완전 해체하지 않으면 안 됩니다. 이 체제는 아주 지독하게 반反민주적이기 때문입니다. 하지만 펜대를 굴린다고 해체되지는 않습니다. 대안적 민주

---

1 애덤 스미스가 '주된 건설자'라는 표현을 쓴 것은 중상주의 제도를 비난하기 위해서였다. 스미스는 중상주의 제도가 많은 사람들을 희생시켜가며 그 제도를 건설한 사람들만 이롭게 한다고 말했다. Adam Smith, *The Wealth of Nations*, Chicago University Press, 1976(original 1776), pp. 180-181.

제도를 확립해 사회의 투자를 결정하는 통제권이 노동자와 노동자들의 공동체로 넘어오게 해야 합니다. 아주 고된 과정이 될 겁니다. 그러려면 변화를 이루어낼 수 있는 문화적·제도적 기반을 전반적으로 구축해야 합니다. 저절로 되는 게 결코 아닙니다. 이 체제가 어떤 모습일지 책을 써낸 사람들이 있습니다. 때때로 '참여경제participatory economy'라고도 불립니다.[2] 나는 이런 방향으로 나가야 한다고 생각합니다.

청중1 촘스키 씨, 당신이 말하는 반反자본주의적 실험을 오래 해왔지만 이제 그것에서 벗어나고 있습니다. 실험은 그리 성공적이지 못했습니다. 시도는 했으나 실패했습니다. 왜 아직도 과거와 똑같은 것을 지지하고 계십니까?

― 나는 똑같은 것을 지지하고 있는 게 아닙니다. 당신은 소련의 실험을 말하는 건가요?

청중1 그렇습니다.

― 그에 대하여 두 가지 사항을 지적하고 싶습니다.

첫째, 소련은 근본적으로 자본주의 체제였습니다. 레닌과 트로츠키가 1917년 10월에 정권을 잡으면서 취한 최초의 조치는 1917년 2월의 러시아혁명 이후 실시되어온 사회주의적 개혁을 철폐하는 것이었습니다[러시아의 차르는 1917년 2월의 민중혁명에 의하여 전복되었고 레닌의 볼셰비키 당은 8개월 후 군사 쿠데타로 정권을 잡았다]. 방금 나는 노동자들과 노동자들의 공동체가 정책 결정에 참가해야 한다고 말씀드렸습니다. 하지만 볼셰비키가 최초로 한 일

소련은 근본적으로 자본주의 체제였습니다.
레닌과 트로츠키가 정권을 잡으면서 취한 최초의 조치는
러시아혁명 이후 실시되어온
사회주의적 개혁을 철폐하는 것이었습니다.

은 노동자의 정책 결정을 철저히 봉쇄하는 것이었습니다. 그들은 공장평의회를 철폐했고, 소비에트[지역 단위의 통치기구]를 제거했고, 제헌의회[민주적으로 선출된 의회로서 경쟁자인 사회주의자 그룹이 장악했으나 1918년 1월 볼셰비키 군대에 의해 해산되었다]를 해산시켰습니다. 사실 그들은 러시아의 모든 형태의 대중 조직을 해체하고, 임금과 이익을 사전 결정하는 통제 경제를 실시했는데 이것은 중앙집중화된 국가자본주의 모델과 비슷했습니다.[3] 따라서 당신이 말씀하신 실험이라는 것, 즉 소련의 경제체제는 내가 희망하는 경제체제와는 정반대의 것으로 결코 같은 것이 아닙니다.

둘째, 당신이 소련의 경제체제에 대해서 어떻게 생각하는지와는 관계 없이, 과연 그것이 성공했느냐 실패했느냐 하는 문제입니다. 미국처럼 전체주의적 성향이 강한 나라에서는 그 문제에 대하여 바보 같은 질문을 던집니다. 우리는 이렇게 묻습니다. 러시아의 경제 성적은 서유럽이나 미국과 비교해볼 때 어느 정도인가? 그 답은 '아주 형편없어!'입니다. 하지만 여덟 살짜리 소년도 질문에 문제가 있다는 것을 알 겁니다. 우선 러시아와 서유럽(나아가 미국)의 경제체제는 지난 600년 동안 서로 달랐습니다. 동유럽과 서유럽이 경제적으로 서로 비슷했던 때를 찾아보려면 콜럼버스 이전으로 거슬러 올라가야 합니다. 콜럼버스 이전에도 동유럽은 서유럽의 신생 섬유산업과 금속산업에 원자재와 인력을 제공하는 기지 노릇을 했습니다. 그래서 러시아는 수 세기 동안 아주 가난한 제3세계 국가로 남아 있었습니다.[4] 물론 잘 개발된 소규모 분야나 엘리트, 작가 등의 풍성한 부문도 있었습니다만 이것은 다른 제3세계 국가도 마찬가지입니다. 가령 라틴아메리카 주민들은 굉장히 비참하게 살고 있지만 라틴아메리카 문학은 세계적으로 매우 뛰어난 것과 비슷합니다. 당신이 20세기 소련의 경제 발전을 면밀히 살펴본다면 시사점이 아주 많다는 걸 발견하게 될 겁니다. 예를 들면 동유럽과 서유럽의 소득 비율은 1913년경까지는 계속 차이가 나다가 1950년경까지는 간격이 아주 급속히 좁혀졌습니다. 소련 경제가 정체하던 1960년대 중반에는 소득 비율이 약간 차이가 나다가 이어 1980년대 후반에 들어서는 크게 벌어졌습니다. 소련 제국이 마침내 붕괴된 1989년 이후에는 거의 자유낙하라고 할 만큼 엄청나게 벌어졌습니다. 그리고 현재는 1913년 수준과 거의 비슷해졌습니다.[5] 이 자료가 소련의 경제 모델이 성공이었는지, 실패였는지 당신에게 말해줄 겁니다.

자, 이제 '러시아의 경제 성적은 서유럽과 비교해볼 때 어느 정도인가?'라는 바보 같은 질문 대신 합리적인 질문을 던져봅시다. 경제 발전의 대안 모델을 평가하고자 한다면 ─당신이 이것을 좋아하든 말든─ 당신은 이렇게 질문해야 합니다. 1910년의 소련과 경제 상황이 비슷했던 사회들은 1990년 현재, 소련과 비교해 어떠한가? 물론 역사에서 아주 똑같은 모델을 찾을 수는 없겠지만 아주 비슷한 모델을 찾을 수는 있습니다. 가령 러시아를 브라질, 불가리아, 과테말라 등과 비교해보는 것입니다. 상당히 합리적인 비교입니다. 예를 들어 브라질은 초일류 부국이 되어야 마땅한 나라입니다. 엄청난 천연자원을 갖고 있고, 적이 없고, 러시아처럼 세 차례의 외침으로 파괴되지도 않았습니다(소련은 양차 세계대전을 겪었고 1918년 러시아 내전에 서방이 참여했다). 실제로 브라질은 러시아에 비해 경제 발전의 환경이 훨씬 좋았습니다. 자, 그럼 브라질과 러시아를 비교해봅시다. 이 비교는 타당한 것입니다.

하지만 미국에서는 아무도 이렇게 비교하지 않습니다. 그럴 만한 이유가 있습니다. 그러면서 괴상하게 러시아와 서유럽만 비교하는데, 러시아와 브라질, 과테말라와 불가리아를 비교하면 원하는 대답이 나오지 않기 때문입니다. 브라질은 아마 인구의 5~10퍼센트가 서유럽과 닮았을 것이고 80퍼센트가량은 중앙아프리카와 비슷할 겁니다. 사실 국민의 80퍼센트는 소련이 천국처럼 보인다고 할 것입니다. 만약 과테말라 농부가 갑자기 불가리아에 간다면 천국같이 느낄 겁니다. 그래서 미국에서는 이렇게 비교하지 않고 괴상하게 비교하는 것인데, 두 번째를 조금이라도 생각해본 사람이라면 아주 터무니없다는 걸 알 수 있을 겁니다. 미국에서는 모든 사람, 즉 모든 학자들, 모든 개발 경제학자들, 언론사 논평가들이 그렇게 비교하고 앉았습니다. 하지만 잠시만 생각해보십시오. 소련의 경제체제가 얼마나 성공적이었는지 알려면, 1990년의 러시아를 1910년 당시의 러시아와 경제 환경이 비슷했던 나라와 비교해야 하지 않겠습니까? 이게 타당하지 않습니까?

실제로 세계은행은 소련의 발전 모델이 성공했다는 분석을 그 나름 내놓았습니다. 여러분도 알겠지만 세계은행은 과격한 기관이 아닙니다. 1990년 세계은행은 러시아와 중국에 대해 "국제시장에서 벗어남으로써 발전한 비교적 성공한 사회"라고 말했습니다. 결국 어려움에 봉착해 국제시장으로 되돌아왔지만 말입니다.[6] "비교적 성공한"이라는 말은 혁명 전의 러시아와 중국을 그들과 비슷했던 나라들과 비교해 상당히 성공했다는 뜻이 됩니다.

바로 이것이 냉전 시대에 미국이 걱정한 바였습니다. 진실을 털어놓으면 이렇습니다. '소련의 경제 발전이 제3세계의 가난한 나라들에게는 아주 좋

---

6 "소련과 중국은 최근까지만 해도 비교적 성공한 나라들의 대표적 사례인데, 이들은 의도적으로 글로벌 경제를 피해왔었다. 이 두 나라는 땅덩어리가 크기 때문에 다른 나라들에 비해서 내부를 바라다보는 개발 정책이 더 바람직했다. 하지만 이 두 나라도 서서히 정책을 선회하여 글로벌 경제에 더 적극적으로 가담하게 되었다."The World Bank and Development: An N.G.O. Critique and a World Bank Response", in *Trócaire Development Review*, Catholic Agency for World Development, 1990, pp. 9-27.

게 보일 것이고 그래서 따라 하려고 할지 모른다'. 내가 보기에 냉전이 지속된 이유의 일부는 두 초강대국이 각자 제국을 통제하는 데 냉전이 아주 적절한 수단이었기 때문이라는 것입니다. 두 강대국은 상대 제국에 대한 두려움을 앞세워 자기 제국 주민들을 통제할 수 있었습니다. 동시에 서로 영역을 침범하지 않기로 전략적 합의를 보았습니다. 하지만 미국 입장에서 냉전의 기원起源 ─그리고 냉전 기간 내내 미국 정책 입안자들의 관심사 ─은, 전통적으로 제3세계에 속했던 많은 지역이 서방의 착취로부터 벗어나 독자적인 노선을 추구하기 시작했다는 것이었습니다.' 이제 비밀해제된 미국 정부의 내부 문서를 읽어보면(그런 자료가 현재 상당히 많은데), 1960년대까지 서방 정책 입안자들의 주요 관심사는 소련 발전 모델이 미국의 세계 지배 체제를 붕괴시킬지 모른다는 것이었습니다. 사실 소련이 너무나 잘하고 있었으니까요. 예를 들어 존 포스터 덜레스〔미국 국무장관〕와 해럴드 맥밀런〔영국 총리〕은 러시아의 성공적 발전에 겁을 먹고 제정신이 아닐 정도였습니다. 그처럼 소련의 경제는 성공적이었던 겁니다.' 러시아는 오늘날 제3세계 국가로 지칭되지 않습니다. '실패한 선진국', 뭐 이 비슷한 이름으로 불립니다. 달리 말해서 러시아는 선진국이 되었으나 결국 실패했으니 이제 다시 전통적인 제3세계 국가로 재편입시키자는 뜻입니다.

일반적인 효과 면에서 소련 제국이 붕괴된 이후의 과정을 한번 살펴보십시오. 미국이 옛 소련 제국 블록에 소속되어 있던 나라들에 도입했던 이른바 '경제 개혁'이라는 것은 그 나라 주민들 대부분에게 커다란 재앙이었습니다. 하지만 서방의 투자자들과 아주 부유한 제3세계 엘리트들은 엄청난 돈을 벌었습니다. 이들 나라에 보내진 '원조'를 다양한 방식으로 뜯어먹으면서 말입니다.' 사실 유니세프UNICEF〔유엔아동보호기금〕는 얼마 전 러시아,

폴란드, 기타 지역에서의 '자본주의적 개혁'의 결과로 발생한 죽음과 같은 인간 희생을 추정하는 연구를 내놓았습니다. 이 나라들은 이 개혁을 승인했는데, 아무튼 러시아의 경우에는 개혁의 결과로 연간 50만 명이 추가로 죽는다고 계산했습니다. 폴란드는 러시아보다 작으니까 그 숫자는 적겠지만 폴란드 전역에서 비율은 비슷한 수준이었습니다. 체코공화국은 빈곤 인구 비율이 1989년 5.7퍼센트에서 1992년 18.2퍼센트로 늘어났습니다. 폴란드에서는 그 수치가 20퍼센트에서 40퍼센트가 되었습니다. 당신이 당장 바르샤바 거리를 걷는다면 가게 진열장에서 좋은 물건들을 많이 발견할 것입니다. 이것은 여느 제3세계 국가들과 마찬가지입니다. 엄청난 부가 소수의 손에 집중되어 있는 반면, 가난, 기아, 죽음, 엄청난 불공정 따위를 다수가 감내하고 있는 겁니다.[10]

실제로 이것이 이른바 동유럽과 러시아의 '공산당'이 오늘날 표를 얻고 있는 이유입니다. 하지만 미국에서는 이 현상을 이렇게 설명합니다. '향수일 뿐이다. 그들은 과거가 얼마나 열악했는지 잊었다.' 하지만 그것은 향수가 아닙니다.[11] 나는 그곳에 사는 사람들이 스탈린의 토굴로 다시 돌아가고 싶어 한다고 생각하지 않습니다. 그들은 과거를 동경하는 것이 아니라 미래를 두려워합니다. 그들은 러시아가 브라질이나 과테말라처럼 될지 모른다고 생각합니다. 자신들의 체제가 더 나쁘기 때문에 어쩌면 그보다 더 못한 상황이 될 거라고 우려하는 것입니다.

테러 지지하기

그래서 러시아가 서방의 전통적인 제3세계 서비스 지역이 되기를 거부하고 독자적 경제 개발의 길로 나아간 것, 바로 이것이 냉전의 주된 요인 중하나였습니다. 여러분이 늘 듣는 일반적 설명은 이런 것입니다. '미국은 스탈린의 테러를 줄곧 반대해왔다.' 하지만 이것은 헛소리입니다. 무엇보다도 과거의 행적을 놓고 볼 때 미국은 자기 조롱 없이는 그런 주장을 할 수가 없습니다. 미국이 다른 나라의 테러를 반대한다고요? 미국이 동티모르에서 자행된 인도네시아의 테러에 반대했습니까? 과테말라와 엘살바도르의 테러에 반대했습니까? 미국이 남베트남에서 자행한 짓을 스스로 비난했습니까? 아닙니다. 미국은 늘 테러를 지지해왔습니다. 실제로 권력자들은 테러를 도와주었습니다.

가령 미국의 원조를 한번 보십시오. 주류 저술가의 저작을 포함하여 이문제에 대한 연구서가 많이 나와 있습니다. 이 연구들에 따르면 미국의 해외 원조와 인권 침해 사이에는 매우 깊은 상관관계가 있습니다. 예를 들어 노스캐롤라이나 대학의 라르스 슐츠의 연구가 있습니다. 슐츠는 라틴아메리카의 인권 문제 전문가이자 널리 존경받는 주류 학자입니다. 이 사람이 15년 전 미국의 라틴아메리카 원조를 다룬 연구서를 펴냈는데 그 책에서 미국 원조와 고문 사이의 밀접한 상관관계를 밝혀냈습니다. 그의 설명에 따르면 그 나라가 시민들을 고문하고 그들의 인권을 침해하면 할수록 미국의 원조는 많아졌습니다.[12]

지금도 마찬가지입니다. 서반구에서 인권 침해로 일약 선두를 달리는 나라를 들라면 콜롬비아입니다. 이 나라는 아주 악독한 기록을 남겼습니다.

'사회 정화' 프로그램을 만들어 선거 때 야당 후보를 살해하고, 노조 지도자를 암살하고, 시위 학생과 반체제 인사를 암살했습니다. 온 나라에 암살단이 돌아다닙니다. 그런데 서반구로 가는 미국 원조 중 절반 이상이 콜롬비아로 가고 있고, 클린턴 정부에 들어와서는 그 수치가 늘어났습니다.[13] 이와 유사한 결과가 전 세계적으로 증명되고 있습니다.[14] 따라서 미국이 인권을 중시한다는 주장은 증거가 없습니다. 미국이 주로 통제하는 세계의 여러 지역에서 가장 끔찍한 일이 조직적으로 벌어지고 있습니다. 그런 지역에서 사람들은 목숨을 이어가기 위해 신체 장기를 팔아야 하고, 경찰 암살단은 베어낸 성기가 입속에 처넣어진 채 껍질이 벗겨진 시체들을 길가에 그냥 매달아두었고, 어린아이들은 노예가 되었습니다. 정말 참혹하기 짝이 없는 얘기입니다.[15]

스탈린에 대해 말하자면, 서방 지도자들은 그를 존경했습니다. 스탈린의 테러에는 전혀 신경 쓰지 않았습니다. 가령 트루먼 대통령은 스탈린에 대하여 '아주 똑똑하고', '정직하며', '우리는 그와 함께 갈 수 있다', '만약 그가 죽는다면 정말 재앙일 것'이라고 말했습니다. 트루먼은 "우리가 85퍼센트만 마음대로 할 수 있다면" 러시아에서 일어난 일에는 관심도 없고 내 일도 아니라고 말했습니다.[16] 이 똑똑하고 정직한 친구와 일을 하면서 85퍼센트만 우리 마음대로 할 수 있다면 우리는 그와 함께 일할 수 있다, 뭐 이런 태도였습니다. 설령 그가 4,000만 명의 러시아 사람들을 죽이더라도 그게 우리와 무슨 상관이냐? 윈스턴 처칠도 마찬가지였습니다.

12 "라틴아메리카에 대한 미국의 원조와 해당 수혜 국가들의 인권 침해는 서로 정비례한다. 그러니까 시민들을 많이 고문하는 라틴아메리카 국가들에게 원조가 많았다는 얘기다. …… 미국은 인권을 침해하는 서반구 국가들에게 원조를 많이 주는 경향이 있다." Lars Schoultz, "U.S. Foreign Policy and Human Rights Violations in Latin America: A Comparative Analysis of Foreign Aid Distributions", *Comparative Politics*, January 1981, pp. 149-170.

미국이 인권을 중시한다는 주장은 증거가 없습니다.
미국이 대부분의 통제권을 갖고 있는
세계의 여러 지역에서 가장 끔찍한 일이
조직적으로 벌어지고 있습니다.

영국의 기밀문서들은 이제 비밀해제가 되고 있습니다. 1945년 2월 얄타회담 직후, 처칠은 내각 회의에서 스탈린을 이렇게 칭찬했습니다. "명예가 뭔지 아는 믿을 만한 사람이고 우리가 새로운 세계로 나아가는 데 도움을 줄 듯하다. '평화의 옹호자'이며 '뛰어난' 사람이다."[17] 영국 군대가 그리스를 점령하고[1944년 11월부터], 처칠의 명령 아래 아테네를 "현지 반란이 벌어지고 있는 정복된 도시" 취급하고, 그리스의 반反나치 저항 세력을 학살하고 그 대신 나치 부역자들을 권좌에 복귀시키는 동안 스탈린이 전혀 반대하지 않았다고 해서, 처칠은 깊은 인상을 받았다는 겁니다. 스탈린은 가만히 앉아서 구경만 했는데 처칠은 그 때문에 그를 멋진 친구라고 말했습니다.[18]

이런 사람들은 스탈린의 범죄에 대해 아무런 항의도 하지 않았습니다. 더욱이 그들은 히틀러의 범죄에 대해서도 아무 말 하지 않았습니다. 서방의 지도자들이 일관되게 잔학 행위를 반대했다는 얘기는 완전 날조에 불과합니다. 그것은 다큐멘터리 기록에 의해서 철저하게 부인되고 있습니다.[19] 만약 당신이 학교 교육을 제대로 받았다면 이런 사실들을 결코 이해할 수 없을 겁니다. 설사 정보가 바로 눈앞에 있다고 하더라도 당신은 그걸 믿지 않을 겁니다.

---

19 촘스키는 미국의 이익을 직접적으로 공격하기 전까지는 유럽의 파시즘이 미국의 공적이 아니었다고 말한다. 일본 파시즘에 대한 미국의 반응도 비슷했는데, 일본이 공격해오자 비로소 미국은 일본을 적으로 지명했다는 것이다.

'인민 민주 사회주의 공화국'

당신이 질문한 것 중 마지막으로 하나를 더 지적하면서 답변을 마무리하겠습니다. 근년 들어 좌파의 상당수를 황폐하게 만들고 좌파 아닌 사람들에게 커다란 승리를 가져다준 문제 중 하나로 이런 것이 있습니다. '20세기에 사회주의와 자본주의 사이에 커다란 싸움이 붙었는데 결국 자본주의가 이기고 사회주의는 졌다. 사회주의가 패배했다는 것은 소련의 붕괴를 보면 알 수 있다'는 겁니다. 그래서 《네이션*The Nation*》지의 커버스토리로 '사회주의의 종말'이 실렸고 한평생 자신을 반反스탈린주의자라고 생각해온 사회주의자들도 이렇게 말했습니다. '그렇습니다. 그건 사실입니다. 러시아가 실패했기 때문에 사회주의는 패배했습니다.'[20] 미국 문화는 이런 의문을 제기하는 것조차 금기시합니다. 하지만 한번 의문을 제기해봅시다. 간단한 질문을 하나 던지는 겁니다. 왜 《네이션》의 편집자 같은 사람들은 '사회주의'가 패배했다고 말하면서, '민주주의'가 실패했다고는 말하지 않습니까? '민주주의'가 실패한 증거요? 동유럽에서 발생한 일들을 한번 살펴보십시오.

동유럽 국가들도 스스로를 '민주주의' 국가라고 부릅니다. 실제로는 인민 민주주의라고 부르는데 이것은 민주주의가 더 발전된 형태입니다. 그런데 왜 우리는 '사회주의'가 실패했다는 얘기만 하고 '민주주의' 또한 실패했다는 얘기는 안 하는 겁니까? '자, 민주주의도 실패했다. 그러니 민주주의에 대해서는 잊어버리기로 하자'라고 주장하는 신문 기사는 본 적이 없습니다. 그 이유는 분명합니다. 스스로를 민주주의라고 부른다고 해서 그들이 실제로 민주적이라는 뜻은 아니기 때문입니다. 너무나 자명하지 않습니까?

그러면 어떤 의미에서 사회주의가 실패했다는 겁니까? 소련과 동유럽의 위성국가들이 그들 자신을 '사회주의'라고 부르는 것은 사실입니다. 그런데 그들이 과연 사회주의였습니까? 사회주의가 무엇이냐고 묻는다면 의견이 분분하겠지만, 아무튼 사회주의의 핵심을 이루는 사항들이 있습니다. 가령 노동자가 생산을 통제하고, 임금노동을 철폐하는 것 등이 그것입니다. 그런데 이들 나라가 그것들을 실천했습니까? 고려조차 하지 않았습니다. 러시아혁명 때 볼셰비키가 정권을 장악하기 직전에는 사회주의적 개혁이 있었습니다. 하지만 볼셰비키가 정권을 장악하고 나서 몇 달도 되지 않아 그런 개혁안들은 모두 철폐되었습니다. 러시아에서 민주주의를 향한 움직임이 분쇄되면서, 사회주의를 향한 움직임 역시 파괴되고 말았습니다. 볼셰비키의 정권 장악은 쿠데타에 의한 것이었고 이 사실은 완벽하게 알려져 있었습니다. 그래서 주류 마르크스주의에서 보자면 레닌의 집권은 반혁명적 처사였습니다. 버트런드 러셀 같은 중도 좌파가 보기에도 반혁명이었고 리버테리언libertarian(리버테리언은 철학 용어로서 결정론Determinism과 반대되는 개념인데 인간의 행동이 주변 상황에 의해서 결정되는 것이 아니라 인간의 자유의지에서 나온다고 본다.─옮긴이) 좌파가 보아도 반혁명이었습니다.[21]

그러나 시간이 흘러가면서 이런 자명한 진리가 사람들의 머릿속에서 사라져갔습니다. 사회주의라는 사상을 완전히 박멸하려는 일관된 노력에 의해 사회주의는 곧 소비에트 전체주의와 같은 것으로 둔갑해버리고 말았습니다. 아무튼 이런 박멸 노력은 크게 성공했습니다. 그래서 사람들이 소련 사태를 보면서 거의 자동적으로 사회주의가 망했다고 생각하는 겁니다. 소련 체제의 이상한 점에 대해서는 조금도 알려고 하지 않고 말입니다. 서방 엘리트들이 볼 때는 아주 귀중한 프로파간다의 승리였습니다. 이걸 내세우기만 하면 사회체제의 진정한 변화를 위한 미국 내의 운동을 아주 간단히 견제할 수 있으니까요. 이렇게 말하면서 말입니다. '이봐, 자꾸 사회체제 변화라는 말을 하는데 그거 까놓고 말하자면 사회주의 하자는 거잖아. 그 사회주의가 어떤 꼬락서니가 되었는지, 소련 사례를 한번 보라고.'

자, 이제 소련의 붕괴와 함께 우리는 희미하게나마 그런 장애를 우회할 수 있는 길을 엿보게 되었습니다. 이제 사회주의가 진정 무엇을 의미하는 지 새롭게 이해할 때가 된 것입니다.

2

분별을 잃은 제국의 폭력을 말하다

|

쿠바의 진짜 범죄는 보건과 식량공급 등에서
성공을 거두었다는 점입니다. 그리고 이 성공이 낳은 '시위 효과'의
위협이야말로 진짜 쿠바의 죄목입니다.
인근 나라들에게 자신들도 저렇게 할 수 있다는 인식을 심어줄지 모른다는 겁니다.
제3세계 어느 곳에서도 그런 짓은 용납되지 않았습니다.
바로 그것이 쿠바의 진짜 죄목입니다.

|

장기 매매

<u>청중 2</u> 선생님은 '사회 정화'를 말씀하셨고 제3세계의 사람들이 돈을 받고 신체 장기를 판매한다는 얘기를 하셨습니다. 최근 바버라 월터스의 텔레비전 프로를 보셨는지 모르겠는데…….

— 대답은 '당연히 보지 않았습니다'입니다.

<u>청중 2</u> 아무튼 나는 그 프로를 보았다고 실토해야겠군요. 월터스 프로 중에 미국 여자들이 과테말라의 마을에서 공격을 당했고 장기 매매를 위해 어린아이들을 훔치려 했다는 죄목으로 투옥되었다는 내용이 있었습니다. 요지는 과테말라 사람들이 제정신이 아니어서 자기 아이가 국외로 빼돌려져 암시장에서 장기 매매의 대상이 되고 있다고 믿는다는 겁니다.[22] 제가 알고 싶은 것은, 과연 이런 장기 매매 암시장이 있다는 걸 보여주는 증거를 선생님께서 알고 계신지, 또 미국이 이 일에 어떤 역할을 하고 있는지 하는 겁니다.

— 글쎄요, 이렇게 한번 보십시오. '보스턴 교외 지역에서 어린아이들이 과

테말라인들에게 납치되어 과테말라로 끌려가 장기 매매에 이용되고 있다'. 당신이 이 소문을 퍼뜨린다고 합시다. 소문이 얼마나 멀리 갈 것이라고 생각합니까?

청중2 별로 멀리 가지 않으리라 봅니다.

— 그렇죠. 하지만 과테말라 농촌 사회에서는 그런 소문이 멀리까지 퍼지는 겁니다. 그들이 미국인과 다른 유전자를 갖고 있습니까?

청중2 아닙니다.

— 좋습니다. 그렇다면 그런 소문이 거기서는 잘 퍼지고 여기서는 잘 퍼지지 않는 데에는 이유가 있을 겁니다. 그 이유는 아주 분명합니다. 이 경우 소문의 구체적 내용은 거짓이지만, 그 배경은 진실입니다. 바로 그 때문에 여기 미국 사람들은 그 소문을 믿지 않지만, 그들은 믿는 겁니다. 그들은 다른 사건들에 대하여 알고 있기 때문이지요.

우선 라틴아메리카에서는 어린아이 납치 사건이 많습니다. 아이들을 납치해서 어디에다 쓰느냐는 사람마다 의견이 다르겠지요. 어떤 애들은 입양을 위해, 어떤 애들은 매춘을 위해 납치해가는 겁니다. 그런데 이런 일이 미국 세력권 내에서 자주 벌어집니다. 타이, 브라질, 그리고 사실상 그 밖의 어느 지역에서든 아이들은 납치되어 섹스 노예나 그냥 노예가 됩니다.[23] 그래서 어린이 납치 사건은 분명 있다고 봐야죠. 그리고 이 지역 사람들이 장기 이식을 위해 살해된다는 강력한 증거가 있습니다(이것을 의심할 사람은 별로 없을 겁니다).[24] 그 대상이 성인이냐 어린아이냐는 잘 모르겠습니다.

그런데 최근에 나온 국제사면위원회의 콜롬비아 보고서를 보면 지나치듯이 ─너무나 흔한 일이기 때문에 그렇지요─이런 말을 하고 있습니다. "콜롬비아는 '사회 정화'를 시행하고 있다. 육군과 준 군사부대는 도시들을 돌면서 '바람직하지 않은 자들'을 고른다. 그들은 노숙자, 호모, 창녀, 마약 중독자, 그 외 그들이 좋아하지 않는 자들이다. 이런 사람들을 강제로 끌고 가 살해하고 장기를 적출하여 장기 이식에 사용한다. 이게 이른바 '사회 정화'인데 모두들 훌륭한 정책이라고 생각한다."[25] 그런데 이런 일이 미국의 세력권 전역에서 벌어지고 있습니다.

동유럽이 제3세계의 한 부분으로 편입되면서 동유럽에서도 이런 일이 벌어지고 있습니다. 살아남기 위해 각막이나 신장 같은 자신의 신체 장기를 판매하는 겁니다.[26]

청중2 자기 자신의 것을?

─ 예, 자기 자신의 것을. 상황이 너무나 암담하기 때문에 그걸 파는 겁니다. 각막, 신장, 그 밖에도 죽지 않는 범위 내에서 신체 장기를 떼어내는 거지요. 이런 일이 현재 벌어지고 있는데, 시작된 지는 한참 됐습니다.

---

23 "전 세계적으로 2억 명 가량의 어린아이가 노예노동을 하고 있는 것으로 보인다. 인도에서는 거지 노릇을 더 잘하게 하기 위해 아이를 불구로 만들기도 하고, 타이에서는 열악한 공장에서 일을 시키며, 라틴아메리카에서는 세 살 때부터 가재家노예가 되기도 한다. James Challis와 David Elliman의 《오늘날의 어린아이 노동자Child Workers Today》에 따르면 라틴아메리카가 어린이 노동이 극심한 지역으로 지적되었다. 볼리비아처럼 인디언 주민이 많은 나라들에서는 여자아이가 세 살 때부터 백인 가정에 '입양'된다. 전통적으로 이 아이들은 주인 아들의 성 노리개가 되고, 결혼은 허용되지 않는다. 이들이 낳은 아이는 자동적으로 가재노예가 된다." Reuters, "Exploitation of children documented in world study", *Christian Science Monitor*, December 19, 1979, "Living" Section, p. 15.

바로 이런 배경 때문에 그 소문은 있을 만한 것이 되고 사람들이 믿는 겁니다. 고원지대의 농부들만 믿은 게 아닙니다. 엘살바도르 정부의 어린이 담당 관리〔빅토리아 데 아빌레스〕는 직함이 '어린이 보호를 위한 검사'인데, 최근에 이런 성명을 발표했습니다. '엘살바도르의 어린아이들이 입양, 범죄, 장기매매 등을 위해 납치되고 있다.' 나는 이 성명이 사실인지 아닌지 모르겠습니다만, 정부가 고용한 검사라고 하니 간단히 무시할 수 있는 사람은 아닌 듯합니다. 브라질에서도 교회, 의학 조사관, 법원 등 믿을 만한 정보원으로부터 이 사건에 대한 증언이 많이 나오고 있습니다."

정말 관심이 갑니다. 나는 당신이 말한 바버라 월터스 프로는 보지 못했지만 바버라 월터스가 아마도 근거 자료로 사용했을 법한 국무부 보고서는 읽었습니다. 물론 이 보고서는 선별적입니다. 이렇게 적혀 있습니다. "오, 그건 모두 헛소리이며 거짓말이다. 그것은 아마 공산주의자들이 퍼뜨린 소문일 것이다." 그런 다음 공산주의자가 나올 때까지 소문의 근원지를 추적해 올라갔습니다. 하지만 공산주의자들은 중간에 들었을 뿐 소문의 근원지가 아닙니다. 국무부는 교회, 정부, 주류 법관, 인권단체 등은 용의선상에서 제외하고 이렇게만 말했습니다. "그런 얘기들은 과거 흉흉하던 시절에 러시아 프로파간다 장치에 의해 만들어졌다." 하지만 이 소문은 거기서 흘러나온 게 아닙니다. 앞에서도 말했지만 러시아 사람들이 보스턴 교외에 이 소문을 퍼뜨릴 순 없습니다. 누군가 과테말라에서 퍼트릴 수는 있습니다. 다이유가 있습니다. 이런 얘기들을 그럴듯하게 만들어주는 배경이 과테말라에 있기 때문입니다.

그렇다고 바버라 월터스 프로에 나온 미국 여자들이 당연히 투옥되어야 한다는 뜻은 아닙니다. 아마도 억울하게 투옥되었을 겁니다. 그들은 그냥 우연히 과테말라를 방문한 것일 뿐입니다. 하지만 요점은 이겁니다. 그곳에 그럴듯한 배경이 이미 있기 때문에 사람들이 쉽게 겁을 먹는다는 겁니다. 그런 맥락에서 보면 왜 미국 여자들이 공격받았는지 이해가 갈 겁니다.

쿠바의 진짜 범죄

^{청중2} 촘스키 씨, 쿠바에 대한 미국의 경제제재 조치를 어떻게 생각하시는지요? 왜 지금도 계속되고 있는지요? 지난 여러 해 동안 이 제재의 배경이 되었던 정책에 대해서 좀 말씀해주세요.

— 쿠바는 1820년대부터 미국이 소유했다고 생각해온 나라입니다. 미국 외교사의 초창기 사건 가운데 하나는 토머스 제퍼슨, 존 퀸시 애덤스, 기타 정치가들이 쿠바를 합병하겠다고 결정한 것이었지요. 당시 영국 해군이 방해했는데 실제로 커다란 억지력을 발휘했습니다. 그래서 미국의 계획은 농익은 과일이 떨어질 때를 기다리듯이, 쿠바가 정치적 중력 법칙의 작용에 의해 손에 떨어질 때까지 기다리는 것이었습니다.[28] 마침내 쿠바는 미국의 수중에 떨어졌고 1959년까지 미국이 (온갖 부작용을 낳아가며) 이 섬을 다스렸습니다.

1959년 1월 쿠바에는 민족주의적 민중혁명이 발생했습니다. 비밀해제된 문서들을 통해 미국 정부가 1960년 3월 카스트로를 전복시키기로 결정했음을 알 수 있습니다. 이건 중요한 사실입니다. 쿠바 섬에 러시아인들이 진출한 것도 아니었고, 카스트로는 사실상 미국에서 반공 인사로 평가되었습니다[카스트로는 1961년 5월까지는 소련과 동맹 관계를 맺지 않았다. 미국이 그해 1월 쿠바와 외교 관계를 단절하고 4월에 침략 작전을 수행한 이후에 관계를 맺었다].[29] 따라서 카스트로 정부를 전복시킨다는 결정은, 냉전 상황에서 쿠바가 러시아의 전초기지였기 때문이 아닙니다. 그럼 이유가 무엇이었을까요? 쿠바는 독자 노선을 걸으려 했는데 미국의 힘센 이익단체들이 볼 때 그건 바람직하지 않았던 겁니다.

쿠바를 징벌하고 방해하려는 작전은 이미 1959년 10월부터 시작되었습니다. 1961년 취임 직후 존 F. 케네디는 국제 테러 역사상 그 유례를 찾아볼 수 없는 대규모 테러를 발진시켰습니다[몽구스 작전].[30] 그리고 1962년 2월, 미국은 경제제재를 가했습니다. 이것이 쿠바 주민들에게 미친 영향은 아주 파괴적이었습니다.

쿠바가 미국의 영향권에 있는 아주 작은 나라임을 기억하십시오. 쿠바는 사실상 미국이라는 거대한 괴물을 상대로 오래 버틸 힘이 없습니다. 그렇지만 지난 여러 해 동안 쿠바는 소련의 지원 덕분에 겨우 버텨왔습니다. 쿠바가 미국에 저항하기 위해 도움을 요청할 수 있는 유일한 나라가 소련이었습니다. 그리고 소련은 그들이 겨우 버틸 만큼만 지원했습니다. 하지만 우리는 쿠바에서 벌어진 일을 현실적으로 바라볼 필요가 있습니다. 쿠바에서 중요하고 인상적인 일들이 많이 성취되었지만, 동시에 독재적인 측면도 있었습니다. 따라서 좋은 면과 나쁜 면이 섞여 있습니다. 그러나 쿠바는 이 지역의 다른 나라들에게 의미 있는 방식으로 성공을 거두었습니다. 쿠바를 아이티나 그 바로 옆에 있는 도미니카공화국과 비교해보십시오. 또 미국이

---

30 몽구스 작전에 대해서는 이 책 제1권 1장의 주석 21을 참조할 것.

통제하고 있는 라틴아메리카의 다른 나라들과 비교해보십시오. 그 차이는 분명합니다. 미국이 늘 걱정해온 것은 바로 이 점입니다.

쿠바의 진정한 범죄는 결코 주민 탄압이 아닙니다. 당신이 이 문제를 어떻게 보든 간에, 쿠바 탄압은 미국이 전통적으로 지원하고 시행하기까지 한 인근 나라들의 탄압에 비하면 아무것도 아닙니다. 쿠바의 진짜 범죄는 보건과 식량 공급 등에서 성공을 거두었다는 점입니다. 그리고 이 성공이 빚은 '시위 효과'의 위협이야말로 진짜 쿠바의 죄목입니다. 다시 말해 인근 나라들에게 자신들도 저렇게 할 수 있다는 인식을 심어줄지 모른다는 겁니다. 이 나라는 통 안에 든 다른 사과까지 망쳐놓는 썩은 사과이고, 이 지역을 감염시킬 바이러스인 겁니다. 만약 이런 바이러스가 마음놓고 돌아다닌다면 미국의 제국주의 시스템은 붕괴되고 맙니다. 까놓고 말해서, 쿠바는 지난 30년 동안 용납할 수 없는 짓을 해온 겁니다. 제3세계의 고통받는 사람들을 지원하기 위해 수만 명의 의사들을 보낸 것이나, 대안이 없는 가난한 나라에 바이오 기술을 알려준 것이나, 라틴아메리카의 다른 나라들과는 비교가 안 될 정도로 선진국 수준의 보건 시설을 갖춘 것 등이 그런 미운 털 박히는 짓이었습니다.[31] 미국의 권력자들에게는 용납될 수 없는 것이었습니다. 제3세계 어느 곳에서도 그런 짓은 용납되지 않았습니다. 더욱이 미국의 식민지 비슷한 나라이니 더욱 괘씸했습니다. 바로 그것이 쿠바의 진짜 죄목입니다.[32]

소련 제국이 붕괴하고 쿠바 내 소련의 위협이 의심할 나위 없이 사라져버리자 흥미로운 사건이 하나 발생했습니다. 비록 미국 언론들은 전혀 눈치채지 못한 듯합니다만. 지난 30년 동안 정부의 공식 설명은 이랬습니다. "쿠바는 러시아의 전초기지이므로 이 나라로부터 우리 자신을 지켜야 한다." 그런데 러시아 사람들이 갑자기 그 섬에서 사라져버려서 뭔가 다른 변명을 만들어내야 했습니다. 그래서 우리는 민주주의와 인권을 사랑하기 때문에 쿠바에 경제제재 조치를 취해야 한다고 설명했습니다. 미국 언론계는 이 변화에 전혀 주목하지 않았습니다. 프로파간다 시스템은 단 한 박자도 늦추지 않고 계속되었습니다. '이 변화를 기이하다고 생각하는 자들의 명단을 모조리 파악해!'

그러다가 1992년에 진보적인 민주당 의원 로버트 토리첼리가 쿠바 민주화법Cuban Democracy Act을 의회에 상정하여 통과시켰습니다. 이 법은 경제제재 강도를 더욱 높인 것이었습니다. 해외에 나간 미국의 자회사들이 쿠바와 무역하는 것을 금했고, 쿠바와 교역하는 배가 미국 해역에 들어오면 그 화물을 나포할 수 있게 했습니다. 토리첼리의 법안은 국제법과 너무나 모순되어서 조지 부시 대통령 스스로 거부권을 행사했습니다. 하지만 그는 빌 클린턴의 대통령 선거 캠페인 때 우파가 세게 밀고 들어오자 마침내 그 법안을 받아들였습니다. 하지만 미국의 주요 동맹국들은 이른바 '쿠바 민주화법'을 즉각 비난하고 나섰습니다. 유엔의 모든 나라가 이 법을 비판했는데 미국과 이스라엘 딱 두 나라만 예외였습니다. 《뉴욕타임스The New York Times》는 이 사실을 몰랐던 모양입니다. 그 전에 경제제재에 대한 유엔 투표가 있었는데 미국은 단 3표만 자기편으로 확보할 수 있었습니다. 바로 미국, 이스라엘, 루마니아인데 이번에는 루마니아가 떨어져 나갔습니다.

하지만 미국은 스스로 게임의 규칙을 만듭니다. 유엔에서 벌어진 일이나 국제법의 요구 따위는 무시합니다. 미국의 유엔 대사 매들린 올브라이트는 한 토론장에서 이렇게 말했습니다. "가능하다면 우리는 다면적으로 행동할 것입니다. 필요하다면 일방적으로도 행동에 나설 것입니다." 여기서 '일방적'은 무력 사용을 의미했습니다.[33] 그건 마피아 두목들이나 써먹는 방법입니다. 다른 사람의 협조를 얻을 수 있으면 좋고 설사 없더라도 나 혼자 해치우면 된다는 것이었습니다. 어차피 규정은 지키지 않을 것이니까 상관없었습니다. 이것이 미국의 행동방식이고 쿠바 사례는 미국의 이러한 태도를 잘 보여주는 것입니다.

강화된 경제제재는 쿠바에 큰 영향을 미쳤습니다. 원조와 무역에서 깎여나간 부분의 약 90퍼센트가 식품과 약품이었습니다. 결과는 예측 가능했습니다. 최근 주요 의학 전문지에 실린 여러 논문들에서 그 파급 효과를 서술하고 있습니다. 아주 훌륭했던 쿠바의 의료 체계가 붕괴되고 있고, 의약품이 엄청나게 부족하고, 영양실조가 증가하고, 제2차 세계대전 때 일본 포로수용소에서나 발견되던 희귀병이 다시 나타나고, 영아 치사율이 높아지고, 전반적인 보건 상황이 나빠지고 있다는 것이었습니다.[34] 달리 말해서 제재는 훌륭한 성적을 냈습니다. 미국은 '민주주의를 제고한' 것이었습니다. 궁극적으로 미국은 쿠바를 아이티, 니카라과, 또는 지난 여러 해 동안 미국이 관리해온 나라들 가운데 하나와 비슷하게 만들 것입니다.

어느 한 나라에 전반적으로 제재를 가하는 것은 아주 문제가 많은 작전입니다. 특히 그 제재로 인해 도움을 얻기로 되어 있는 사람들의 지지를 받지 못한다면 말입니다. 쿠바 제재는 아주 잔인한 것이었고 내가 보기에는 주요 범죄 행위입니다. 미국 내의 뜻있는 사람들이 함께 힘을 합쳐 행동에 나선다면 이 제재를 멈추기 위해서 할 수 있는 일이 많습니다. 미국의 재계 일부에서도 경제제재에 대한 의문을 표하기 시작했습니다. 몇몇 미국 회사들은 다른 부자 나라들이 미국의 제재 규칙을 따르지 않고 어기기 시작한다면 이익이 많이 나는 사업에서 배제될지도 모른다고 우려합니다.[35] 분명이 문제에 대해서는 변화의 여지가 많습니다. 그러니 지금 당장 압력을 가해야 할 문제이기도 합니다.

파나마와 인기 있는 침공 작전

청중2 노엄, 그레나다, 리비아, 파나마 등지의 공격 작전에 대해 미국 국민들의 지지율이 높은 것에 대해서는 어떻게 설명하실 건지요. 당신은 민중이 점점 반反정부적이 되어간다고 말했습니다. 하지만 파나마 침공 이후의 여론조사에서 미국 국민의 80퍼센트가 침공을 지지한다고 답변했습니다. 우리 지역구의 의원은 지역구민을 상대로 "파나마 침공을 지지하십니까?"라는 내용의 설문을 발송했는데, 응답자 2만 3,000명 가운데 81퍼센트가 지지한다고 대답했답니다.

─ 말씀하신 침공 작전들이 모두 재빨리 성공했기 때문에 지지율이 높았습니다. 압도적으로 우위에 있고 상대방이 반격하지 못하고 절대 지지 않는 경우라면 이틀 만에 승리를 거둘 수 있고 사람들은 곧 그 일을 잊어버립니다. 그리하여 지지율이 높아지는 겁니다. 바로 이게 표준적인 징고이즘(호전적 애국주의)입니다. 하지만 그런 지지율이 20년 전처럼 지속적으로 유지되기는 어렵다고 봅니다.

또 사람들이 침공 작전 때 실제로 무슨 일이 벌어졌는지 잘 모르기 때문이기도 합니다. 예를 들어 여기 앉아 계신 분들이 실제로 파나마에서 벌어진 일을 잘 알고 있다고 생각하지는 않습니다. 침공하고 이틀 동안 미국에서는 관련 뉴스 보도가 중단되었습니다. 그동안 노조 지도자들을 일제히 검거하고, 야당 인사들을 잡아들여 투옥시켰던 겁니다. 하지만 이 사건들은 미국에서 보도되지 않았습니다.[36]

또 다른 예로 부통령 댄 퀘일의 건을 들 수 있습니다. 1989년 12월 퀘일이 파나마를 방문했을 때, 텔레비전을 유심히 보신 분들은 알겠지만 환호한 사람들은 모두 백인이었습니다. 《뉴욕타임스》는 퀘일이 파나마 시의 흑인 지구인 엘초리오는 아예 찾아가지 않았다고 보도했으나, 이것은 새빨간 거짓말입니다.[37] 그는 찾아갔고 차량 행렬이 그곳을 통과했습니다. 이에 대해서는 훌륭한 기자인 리타 비미시가 보낸 자세한 AP 보고서가 있습니다. 그녀의 보도에 따르면, 교회에서 퀘일은 텔레비전 촬영 팀을 향해 다가갔고 모두들 환호했습니다. 하지만 그들은 모두 부유한 백인들이었습니다. 차량 행렬이 흑인 지구를 지나자 사람들은 말이 없고 시무룩했으며 이미 잔해가 되어버린 집의 창문을 통해 내다보기만 할 뿐 박수는 치지 않았습니다.[38] 그래서 이 이야기는 《뉴욕타임스》에 나지 않았고, '우리는 파나마의 영웅들이다'라는 식의 기사만 나왔습니다.

여기에 있는 사람들이 알지 못하는 또 하나는, 미국의 침략 — 파나마 사람들은 이렇게 부릅니다 — 이래 파나마 사람들은 미국이 침략한 날을 국치일로 정해 해마다 애도한다는 것입니다. 언론이 보도하지 않기 때문에 미국 국민들은 이 사실을 모릅니다.[39] 조지 부시가 파나마에 세운 정부조차도 자신들의 나라는 "군사 점령 하의 나라"라고 말했습니다.[40] '그룹 오브 에이트'라고 불리는 중남미 8개 민주국가 단체가 있는데 파나마는 1990년 3월 그로부터 축출되었습니다. 그들 지적대로 군사 점령 치하의 나라는 민주국가로 간주될 수 없기 때문이었습니다.[41] 이 또한 미국 언론에는 전혀 보도되지 않았습니다.

미국 언론이 제시한 침공 사유를 면밀히 살펴보면 왜 미국 국민이 압도적으로 침공을 지지하는지 아주 분명해집니다. 파나마를 침공하여 노리에가(파나마의 독재자)를 제거하려는 목적이 무엇이었습니까?

청중1 마약 밀매 때문이었습니다.

— 마약 밀매? 노리에가는 1989년보다 1985년에 훨씬 마약 밀매를 많이 했습니다. 왜 1985년에 파나마를 쳐들어가 노리에가를 제거하지 않았습니까? 만약 미국에 제대로 된 신문들이 있다면 —물론 없지만— 언론이 맨 먼저 물었어야 할 질문은 이런 것이 아닐까요? '왜 우리는 1985년이 아니라 1989년에 노리에가를 제거해야 했을까?' 자, 보세요. 1989년과 1985년의 차이는 무엇입니까?

청중1 그는 1985년에 미국중앙정보국(이하 CIA)으로부터 뒷돈을 받고 있었습니다.

— 그렇습니다. 뒷돈을 받고 있었지요. 1985년에 그는 미국의 앞잡이였기 때문에 제거할 필요가 없었지요. 그러나 그 후 몇 년 동안 그는 너무 독립적인 태도를 보였고 제 분수를 몰랐어요. 그는 명령을 따르지 않았고 콘타도라 조약Contadora treaty[중앙아메리카 평화 플랜]을 지지했으며 그 밖에도 못마땅한 행동을 여럿 했습니다.[42] 미국은 자신의 세력권에서 그렇게 행동하는 것을 용납하지 못했고 바로 그 시점에 노리에가를 제거하기로 결심했습니다.

미국은 자기 세력권에서 그렇게 행동하는 것을 용납하지
못했고 바로 그 시점에 노리에가를 제거하기로 결심했습니다.

하지만 이 사실들은 여론조사 때 미국 언론들에 보도되지 않았습니다. 미국 언론은 일방적으로 '그는 미국을 파괴하는 마약 밀매자이고 우리 아이들을 코카인 중독에 빠뜨리는 자'라고 몰아붙였지요. 언론 보도가 이렇게 몰아갔으니 파나마를 침공하여 그자를 투옥한 것에 국민 80퍼센트가 지지한 것은 그리 놀라운 일도 아닙니다. 나는 여기서 당신이 언급한 여론조사 결과를 좀 다르게 해석하고 싶습니다.

여론조사를 설명하는 데 필요한 또 다른 사항이 있습니다. 가령 조지 맥거번〔반전 정책을 내세웠던 1972년의 민주당 대통령 후보〕을 한번 보십시오. 조지 맥거번은 파나마 침공을 지지하지 않았습니다. 두 달 뒤 《워싱턴포스트*The Washington Post*》의 오페드(사설 맞은편의 의견란 - 옮긴이)에 실린 기고문에서 맥거번은 부시가 침공을 명령한 바로 그 순간부터 침공 작전이 싫었다고 밝혔습니다. 하지만 맥거번은 침공 순간에는 그 말을 자제했다고 말하기도 했습니다.[43] 그래서 맥거번도 여론조사에서 의견을 물었다면 아마 침공에 찬성한다고 말했을 것입니다. 열혈 애국 시민이라면 정부가 무력을 행사할 때 지지하는 것이 마땅하기 때문입니다. 이것은 세뇌 작업의 한 부분이기도 하지요. 그러니까 애국주의라는 개념이 평소 머릿속에 박혀 있는 거지요. 조지 맥거번 같은 사람조차 그런 판이니, 반대 20퍼센트에 속할 듯한 사람들도 실제 여론조사에서는 찬성 80퍼센트에 답하게 되는 겁니다. 표준 용어로 말하자면 그 누구도 '반反미국적anti-American'이 되기는 싫은 겁니다. 이 자체가 프로파간다의 놀라운 승리지요. 가령 이탈리아로 가서 어떤 사람을 가리키며 '반反이탈리아적'이라고 해보십시오. 그들은 아마도 당신을 조롱하면서 왁자하게 웃어버릴 겁니다. 하지만 여기서 그런 전체주의적 가치는 사람들에게 의미가 있습니다. 이런 방식으로 사람들을 통제하려는 광범위하고도 조직적인 노력이 있었고, 그 노력이 성공적이었기 때문입니다. 무슨 얘기냐 하면, 미국에는 엄청난 규모의 홍보 산업이 존재한다는 겁니다. 연간 수십억 달러가 드는데, 이유 없이 이런 큰돈이 들지는 않겠지요? 안 그렇습니까?" 따라서 내 생각에는 이런 여론조사 결과를 읽을 때 좀 더 조심해야 하고 또 그 배경의 뉘앙스까지도 살펴야 할 필요가 있습니다.

사실, 1980년대와 1990년대에 제3세계에 대한 미국의 개입은 그 전과는 약간 다른 양상을 띠었습니다. 지난 20년 동안 미국의 직접적인 군사개입은 아주 간단한 원칙 아래 이루어졌습니다. 반격해올지도 모르는 적은 공격하지 말라는 것이었습니다(1980년대 이전에는 그렇지 않았지요). 결코 우연이 아닙니다. 우리가 1980년대에 직접 공격한 상대를 한번 살펴보십시오. 그레나다? 인구 10만, 세계의 육두구(열대식물) 수도, 43명의 쿠바 준 군사요원과 2명의 그레나다 민병대가 지키는 나라, 이게 전부입니다. 리비아? 이 나라는 완전 무방비 상태입니다. 폭격도 마음대로 할 수 있고, 그들의 배를 바다에서 쫓아버릴 수도 있고, 원하는 것은 무엇이든 할 수 있습니다. 리비아는 반격 능력이 전혀 없습니다. 파나마? 이 나라는 미군의 침공 당시 이미 미군의 점령 아래 있었습니다. 미군은 침공 이틀 전에 공격 예행연습까지도 할 수 있었습니다. 그래서 침공 작전은 실제로 하루 이틀 만에 끝났습니다.[45] 이처럼 무방비 상태의 타깃에게 공격을 감행하고 나서 거들먹거리며 얼마나 용감한 작전이었느냐고 말하고 있는 겁니다. 반격해올 만한 대상은 공격하지 않습니다. 그때에는 다른 방법을 씁니다. 은밀한 파괴공작, 용병 국가, 기타 등등.

자, 이것이 미국 정책의 주요 변화입니다. 케네디와 존슨은 이런 제약을 받지 않았습니다. 어떤 나라를 공격해야겠다고 결심하면 한 번 더 생각하지 않고 곧바로 공격했습니다. 존슨은 1965년 도미니카공화국을 초토화시키기 위해 해병대 2만 3,000명을 보냈습니다. 그런데 도미니카가 반격해왔습니다. 케네디와 존슨은 베트남 침공 때 50만 명이 넘는 병력을 보냈습니다. 하지만 그곳 국민들의 호응은 얻어내지 못한 채 여러 해 동안 끝이 없는 싸움을 계속해야 했습니다. 이와 비교하면 정말 커다란 변화입니다. 이 큰 변화는 미국 국민들이 더 이상 전통적인 군사개입을 용납하지 않겠다고 단단히 결심한 덕분입니다. 그래서 파나마 침공 같은 작전만 실행하고 있는 겁니다.[46] 이것이 미국 정계에 대해 내가 이해한 것입니다.

---

46 이런 공격에 민중의 억제력이 작동했다고 부시 행정부가 인정한 것은 딱 한 건이다. 이 책 7장을 참조할 것.

3

친미 정권 수립을 위한
'악마의 작업'을 말하다

|

미국이 상당수의 무슬림 지역을 공격한 것은 사실입니다.
하지만 그들이 무슬림이기 때문에 공격한 게 아닙니다.
미국은 그들이 화성에서 온 사람이라고 해도 신경 쓰지 않을 것입니다.
문제는 그들이 미국의 말을 잘 듣는가 하는 것입니다.

|

무슬림과 미국의 외교정책

철준1 촘스키 박사님, 한 가지 질문이 있습니다. 이처럼 약한 나라들만 골라서 공격하는 이면에서 무슬림에 대한 은밀하고 사악한 공격이 동시에 진행되고 있다는 얘기에 동의하십니까? 전 세계 무슬림에게 어떤 일이 벌어질 거라고 생각하십니까?

— 정말 많은 무슬림들이 미국의 공격을 받아왔습니다. 하지만 그렇게 된 것은 그들이 무슬림이라서가 아닙니다. 그들이 잘 통제되지 않기 때문입니다. 공격 당하는 그룹 중에는 백인 크리스천들도 상당수 됩니다. 1980년대에 미국은 중앙아메리카에서 주로 가톨릭교회를 상대로 사악한 전쟁을 벌였습니다. 원주민 사제뿐만 아니라 유럽 출신 사제들과도 싸웠습니다. 교회가 이른바 '가난한 자들을 위한 편애the preferential option for the poor'를 실천하기 시작했기 때문입니다.⁴⁷ 사실, 아메리카스 워치Americas Watch〔남북 아메리카에 집중하는 인권 단체〕는 1980년대에 관한 요약 보고서를 내놓으면서 1980년대는 1980년의 로메로 대주교 살해, 1989년의 예수회 지식인 6명 살해(둘 다 엘살바도르에서 벌어졌습니다) 등 암살로 얼룩졌다고 말했습니다. 이건 결코 우연이 아니었습니다.⁴⁸

라틴아메리카의 주교단을 포함하여 가톨릭교회 내에서 아주 과격하고도 의식적인 변화가 있었기 때문에 가톨릭교회는 미국의 주된 공격 대상이 되었습니다. 교회는 지난 수백 년 동안 부자와 압제자 편에 서서 가난한 사람들에게 '이것이 너의 운명이니 받아들여라'라고 말해온 과오를 깨달았습니다. 그래서 교회는 부분적이기는 하지만 가난한 사람들의 해방에 헌신하게 되었습니다. 그러자 곧바로 공격의 표적이 되었습니다.

다시 무슬림 얘기로 돌아가서 미국이 상당수의 무슬림 지역을 공격한 것은 사실입니다. 하지만 그들이 무슬림이기 때문에 공격한 게 아닙니다. 미국은 그들이 화성에서 온 사람이라고 해도 신경 쓰지 않을 것입니다. 문제는 그들이 미국의 말을 잘 듣는가 하는 것입니다.

아주 쉽게 증명할 수 있습니다. 가령 미국에서 '이슬람원리주의'가 사람들 입에 많이 오르내리는데, 사람들은 마치 무찔러야 할 대상처럼 말합니다. 그런데 이 세상에서 가장 극단적으로 이슬람원리주의를 실천하는 나라는 사우디아라비아입니다. 미국이 사우디아라비아의 지도자들을 박해합니까? 아닙니다. 멋진 친구라고 칭송합니다. 그들은 사람들을 고문하고 암살하고 살해하면서, 동시에 그들 나라의 석유 수익을 그 나라 사람들에게 쓰지 않고 서방으로 보냅니다. 그래서 그들은 훌륭한 친구입니다.[49]

혹은 정부 소속이 아닌 요원들을 한번 살펴봅시다. 나는 이 세상에서 가장 광신적인 이슬람원리주의자는 아프가니스탄의 굴부딘 헤크마티아르라

---

48 "1980년 로메로 대주교의 살해, 1989년 6명의 예수회 지식인, 가정부, 그 가정부의 딸 등을 학살한 사건은 엘살바도르 역사상 비극적이었던 10년을 잘 드러낸 사례다. 예수회 지식인들은 미국이 훈련시킨 엘리트 부대, 아틀라카틀 부대가 살해한 것이었다. 이것은 미국의 원조가 엘살바도르 인권보호와는 아무 관련이 없음을 보여준다. 미국 군부는 이 사건과 전혀 관련이 없다고 혐의를 부인하다가 관련 자료가 나오자 마지못해 책임을 인정했다." Americas Watch, *El Salvador's Decade of Terror: Human Rights Since the Assassination of Archbishop Romero*, Yale University Press, 1991, pp. ix-x.

고 생각합니다. 이자는 미국과 사우디아라비아로부터 10억 달러가 넘게 원조받아 이미 황폐해진 아프가니스탄을 더욱 산산조각 내고 있습니다. 이런 자조차 미국 편에 서면 좋은 친구인 것입니다. 마약 밀매업자에다 테러리스트이고 온갖 못된 짓을 다하고 있지만 미국이 원하는 대로 하기 때문에 용인하는 겁니다.[50]

만약 이슬람원리주의자들이 카이로 빈민가에서 병원 설립 운동을 벌인다면 그들 역시 제거해야 합니다. 라틴아메리카의 해방신학자들 ─ 푸른 눈에 금발의 바스크인 ─ 이 제거되어야 하듯이 말입니다. 물론 미국 정책에는 인종차별적인 요소가 있습니다. 하지만 근본적인 동기는 그게 아니라고 나는 생각합니다. 진짜 목적은 고분고분하게 복종하는 태도를 계속 유지시키는 것입니다. 쿠바에서도 파나마에서도 그리고 다른 나라에서도요.

아이티: 수출 기지에서의 소요 사태

청중1 촘스키 씨, 요 몇 년 동안 아이티와 장베르트랑 아리스티드[1990년에 당선된 민선 아이티 대통령]에 대한 뉴스가 전국적으로 떠들썩합니다. 미국의 대 아이티 정책은 선생님이 말씀하신 전반적인 상황과 맞지 않은 듯합니다. 적어도 이 나라에서만큼은 미국이 어느 정도 민주주의를 시행하려고 애쓰는 것 같습니다. 어쨌든 미국은 군사 쿠데타 지도자들[1991년에 아리스티드를 몰아낸 자들]을 쫓아냈고 1994년에 민선 지도자를 권좌에 복귀시켰습니다. 이 나라의 경우에는 선생님의 이론이 좀 안 맞는 것 같은데, 아이티 사태를 좀 자세히 분석해주시겠습니까?

— 먼저 배경을 설명하겠습니다. 그러면 진상이 말씀하신 것과 얼마나 다른지 알 수 있을 것입니다. 미국은 지난 200년 동안 아이티의 군부와 독재자들을 지지해왔습니다. 이건 새로운 정책이 아닙니다. 그리고 지난 20~30년 동안 미국은 아이티를 일종의 수출 기지, 아주 값싼 노동력을 갖추고 있고 미국 투자자에게 높은 수익을 가져다주는 수출 기지로 만들려고 했습니다. 그리고 오랫동안 이 정책은 통하는 듯했습니다. 탄압이 심했고 주민들은 통제받았으며, 미국 투자자들은 큰 이익을 올렸습니다. 그러다가 1990년에 들어와 모두를 깜짝 놀라게 한 사건이 발생했습니다. 아이티에서 자유선거가 실시되었는데, 모두들 미국이 지지한 전前 세계은행 관리〔마르크 바쟁〕가 대통령에 당선되리라 예상했습니다. 바쟁은 자원을 모두 가졌고 외국의 지원도 받고 있었기 때문입니다.

한편 아이티의 빈민가와 농민사회에서는 뭔가 일이 벌어지고 있었는데 미국 사람들은 신경도 쓰지 않았습니다. 생생하고 활기 넘치는 시민사회가 대규모 민간단체와 함께 형성되고 있었고 아이티 사람들은 각종 활동에 적극적으로 뛰어들었습니다. 엄청난 민중의 힘과 조직이 동원되었습니다. 하지만 이런 움직임에 대하여 여기 있는 사람들 중 누가 신경이나 썼겠습니까? CIA도 신경 쓰지 않았고 미국 언론인들도 무심하기는 마찬가지였습니다. 그래서 미국 사람 아무도 알지 못했습니다. 그런데 갑자기 1990년 12월이 풀뿌리 단체들이 난데없이 등장했고 선거에서 이겼습니다. 미국에게는 재앙이었습니다.

바로 그 순간, 미국 역사를 좀 안다는 사람들이 던진 질문은 이것입니다. "미국이 이자를 어떻게 제거할까?" 아리스티드의 승리는 미국이 도저히 용납할 수 없는 것이었기 때문입니다. 민중의 지원을 바탕으로 한 포퓰

리스트 운동에, 해방신학에 감염된 마저? 그건 도저히 묵과할 수 없는 것이었습니다. 그리하여 미국 정부는 즉각 아리스티드 정부를 방해하는 공작에 돌입했습니다. 아이티 기업계 말고는 나머지 분야의 투자와 원조를 삭감했습니다. 기업계를 반反아리스티드 운동의 중심 세력으로 만들 생각이었지요. '민주주의를 위한 국가원조기금National Endowment for Democracy'은 새 정부를 방해하기 위한 기관들을 설립하기 시작했습니다. 1991년 아이티에서 군사쿠데타가 일어났을 때 이 기관들은 고스란히 살아남았습니다. 하지만 사람들은 이 우연의 일치를 전혀 눈치채지 못했지요.[51]

방해 공작에도 불구하고 아리스티드 정부는 출범 2개월 만에 성공 조짐을 보이기 시작했습니다. 미국 권력의 관점에서 보자면 더욱 위험한 일이었습니다. 국제 여신 기관들이 아이티에 돈을 빌려주기 시작했습니다. 아이티 정부가 과감하게 관료제를 축소하는 것을 청신호로 받아들였던 겁니다. 미국의 지원을 받은 독재 정부 뒤발리에 가문이 수십 년에 걸쳐 자행한 권력 남용과 부패가 마침내 시정되기 시작했습니다. 마약 밀매는 크게 줄어들었고 잔학 행위는 평소 수준보다 훨씬 줄어들었습니다. 미국으로의 난민 유입도 사실상 멈추었습니다.[52]

자, 9월에 군사 쿠데타가 일어나 아리스티드 정부는 전복되었습니다. 이론적으로, 미국은 새로 들어선 아이티 군사평의회junta에 경제봉쇄와 제재를 가했습니다. 하지만 그것은 순전한 사기였습니다. 부시 행정부는 즉각그런 제재를 중시하지 않겠다는 점을 분명히 밝혔습니다(다시 말해 세계의 다른 나라들도 신경 쓸 필요가 없다는 뜻이었습니다). 부시는 경제봉쇄에 '예외 조항'을 인정했습니다. 달리 말해서 약 800개의 미국 소유 기업들은 경제봉쇄 조치에서 자유로워졌습니다.《뉴욕타임스》는 이를 가리켜 경제봉쇄의 '미세조정'이라고 하면서 정부를 거들었습니다. 이런 미세조정을 통해 쿠데타 지도자들을 압박하되, 지난 여러 해 동안 증명된 바와 같이 아이티 국민들이 피해를 보지 않게 하려는 뜻이라고 신문은 설명했습니다.[53]

한편 이 경제봉쇄 기간 동안 미국의 대 아이티 교역량은 쿠데타 이전보다 많이 떨어지지 않았습니다. 1993년 클린턴 행정부에서는 50퍼센트 이상 늘어났습니다.[54] 미국의 자유언론들은 이 사실을 놓친 것 같습니다. 아무도 나처럼 확인해보지 않았겠지요. 나는 상무부에 전화를 걸어 교역량 수치를 물었습니다. 확인하는 데 딱 2분이 걸렸고 교역량이 50퍼센트 늘었다는 것을 알았습니다. 하지만 이 수치를 확인하는 것은 미국 언론들의 능력 밖의 일인가 봅니다. 그들은 보도는커녕 사실 확인조차 하지 않았으니까.

이런 일이 벌어지는 동안 아이티 장군들은 다음과 같은 지시를 받고 있었습니다. '이봐, 민중운동 조직의 지도자들을 암살해. 국민 모두를 겁주고 당신들이 은퇴한 후에 방해가 될 만한 자들은 모조리 없애버려. 할 시간을 얼마간 주지. 모두 끝나면 알려줄 테니 그때는 은퇴하고 프랑스 남부로 가 평생 편안하게 사는 거야. 걱정하지 마. 은퇴할 때 한몫 단단히 챙겨줄 테니. 평생 풍족하고 편안하게 지낼 수 있을 거야.'

세드라스[쿠데타 지도자]와 그 동료들은 이 지시를 충실히 따랐습니다. 그리고 장군들은 군사평의회에서 물러난 후[1994년 10월 지미 카터 전 미국 대통령의 외교적 방문 직후]에 완전히 사면되었습니다.[55]

미군이 쿠데타 지도자들을 축출하기 위해 아이티로 파견되기 하루 전날, 특종이 AP 뉴스를 타고 흘렀습니다. 그래서 미국 전역의 뉴스 룸에서 알게 되었습니다. 특종은 이랬습니다. '법무부 조사 결과 미국의 정유 회사들이 경제봉쇄 명령을 위반해가면서 아이티 쿠데타 지도자들에게 원유를 직접 공급했다.' 이 사실은 누구나 알고 있었습니다. 하지만 미 정부 최고위층의 허가 아래 그렇게 했다는 사실은 누구나 다 알고 있는 정보가 아니었습니다. 적어도 그 특종 뉴스가 나올 때까지는……. 워싱턴 정부가 과연 아이티 군사평의회를 지원하라고 그토록 노골적으로 미국 기업들에게 지시했을까 반신반의했던 겁니다. 법무부 조사 결과, 부시 행정부의 재무부 장관이 기업들에게 원유 공급을 지시하면서 '걱정하지 마라. 우리는 그걸 문제 삼지 않겠다'고 했다는 겁니다. 그리고 이것은 클린턴 정부에서도 계속되었습니다.

뉴스가 나온 다음 날 나는 넥시스(뉴스 미디어 데이터베이스)에 들어가 미국 언론들이 그걸 발견하고 기사화했는지 살펴보았습니다. 기사가 미국 언론에 나기는 했는데, 《플래츠 오일그램*Platt's Oilgram*》이라는 정유산업 전문지였습니다. 어쨌든 그들은 그 뉴스를 발견했습니다. 그 뉴스는 데이턴 오하이오 같은 지방의 신문에도 실렸습니다. 지방지 편집자들은 절대로 실어서는 안되는 기사가 있다는 걸 알 만큼 수준이 높지 않으니까요. 하지만 전국지에는 나지 않았습니다. 《월스트리트저널*Wall Street Journal*》에는 단 두 줄이 실렸는데 전체적인 그림을 알려줄 정도는 아니었습니다.[56]

이때는 전 국민이 아이티에 신경을 집중하고 있었다는 사실을 기억하십시오. 미군이 아이티로 파견되기 직전이었습니다. 아이티와 경제봉쇄에 대하여 수천 가지 이야기들이 난무했지만 언론은 법무부의 조사 보고서에 대해 침묵으로 일관했습니다. 이것은 그 주의 가장 큰 이야깃거리였습니다. 법무부 보고서는 부시 정부에서든 클린턴 정부에서든 제재는 실제로 집행되지 않았다고 밝혔습니다. 이것을 세세히 밝히면 아이티 사태의 진상을 모두 폭로하는 게 되므로 미국의 주요 언론은 일제히 꿀 먹은 벙어리가 되었습니다.

미군이 아이티로 진격했고 쿠데타 장군들에게는 지시가 내려졌습니다. '이제 당신들의 임무는 끝났어. 다른 데로 가서 부자로 행복하게 살아.' 아리스티드는 마침내 아이티로 돌아와 남은 임기 몇 달을 채우는 것이 허용되었습니다. 하지만 그를 성원했던 민중단체들은 몰살되어 하나도 남아 있지 않았습니다. 아리스티드의 복직에 대한 빌 클린턴의 연설[1994년 9월]을 기억하십니까? 아리스티드가 아이티 헌법에 규정된 대로 1996년 초에 물러나는 데 동의함으로써 그 자신이 진정한 민주주의자임을 보여주었다는 장광설이었습니다. 그런데 아이티 헌법은 실제 그가 1996년 초에 물러나야 한다고 규정한 게 아니고, 빌 클린턴이 그렇게 말했을 뿐입니다. 아이티 헌법은 대통령의 임기를 5년으로 규정했을 뿐, 아리스티드가 강제 유배로 보낸 3년을 어떻게 계산할 것인지에 대해서는 규정한 바가 없습니다. 이 3년 동안 미국에서 훈련받은 테러리스트들이 그의 대통령직을 탈취해 국민을 마구 죽였고, 아리스티드는 워싱턴에서 하릴없이 세월만 죽이고 있었던 것입니다. 이렇게 허송세월한 3년도 임기에 포함시켜야 한다는 것은 클린턴의 해석, 미국의 해석일 뿐입니다.[57] 미국처럼 민주주의를 싫어하는 국가나 '좋아, 그것도 임기에 포함하는 거야' 하고 말할 것입니다. 하지만 진정으로 민주주의를 믿는 국가라면, 아리스티드에게 투표한 국민들 —아이티 국민의 압도적 과반수 —은 그가 대통령으로서 5년을 함께 보낼 권리가 있다고 말할 것입니다. 하지만 미국 언론에서 이 가능성에 주목한 사람이 어디 한 명이라도 있었는지 한번 살펴보십시오. 캐나다에서는 언급되었습니다. 하지만 미국에서는 단 하나도 발견되지 않았습니다. 이것은 민주주의를 경시하는 미국의 태도를 단적으로 보여주는 것입니다.[58]

그래서 아리스티드는 손발이 묶인 채로 몇 달 남은 임기를 채웠고 국가 경제 계획을 일방적으로 강요당했습니다. 그것은 세계은행이 들이민 표준적 구조조정 패키지였습니다.[59] 언론에서는 "도움을 준 국가들에게 제공하는 아리스티드의 프로그램"이라고 했지만 머리에 권총 협박을 받으며 내놓은 제안이었습니다. 이 프로그램의 핵심을 들여다보면 이렇습니다.

"재편된 정부는", 즉 아리스티드는 "민간사회에 에너지와 노력을 집중해야 한다". 다시 말해 수출산업과 해외 투자자에게 집중해야 한다는 것입니다.[60] 이 프로그램이 말하는 아이티 민간사회는 뉴욕에 앉아 있는 해외 투자자들을 의미하는 것이지, 아이티에 있는 풀뿌리 단체들을 의미하는 것은 아닙니다. 민중단체는 아이티 민간사회와 무관하다는 얘기입니다. 세계은행의 경제적 조건이란 '아이티에 흘러 들어오는 해외 자원은 무엇보다도 아이티를 수출 기지화하는 데 쓰여야 한다. 아이티는 아주 값싼 노동력을 제공해야 하고 농산품을 미국에 수출해야 한다'는 것이었습니다. 이 때문에 아이티 농민들은 자급자족 농업을 할 수 없게 되고 그리하여 아이티 국민들은 점점 헐벗고 굶주리게 되는 겁니다.

그래서 결론을 말하자면 아이티의 상황은 다시 1990년으로 돌아갔습니다. 하지만 한 가지 중요한 차이점이 있습니다. 민중운동이 깡그리 박멸되었다는 겁니다. 아이티 사람들은 쿠데타 지도자들이 축출되자 정말 기뻐했습니다. 내가 거기 주민이라도 그들처럼 기뻐했을 겁니다. 국민을 고문하고 죽이는 살인자들이 더 이상 권좌에 앉아 있지 않은 겁니다. 하지만 그것

---

58 "클린턴의 계획은 도둑맞은 민주주의의 3년을 공제하는 것이 아니라 가산하겠다는 것이다. 아리스티드의 정지된 대통령직을 이렇게 유권해석함으로써 1991년 군부가 쿠데타를 일으켜 아리스티드를 몰아낸 행위를 합법화해주는 것이다." Dave Todd, Southam News, *Telegraph Journal* (New Brunswick), September 17, 1994.

은 근본적으로 물고문과 전기고문에서 양자택일하는 것일 뿐입니다. 사람들 말로는 물고문이 더 낫다고 하더군요.

어쨌든 아이티에서의 민주주의에 대한 희망은 끝났습니다. 다시 미국의 수출 기지가 될 겁니다. 그동안 여기 미국에서는, 우리는 민주주의와 자유선거를 사랑하고 전 세계의 민주적 이상을 지키기 위해 모든 힘을 다할 것이라는 등, 흥겨이 칭송하는 장광설이 널리 퍼질 것입니다. 그리고 앞으로 50년은 지나야 원유 공급에 대한 진실을 알아차리게 될 것입니다.

텍사코와 에스파냐 혁명

그런데 말이죠, 여기에 자그마한 역사적 각주^{脚註}가 깃들어 있습니다. 부시 정부와 클린턴 정부의 재무부가 아이티 군사평의회로부터의 원유 공급을 허가한 정유업체는 공교롭게도 텍사코^{Texaco}였습니다. 이런 일을 잘 아는 나와 비슷한 연배의 사람들은 1930년대가 기억날 겁니다. 1936년과 37년, 당시 루스벨트 정부는 에스파냐 내전 때 에스파냐공화국을 거꾸러트리려 했습니다. 여기서 텍사코가 어떤 역할을 했는지 기억할 겁니다.

에스파냐 내전 당시 서구 열강들은 에스파냐공화국에 강력하게 반대하고 나섰습니다. 왜냐하면 공화국은 민중혁명, 에스파냐에서 터져 나온 무정부주의적 노동조합주의^{anarcho-syndicalism} 혁명과 동맹을 맺고 있었기 때문인데, 혁명이 유럽의 다른 나라로 전파될 위험이 있었습니다. 무정부주의적 노동조합주의 단체들이 무력으로 해산되자 서구 열강들은 더 이상 신경 쓰지 않았습니다(무정부주의적 노동조합주의는 일종의 비^非레닌주의적 사회주의 또는

자유의지론적^{libertarian} 사회주의다]. 에스파냐에서 혁명이 계속되어 공화국 군대

자유의지론적^{libertarian} 사회주의다]. 에스파냐에서 혁명이 계속되어 공화국 군대

자유의지론적[libertarian] 사회주의다]. 에스파냐에서 혁명이 계속되어 공화국 군대가 프랑코 장군 휘하의 파시스트 군대 —히틀러와 무솔리니의 강한 지원을 받았습니다—와 전쟁을 벌이는 동안, 서방 국가들과 스탈린의 러시아는 공화국 군대가 제거되기를 바랐습니다.

루스벨트 정부가 공화국 군대의 궤멸을 지원한 방법 중 하나는 '중립법[Neutrality Act]'이라는 법적 장치였습니다. 쉽게 말하면 '우린 중립이야. 공화파든 파시스트든 그 어느 쪽에도 지원을 보내지 않을 거야. 당신들의 전쟁은 당신들이 알아서 끝내라고'하는 것입니다.[61] 그런데 이 경우에는 '중립법'이 50퍼센트밖에 적용되지 않았습니다.

파시스트들은 원하는 무기를 독일로부터 모두 얻어낼 수 있었습니다. 하지만 석유는 충분히 지원받지 못했습니다. 이때 나선 정유 회사가 텍사코입니다. 당시 이 회사의 경영자 소킬드 리버는 골수 나치였는데 이 일은 그리 이례적인 것도 아니었습니다. 그래서 텍사코는 에스파냐공화국과의 기존 원유 공급 계약을 일방적으로 해지하고 대양 한가운데 떠 있던 유조선들을 파시스트들에게 보내기 시작했습니다. 1936년 7월이었습니다.[62] 전적으로 불법이었지만 루스벨트 정부는 문제 삼지 않았습니다.

당시 미국 언론들은 이 사실을 발견할 수 없었습니다. 소규모 좌파 언론 빼고는 말입니다. 좌파 언론은 이 사실을 알아냈고 1937년에 계속 다루었으나, 대규모 미국 신문사들은 알아낼 자원이 없다는 이유로 전혀 보도하지 않았습니다.[63] 여러 해 뒤 외교사를 연구하는 사람들이 본문 하단에 이런 사실을 언급했습니다. 하지만 당시의 주류 학계에서는 전혀 언급하지 않았습니다.[64] 아이티 사태에 대한 미국 주류 언론의 태도도 이와 다를 바 없습니다. 미국 정부가 경제제재를 부당하게 위반했고, 말이 좋아 제재지

실제로는 제재를 하지 않았으며, 미국의 본심은 아리스티드 이전의 사업 환경으로 되돌아가자는 것 ─ 이것은 실제로 거의 그렇게 되었습니다 ─ 이라는 사실 등을 결코 보도하지 않았습니다.

이탈리아에서 민주주의 훼방 놓기

^{청중1} 노엄, 당신은 미국이 아이티와 에스파냐에서 대중 민주주의를 거부하고 파시스트 형태의 정치체제를 지지했다고 말했습니다. 나는 이런 일이 제2차 세계대전 후 이탈리아, 프랑스, 그리스, 다른 서구 동맹국들에서도 있었다는 점을 지적하고 싶습니다. 미국은 지난 50년 동안 줄기차게 민주주의를 파괴하고 파시스트 체제를 지원해온 역사가 있습니다. 이것은 심지어 부유한 유럽 사회에서도 마찬가지였습니다.

─ 맞습니다. 그것은 미국이 제2차 세계대전 직후 벌인 최초의 주요 작전이었습니다. 전 세계적으로 반^反파시스트 저항을 분쇄하고 파시스트 체제를 복원시켰으며, 많은 파시스트 협력자들을 등용했습니다. 이런 일은 실제로 어디에서나 벌어졌습니다. 이탈리아, 프랑스, 그리스 같은 유럽 국가들은 말할 것도 없고 한국과 타이에서도 말입니다. 그것은 종전 이후 역사의 첫 장을 차지합니다. 미국은 이탈리아 노조, 프랑스 노조, 일본 노조를 분쇄했고 제2차 세계대전 이후 전 세계적으로 일어난 대중 민주주의의 커다란 위협을 교묘하게 피했습니다.[65]
미국이 대대적으로 개입한 최초의 사건은 1948년 이탈리아에서였습니

미국은 지난 50년 동안 줄기차게 민주주의를
파괴하고 파시스트 체제를 지원해온 역사가 있습니다.
이것은 심지어 부유한 유럽 사회에서도 마찬가지였습니다.

다. 요점은 이탈리아의 선거를 방해하자는 것이었습니다. 실로 엄청난 작전이었습니다. 보십시오. 미국의 정책 입안자들은 이탈리아에서 민주적으로 선거가 치러져 반파시스트 세력이 승리할까 봐 두려웠습니다. 그 이유는 언제나와 같았습니다. 미국의 힘 있는 세력들은 엉뚱한 정책 우선순위를 가진 자들이 집권하는 것을 싫어합니다. 이탈리아의 경우, 반파시스트 저항세력을 포함한 민중민주 세력이 선거에서 승리하는 것을 막으려는 대대적 노력이 있었습니다.[66]

사실 이탈리아의 민주주의에 대한 미국 측의 반대는 1960년대 후반에 와서는 군사 쿠데타를 지원하는 지경에까지 이르렀습니다. 어떻게든 공산주의자들(노동자계급의 정당들)이 정권을 잡는 걸 막으려 했습니다.[67] 미국 내부 기록 문서가 모두 비밀해제되면 이탈리아가 종전 후 한참 뒤에도 CIA 작전의 주요 대상이었다는 게 밝혀질 겁니다. 아무튼 1975년까지 계속 작전을 벌인 것 같은데, 이 시기에 대해서는 기밀문서가 아직 해제되지 않았습니다.[68]

프랑스 그리고 유럽 전역에서도 사정은 마찬가지였습니다. 과거를 잘 살펴보면 독일을 동서로 분할한 것도 공산주의에 대한 우려 때문이었습니다. 이 분할안은 서방 국가들이 주도했는데 국무부 관리이며 전후 세계의 주요 건설자 중 한 명인 조지 케넌은 1946년 당시에 이렇게 말했습니다. "우리는 '담장'을 쳐서 서독을 동부 지역으로부터 보호해야 한다. 독일 공산당 운동이 서독까지 전파될 우려가 있기 때문이다. 그러면 공산주의 세력이 너무 강해진다." 독일은 중요하고 또 힘센 나라였습니다. 그 당시의 세계는 사회민주적 경향을 띠고 있었기 때문에 독일이나 일본 같은 나라에서 단합된 사회주의 운동이 벌어진다는 것은 용납할 수 없는 현상이었습니다. 그래서 미국은 그 가능성을 사전에 차단하기 위해 담장을 쳐서 서독을 동부 지역으로부터 보호해야 했던 겁니다.[69]

특히 이탈리아에서는 문제가 심각했습니다. 그곳의 반反파시스트 저항은 엄청났을 뿐 아니라 아주 인기 있고 권위 있었습니다. 보십시오, 프랑스는 이탈리아보다 더 나은 프로파간다 시스템을 갖고 있었으므로, 우리는 이탈리아 쪽보다는 프랑스 쪽의 저항에 대해서 더 잘 알고 있습니다. 하지만 사실상 이탈리아의 저항운동이 프랑스의 저항운동보다 훨씬 의미가 있었습니다. 프랑스의 레지스탕스에 참가한 사람들은 아주 용감하고 명예로운 사람들이었으나, 전체 인구로 보면 아주 작은 수에 지나지 않았습니다. 프랑스는 전체적으로 보아 나치 점령 기간 동안 대부분 협조적이었습니다.[70]

하지만 이탈리아는 아주 달랐습니다. 저항이 아주 엄청나서 사실상 북부 이탈리아를 해방시켰습니다. 이 때문에 독일의 6, 7개 사단이 현지에 주둔해야 했습니다. 이탈리아의 노동자계급은 아주 잘 조직되어 있었고 국민의 광범위한 지지를 받았습니다. 사실 미국과 영국 군대가 북부 이탈리아로 밀고 올라갔을 때, 그 지역의 이탈리아 저항 세력들이 구축한 정부를 쫓아내야 할 정도였고 노동자의 산업 통제를 위한 제반 조치들을 해체해야 했습니다. 그러고서 미국과 영국 군대가 복권시킨 것은 파시스트 협력자들인, 옛날의 산업체 소유주들이었습니다. 합법적 소유주를 '임의로 퇴출시킨 것'이라는 게 그 복권의 근거였습니다. 미국과 영국 군대는 그런 용어(임의로 퇴출시켰다)를 사용했습니다.[71] 그리고 이어서 미국은 민주적 절차들을 해체하기 시작했습니다. 신임을 잃은 보수 세력이 아니라 저항 세력이 다가오는 각종 선거에서 승리할 것이 너무나 분명했기 때문입니다. 그래서 이탈리아의 진정한 민주주의를 위협하는 세력 ―미국 정부는 이 세력을

'공산주의'라고 지목했습니다 ― 이 꿈틀거린다는 프로파간다가 나오기 시작했습니다. 그런 위협은 무슨 일이 있어도 막아야 한다면서.

그런데 말이죠, 당신이 말한 것처럼, 그 당시 이런 일이 다른 지역에서도 있었습니다. 다른 나라에서는 훨씬 더 폭력적이었습니다. 가령 그리스에서는 나치 저항 세력을 파괴하고 나치 협조자들을 권좌에 앉히기 위해 전쟁이 벌어졌는데 16만 명이 살해되었고 80만 명이 난민이 되었습니다. 그리스는 아직도 이 상처로부터 회복하지 못했습니다.[72] 한국에서는 1940년대 후반에 10만 명이 살해됐습니다. 이른바 '한국전쟁'이 터지기 전이었습니다.[73] 하지만 이탈리아에서는 저항 세력의 정치 기반을 전복시키는 것으로도 충분했습니다. 아무튼 미국은 이 공작을 아주 중요하게 여겼습니다. 그래서 이탈리아의 극우 세력인 메이스닉 로지스Masonic Lodges와 테러를 자행하는 준 군사 그룹들에게 자금을 지원했습니다. 파시스트 경찰관과 노조 파괴자 들을 복권시켰고 식량 공급을 틀어쥐고서 이 나라의 경제가 제대로 돌아가지 못하게 했습니다.[74]

사실 국가안전보장회의(이하 NSC) 비망록, NSC 1은 이탈리아와 이 나라의 선거에 관한 것이었습니다. 이탈리아에서 공산당이 합법적이고 민주적인 방법으로 선거에서 승리하여 집권하게 될 경우, 미국은 국가비상사태를 선포해야 하고, 지중해의 6함대에 경계령을 내려 이탈리아 정부를 전복하기 위한 파괴 활동을 해야 한다는 내용이었습니다. 여기서 한 발 더 나아가 긴급사태가 벌어질 경우 직접적인 군사개입도 고려해야 한다는 내용도 들어 있었습니다. 이탈리아 저항 세력이 합법적이고 민주적인 선거에서 승리할 경우를 말하는 것이었지요.[75]

결코 가벼운 농담이 아니었습니다. 미국 정부의 고위층에 있는 사람 중에는 이보다 더 극단적인 조치를 취해야 한다고 생각한 사람도 있었습니다. 가령 상당한 휴머니스트로 통하는 조지 케넌 같은 사람 말입니다. 그는 미국이 선거 이전에라도 이탈리아에 쳐들어가 그런 사태를 미연에 방지해야 한다고 주장했습니다. 하지만 다른 관리들이 케넌을 제지했습니다. "이봐! 기아 위협, 광범위한 테러와 파괴 공작…… 이런 것들을 사용하면 선거 결과를 우리에게 유리하게 가져갈 수 있어." 결국 그들 말대로 되었습니다.[76]

미국은 1970년대까지 이런 정책을 계속 시행했습니다. 이 시기에 해당하는 기밀문서들은 아직 해제되지 않았습니다. 우리가 갖고 있는 비밀해제 문서로 가장 최근 것은 1975년경의 것입니다. 하원의 파이크 위원회 보고서는 이 당시 미국의 파괴 행위에 관한 정보를 많이 내놓았습니다. 1975년 이후에도 그런 정책이 지속되었는지에 대해서는 아무도 모릅니다.[77] 대부분 이탈리아어로 되어 있는데 영어로 된 것들도 일부 있습니다. 에드워드 허먼과 프랭크 브로드헤드는 이른바 '교황 암살 음모'라는 허위 정보에 대한 이야기를 다룬 멋진 책을 썼습니다. 이 책은 보다 최근의 이탈리아 자료에 대한 흥미 있는 논평을 담고 있습니다. 이것 말고도 몇 가지가 더 있습니다.[78] 그리고 이와 똑같은 정책이 프랑스, 독일, 일본 등에서도 추진되었습니다.

미국은 전후에 유럽의 노동운동을 분열시키기 위한 노력의 일환으로 마피아를 다시 살려놓았습니다. 마피아는 원래 파시스트에게 거의 궤멸되었

75 "공산주의자들이 합법적인 수단으로 이탈리아 정부를 접수한다면 미국은 다음의 조치를 취해야 한다. 1. 즉시 제한된 군사행동에 나서 공산주의 세력의 발호에 적극 대응하면서 국가 안보를 지켜야 한다. 2. 지중해에서의 군사적 입장을 강화한다. 3. 지중해에서 합동 군사작전을 계획한다. 4. 이탈리아의 지하 반공 세력에게 재정적·군사적 지원을 제공한다. 5. 이탈리아의 유엔 가입을 반대한다." *Foreign Relations of the United States, 1948*, Vol. III("Western Europe"), U. S. Government Printing Office, 1974, pp. 775-779.

습니다. 경쟁자를 좋아하지 않는 파시스트들은 아주 철저히 마피아를 단속했습니다. 히틀러와 무솔리니 치하에서 마피아는 사실상 존재하지 않았습니다. 그러나 미국 해방군은 시칠리아와 남부 이탈리아를 거쳐 프랑스로 들어가면서 노조 파업을 부수기 위한 도구로 마피아를 다시 살려놓았습니다. 미국은 부두에서 시위하는 노동자들의 무릎을 꺾어놓기 위해 이런 폭력배가 필요했습니다. 어디서 인력을 구할 것인가? 답은 마피아였습니다. 그래서 CIA는 프랑스에서 —미국 노동운동 지도자들과 협조해가면서— 코르시카 마피아를 되살려놓았습니다. 마피아는 재미삼아 폭력배 노릇을 하지는 않았습니다. 어쩌면 그런 일을 즐겼는지도 모르지만 아무튼 보수를 요구했습니다. 프랑스 노동운동을 분쇄하는 대가로 헤로인 사업의 재건 허가를 따냈습니다. 파시스트 치하에서는 없는 것이나 마찬가지였던 헤로인이 다시 등장했습니다. 이게 바로 그 유명한 전후 헤로인 판매의 주된 원천인 '프렌치 커넥션'의 시작입니다.[79]

이 시기에 최악의 나치 전범들을 다수 살려내 그들의 수법을 다시 활용하려는 은밀한 작전이 바티칸, 미 국무부, 영국과 미국의 첩보부 등에서 수립되었습니다. 나치를 활용하여 서유럽과 동유럽에서 민중의 저항 세력을 분쇄하려 했던 겁니다. 예를 들어 가스실을 발명한 발터 라우프를 몰래 칠레로 보내 대폭동 작전에 투입했습니다. 동부 전선의 나치 첩보부대장이던 라인하르트 겔렌은 미국 첩보부에 들어가 동유럽 지역에서 미국을 위해 일했습니다. '리옹의 도살자' 클라우스 바르비는 미국 스파이가 되어 프랑스인들을 감시했는데 나중에 바티칸이 운영한 '밧줄 사다리'를 통해 라틴아메리카로 탈출하여 그곳에서 경력을 마쳤습니다.[80] 이것은 전후에 독립적인 민주주의의 가능성을 파괴하려는 미국의 전반적 노력들 가운데 하나였습니다. 이런 일이 실제로 벌어졌던 겁니다.

소말리아의 홍보전

^{청중1} 촘스키 교수님, 이 모든 말씀에 비추어볼 때, 미국이 인도주의적 입장에서 다른 나라에 개입한 경우는 한 번도 없었나요? 가령 소말리아에 개입한 것은 어떻게 보십니까? 미국에서는 그게 인도주의적 개입이었다고들 말합니다. 선생님 생각에 그건 외양뿐인가요? 아니면 실제로 인도주의적인 의도가 있었습니까?

— 국가는 도덕적 행위자가 아닙니다. 국가는 권력의 수레이고, 그 사회의 내부 권력구조를 형성하는 세력의 이익에 따라 움직입니다. 혹시 로자 룩셈부르크라면 모르겠습니다만, 남의 나라 일에 개입하는 자는 그 자신의 목적 때문에 개입하는 겁니다. 역사에서 늘 그랬습니다. 당신이 금방 말한 소말리아 작전은 분명 인도주의적 작전이 아니었습니다.

미국은 소말리아의 기근이 거의 끝나갈 때까지 기다렸습니다. 적십자사나 세이브더칠드런 같은 국제 원조 단체들이 소말리아로 들어가는 원조의 약 80퍼센트를 확보했을 때에야(대부분의 일은 소말리아 사람들이 한 것으로 밝혀졌습니다), 미국은 소말리아에 들어가기로 결정했습니다.⁸¹ 만약 미국 정부가 소말리아에 인도주의적 관심이 있었더라면 그것을 보여줄 시간은 충분히 있었습니다. 기근이 오기 훨씬 이전인 1978년과 1990년 사이에도 그렇게 할 수 있었을 겁니다. 당시에는 5만~6만 명을 학살한 군벌 시아드 바레를 지원했습니다.[82] 하지만 미국이 지원한 이 독재자가 실각하자 미국은 곧 바로 지원을 철수했고 이 나라에는 내전이 터져 대규모 기아 사태가 발생했습니다. 그런데도 미국은 아무것도 하지 않았습니다. 1992년 전반에 기근과 전투가 최고조에 달했는데 이때에도 미국은 팔짱만 끼고 있었습니다.

1992년 11월 대통령 선거철이 돌아오자 소말리아가 홍보용 사진을 찍기 좋은 곳이라는 인식이 싹텄습니다. 기근이 줄어들고 싸움이 진정되는 때에 해병대 3만 명을 보내면, 해병대 대령들이 굶주린 아이들에게 과자를 나눠 주는 사진발 좋은 장면을 얻을 수 있겠는데, 뭐 이런 생각을 한 겁니다. 그런 사진이 여러 장 신문에 실리면 펜타곤 예산을 늘리는 데 도움이 되겠다고 본 겁니다. 콜린 파월(당시 미 합참의장) 같은 사람도 '이렇게 하면 펜타곤에도 도움이 될 거'라고 말했습니다.[83]

하지만 그 군사작전이 곧 악몽으로 변하리라는 것을 그들도 알고 있었을 겁니다. 외국 군대가 어떤 나라에 들어가면 곧 그 나라의 주민들과 싸우게 됩니다. 처음에는 환영했더라도 거의 자동적으로 그렇게 되는 겁니다. 가령 북아일랜드를 한번 보십시오. 그곳 가톨릭 주민들의 요청으로 영국군이 파견되었습니다(1969년 8월). 그리고 두 달 뒤 영국군은 그 가톨릭 주민들을 살해했습니다.[84] 바로 이런 게 외국 군대라는 겁니다. 역학 구조가 너무나 뻔하지요. 소말리아의 경우 총격이 시작되는 것은 시간문제였습니다.[85]

<u>청중1</u> 그러면 미국의 소말리아 작전은 전적으로 반대하시는 겁니까?

— 그 문제에 대해서 나는 중립적인 입장입니다. 인도주의적 개입이 아닌 것은 분명하지만 그 나라에 손해를 줄지 아니면 이익을 줄지 확실하게 알

수는 없습니다. 하지만 더 중요한 것은 그것 말고도 얼마든지 대안이 있었다는 겁니다.

보십시오. 미국은 즉시 원조를 했어야 합니다. 유엔은 기근 내내 소말리아에 머물러야 했습니다. 그러나 1992년 중반 사정이 좋아지기 시작했습니다. 유엔 협상가인 알제리아인, 무함마드 사흐눈의 지도 아래 상황이 호전되었던 겁니다. 사흐눈은 탁월한 리더였습니다. 현지 단체들을 단결시켰고 갈등하는 사람들 모두에게 존경받았으며 원로 그룹과 여성 단체 들과도 활발하게 접촉했습니다. 현지 사람들은 소말리아 사회를 재건하기 시작했고 몇몇 문제점들을 시정했습니다. 국제 원조 단체들이나 다른 사람들의 증언에 따르면 사흐눈은 아주 능력 있는 지도자였습니다. 하지만 그는 유엔 작전의 무능과 부패를 공개적으로 반대했기 때문에 그 자리에서 쫓겨났습니다. 그들은 간단히 그를 제거했습니다. 그것은 미국이 뒤에서 지지했다는 것을 의미합니다.[86]

자, 이런 상황이었기 때문에 당시 개입은 필요치 않았습니다. 가장 좋은 방법은 사흐눈과 그 동료들을 계속 지원하는 것이었습니다. 사흐눈은 소말리아 민간사회의 다양한 분야를 서로 결속시키려고 애썼으니까. 이들을 지원하는 것이 가장 좋은 방법이었습니다. 이 밖에는 그 어떤 지속적 발전도 기대하기 어려웠습니다. 무엇보다도 민간사회의 재건을 도와야 했습니다. 궁극적으로 소말리아 문제를 해결할 수 있는 세력은 그들이니까. 마침 사흐눈과 동료들이 노력하고 있었으므로 그들 뒤를 밀어주면 되는 것이었습

86 무함마드 사흐눈의 계획과 해고에 대해서는 다음을 볼 것. Chris Giannou, "Reaping the Whirlwind: Somalia After the Cold War", in Phyllis Bennis and Michel Moushabeck, eds., *Altered States: A Reader in the New World Order*, Olive Branch, 1993, pp. 350-361, pp. 357-358.

니다. 하지만 미국은 그런 생각을 한 번도 하지 않았습니다. 그러면 펜타곤 홍보를 전혀 하지 못하니까.

당신은 우리의 작전으로 소말리아 사람들이 혜택을 입었느냐 아니면 손해를 보았느냐고 물었는데 나도 확신할 수 없습니다. 하지만 어떤 일들이 벌어졌더라도 그것은 부차적인 것입니다. 사진 찍는 기회를 제공하는 데 불과했을 테니까요. 아무튼 그런 것으로 소말리아 사람들이 도움을 얻었을 수도 있겠지요. 만약 그랬다면 우연의 일치겠지요.

4

제3세계를 다루는
'제국의 법칙'을 말하다

사람들은 그럴 수밖에 없는 경우 외에는 절대로 전쟁을 하려 하지 않습니다.

그런데도 언론은 다른 대안을 제시하지 않으려 했습니다.

그래서 미국은 아주 전체주의적인 국가마냥 전쟁에 임하게 되었습니다.

내가 볼 때, 그게 언론과 걸프전의 핵심입니다.

걸프전

청중1 근년에 있었던 가장 주요한 미국의 해외 정책은 걸프전일 겁니다. 이 전쟁에 미디어가 기여한 것에 대해 어떻게 생각하십니까? 내 기억으로, 미국이 이라크를 폭격하자 미국 언론들은 일제히 '잘한다'고 성원을 보냈는데요.

― 엄청난 성원이 있었던 건 사실입니다. 하지만 내가 볼 때 언론의 태도를 제대로 평가하려면 시점^{時點}을 좀 다르게 잡아야 합니다. 일반적으로 사람들의 관심이 집중되고 언론의 대서특필이 계속된 시기는 실제 폭격이 벌어진 6주입니다[1991년 1월 16일부터 2월 27일까지]. 이 시기에 언론 보도에 대한 제약이 심했고 애국적 배타주의가 횡행했지요. 그러나 나는 언론의 태도를 주시해야 할 시기로 1990년 8월부터 1991년 1월까지를 잡습니다. 이 시기에 사담 후세인이 쿠웨이트를 침공한 사태[1990년 8월 2일]에 어떻게 대응할 것인지 결정을 내려야 했으니까요.

무력 사용 결정은 언제나 심각하고 중요한 결정입니다. 제대로 작동하는 민주사회에서라면 ―나는 민주제도의 형태보다는 '제대로 작동하는'을 강조하고 싶습니다― 무력 사용 결정은 공개적인 논의, 대안의 검토, 결과의 예상 등이 이루어진 후에 내려집니다. 다시 말해 신중한 논의 과정을 거쳐 결정하는 겁니다. 하지만 걸프전은 그 과정이 아예 생략되었습니다. 논의가 아예 없었던 것은 미국 언론의 탓이었습니다.

보십시오. 전쟁 직전 가장 핵심적인 문제는 미국이 평화로운 방법을 추구할 것이냐 아니면 무력 현장으로 출동할 것이냐를 결정하는 것이었습니다. 이라크가 쿠웨이트에서 철수하도록 협상하는 외교적 노력은 국제법이 요구한 것이기도 했습니다. 하지만 미국은 외교적 해결 가능성을 일축하고 무력 사용으로 나아갔습니다.[87] 우리는 가능한 외교적 수단이 있었는지 어쨌는지도 알지 못했습니다. 아주 간단한 이유가 있었습니다. 이라크는 협상안을 테이블 위에 올려놓았으나 거절당했습니다. 부시 행정부는 협상안을 1990년 8월 중순에 거절했고 그다음 해 1월 폭격이 시작될 때까지 그 입장을 고수했습니다.[88]

이때 언론이 어떤 역할을 했습니까? 철저하게 은폐했습니다. 1990년 이라크가 평화 제안을 해왔을 때 국무부는 너무 놀란 나머지 '외교 노선을 거부'해야 하는 게 아닐까 생각했습니다. 외교 노선 거부라는 말은 《뉴욕타임스》의 특파원이 방심해서 우연히 뱉은 말이었습니다.[89] 언론의 이러한 뉴스 은폐는 1991년 1월 폭격이 시작될 때까지 계속되었습니다. 진지한 것인지 아닌지 알 길은 없지만, 지역 문제에 관해 회담을 벌이자는 형식을 띤 이라크의 외교적 제안이 이미 나와 있었습니다. 그리고 그들이 말한 다른 사항들도 협상 가능한 것이었습니다. 정부 내의 서남아시아 전문가들은 그런 사항들을 '진지'하고 '협상 가능한' 제안이라고 보았습니다.[90] 하지만 그 제안에 대하여 알고 있는 사람은 거의 없었습니다. 유럽에서는 사실상 단 한 명도 없었다고 봅니다.

미국에 그 기사를 꾸준히 추적한 언론이 단 하나 있었습니다. 롱아일랜드의 《뉴스데이^{Newsday}》라는 신문이었습니다. 《뉴스데이》가 보도를 계속 내보낼 수 있었던 것은 ─ 이것은 저의 추측이고 확실한 증거는 없습니다 ─ 아마도 게재를 거부한 《뉴욕타임스》에 반발한 정부 쪽 인사가 정보를 계속 흘렸기 때문이 아닌가 합니다. 《뉴스데이》는 그런 정보가 좀처럼 흘러들지 않는, 규모가 좀 작은 교외의 신문이었습니다. 하지만 뉴욕의 모든 신문 가판대에서 팔렸습니다. 신문 1면에 "이라크, 미국에 철수 협상 제안"이라는 헤드라인을 크게 뽑아대자 《뉴욕타임스》가 못 본 체할 수가 없었습니다. 할 수 없이 신문 뒤쪽의 한구석에 그 사실을 가볍게 다룬 뒤 일축하기로 결정했고, 그다음 날 실제로 그렇게 했습니다."

여기서 요점은 무엇인가 하면, 전쟁의 필요성을 결정하는 논의와 토론을 사전에 봉쇄하고 관련 정보마저 은폐함으로써, 언론이 파괴적이고 살육적인 갈등의 무대를 미리 만들었다는 것입니다. 사람들은 그럴 수밖에 없는 경우 외에는 절대로 전쟁을 하려 하지 않습니다. 그런데도 언론은 다른 대안을 제시하지 않으려 했습니다. 그래서 미국은 아주 전체주의적인 국가마냥 전쟁에 임하게 되었습니다." 내가 볼 때, 그게 언론과 걸프전의 핵심입니다.

물론 상황은 여기서 그치지 않았습니다. 당신 또한 언급한 다른 사항들도 많이 있었습니다. 전쟁 전과 전쟁이 진행되는 동안에 부시 행정부는 사람들에게 '괴물 같은 군사 강국 이라크'의 이미지를 심어놓았습니다. 대중의 히스테리를 유발해야만 정부 정책을 쉽게 펴나갈 수 있기 때문입니다. 이와 관련하여 언론은 다시 한 번 자신들의 임무를 100퍼센트 수행했습니다. 여러분이 당시 상황을 얼마나 잘 기억하는지 모르겠지만, 사람들은 글자 그대로 이라크의 막강한 무력에 몸을 부르르 떨었습니다. 이라크를 우리가 전혀 듣도 보도 못한 대포를 갖춘 군사강국이라고 생각했습니다.[93] 실제로 그렇습니까? 이라크는 8년에 걸친 이란과의 전쟁 동안, 혁명 후 혼란스러운 이란을 패배시키지도 못한 허약하고 방어력 없는 제3세계 국가에 지나지 않았습니다.

당시 미국, 소련, 유럽, 아랍의 석유 국가 등 세계 권력의 상당 부분이 일방적으로 이라크를 지원했는데도 이기지 못했습니다. 이라크는 이런 지원을 등에 업고도 혁명 후의 이란을 패배시키지 못했습니다. 이란은 혁명 과정에서 육군 장교단을 몰살했고 남은 무기도 변변치 않았던 상황이었습니다. 이런 허약한 이라크가 느닷없이 전 세계를 정복할 강대국으로 둔갑하다니요? 방어력을 제대로 갖추지 못한 나라가 갑자기 세계에서 군사력이 가장 강한 두 나라, 미국과 영국을 위협할 정도가 되었다니요? 이런 주장에 배를 움켜쥐고 웃음을 터트리지 않는 사람은 완전히 세뇌당한 서방 지식인임에 틀림없습니다. 하지만 여러분이 기억하듯이 지식인이라는 사람들이 그런 황당한 얘기를 하고 돌아다녔습니다. 그리고 사람들은 그 말을 믿었습니다.

걸프전 동안 나는 미리 계획된 연설회 몇 개를 취소하고 미국의 가장 보수적인 지역에서 요청해온 몇 건의 연설회를 받아들였습니다. 도대체 그 지역 사람들은 어떤 생각을 할까 궁금했기 때문입니다. 그래서 나는 군부대로 둘러싸인 조지아의 한 마을을 찾아갔습니다. 호전적 애국주의로 이름 높은 노동자 마을인 펜실베이니아의 리하이도 찾아갔습니다. 또 매사추세츠의 몇몇 보수적인 지역, 가령 애팔레치아도 찾아갔습니다. 가는 곳마다 사람들은 정신 없을 정도로 겁먹고 있었습니다. 때때로 그 광경은 아주 놀라울 정도였습니다.

예를 들어, 캘리포니아 북부에는 치코 스테이트라는 대학이 있습니다. 레이건과 슐츠(레이건 정부의 국무장관) 같은 사람들이, 그들의 자녀가 버클리(버클리 소재 캘리포니아 대학)의 '좌파' 사상에 물들지 않도록 버클리 대신 선택했던 학교입니다. 이 학교는 사방 400마일의 옥수수밭 한가운데에 있고 가까운 도시가 100만 마일 떨어져 있으며, 비행기를 타고 가 웬만한 집 절반 크기의 공항에 내렸습니다. 그 학교의 급진파 인사인 듯한 교수 한 명과 학생 한 명이 마중 나와 있었습니다. 차 있는 데까지 걸으면서 꽤 먼 거리를 걸어야 한다는 걸 알았습니다. 공항 주위가 노란 경찰 테이프로 둘러쳐져 있었기 때문입니다. 그래서 나는 그 두 사람에게 물었습니다. "어떻게 된 거죠? 비행기 착륙장을 수리하고 있는 건가요?" 그랬더니 두 사람이 뭐라고 했는지 아십니까? "아닙니다. 아랍 테러리스트들로부터 공항을 보호하기 위한 겁니다." 나는 놀라서 "캘리포니아 북부에 아랍 테러리스트?"라고 대꾸했습니다. 아무튼 그곳 사람들은 그렇게 생각했습니다. 마을로 들어갔더니 주민 모두가 군복을 입고 노란 리본을 착용하고 있었습니다. "만약 사담이 쳐들어온다면 우리는 결사항전 할 거야" 하면서 말입니다.

어떻게 보면 국민들은 정부의 말을 그대로 믿은 겁니다. 하지만 방문한 보수적인 지역들 모두 프로파간다의 막이 너무나 얇아서 내가 상황을 설명하고 실제는 이렇다면서 농담하자 그 막이 완전히 걷혔습니다. 그리고 연설이 끝날 무렵에는 기립 박수를 받았습니다. 그 당시 전국을 돌며 나와 비슷한 연설을 했던 내 친구들도 같은 반응이었다고 합니다. 가령 알렉산더 콕번 같은 사람 말입니다. 언론사들은 우리에게 위협적인 이라크의 이미지를 제시했습니다. 이런 프로파간다 덕분에 부시는 6주 동안 폭격을 계속하

고 수십만 명을 죽이고 이라크를 완전 폐허로 만드는 등 무력과 폭력을 마음껏 과시했습니다.[94]

걸프전이 벌어진 이유에 대한 프로파간다가 횡행했지만, 실제 원인은 사담 후세인을 미워한 것과는 아무런 상관이 없습니다. 이것은 쉽게 증명할 수 있습니다. 미군의 폭격이 끝난 후 무슨 일이 벌어졌는지 한번 살펴보십시오. 전쟁이 끝난 지 일주일 후 사담 후세인은 이라크 남부의 시아파와 북부의 쿠르드족을 진압하는 작전에 나섰습니다. 이에 대하여 미국은 어떤 반응을 보였습니까? 그저 구경만 했습니다. 사실 이라크의 반역 장군들은 사담 후세인을 거꾸러트릴 테니 포획된 이라크 장비를 사용하게 해달라고 미국에 애원했습니다. 미국은 거절했습니다. 서남아시아 지역의 동맹국인 사우디아라비아는 사담을 전복시키려는 이라크의 반역 장군들을 지원하는 방안을 가지고 미국에 접근했으나, 부시 행정부가 계획을 봉쇄하는 바람에 그 방안은 곧 거부되었습니다.[95]

전쟁 후 사담 후세인을 권좌에 그대로 남겨두기로 한 미국의 결정은 비밀이 아니었습니다. 심지어 그렇게 한 이유까지 제시되었습니다. 국무부 대변인 격인 《뉴욕타임스》 기자 토머스 프리드먼이 설명했습니다. 이른바 '안정'을 위해서 사담 후세인이 이라크를 통제할 필요가 있다는 얘기였습니다. 그가 말했습니다. "전 세계를 위한 최선은 이라크 군사평의회가 사담 후세인 방식으로 이라크를 다스리는 것이다." 이러한 발언은 터키, 사우디아라비아, 그리고 워싱턴에 있는 그의 상급자 마음에 쏙 들었습니다. 하지만 "전 세계를 위한 최선"을 현재 얻을 수 없기 때문에 차선으로 만족해야 한다는 것이었습니다. 그래서 사담 후세인이 '철권통치'를 하게 되었습니다.[96]

그러므로 사담이 시아파 반군들을 마구 죽이는데도, 온 세계에 병력이 주둔한 미국은 아무 할 일이 없었습니다. 사담이 늪지에 사는 사람들을 공격할 때에도 미국은 똑같은 태도를 취했습니다. 북부의 쿠르드족을 공격할 때 제재가 있었던 것은 서방에서 터져 나온 국제적인 규탄의 소리 때문이었습니다. 유럽 사람들은 푸른 눈에 유럽인 같은 용모를 가진 사람들이 이라크 군대에게 학살되는 것을 용납하지 못했던 겁니다. 사담 후세인이 시아파를 공격할 때 비난하지 않은 것은 명백한 인종차별입니다.

아무튼 사담 후세인은 전쟁 후에도 권좌를 지켰고 전쟁 전과 마찬가지로 조지 부시의 지원을 받았습니다. 한편 폭격과 미국의 경제봉쇄로 진짜 피해를 본 사람은 이라크 국민이었습니다. 전쟁 후 미국이 경제봉쇄 유지를 고집함으로써 글자 그대로 수십만 명의 이라크 어린아이들이 죽었습니다. 유엔안전보장이사회에서 이라크 제재를 계속해야 한다고 주장하는 나라는 미국과 영국뿐입니다. 제재를 멈추는 데 필요한 유엔의 공식적 조건들이 충족되었는데도 계속 고집하고 있는 겁니다.[97] 하지만 이 얘기 역시 미국 언론에서는 다루어지지 않습니다.

그리고 사담 후세인의 권력 장악력이 이 사태로 조금도 약화되지 않았다는 것은 널리 동의받고 있습니다. 오히려 강화되었습니다. 얼마 전 외교 전문지인 《포린어페어스*Foreign Affairs*》에 실린 한 논문은, 사담 후세인이 이라크의 민족주의에 호소하면서 통치권을 강화하고 있다고 주장했습니다. 경제봉쇄는 비교적 부유했던 나라를 아주 가난한 나라로 바꾸어놓았습니다. 100만 명 이상의 사람들이 영양실조와 질병으로 죽었다고 합니다.[98]

---

96 이와 관련해서는 다음 참조. Thomas Friedman, "A Rising Sense That Iraq's Hussein Must Go", *New York Times*, July 7, 1991.; Noam Chomsky, *Deterring Democracy*, Hill and Wang, 1992.

이 모든 일이 미국 자체 이유들 때문에 벌어진 겁니다. 사담 후세인을 싫어하는 것과는 아무런 상관도 없습니다. 쿠웨이트 공격 직전까지만 해도 후세인은 조지 부시의 친한 친구이자 교역 상대였습니다.[99] 또 1990년까지 후세인을 믿지 못하겠다며 그에게 미국 차관을 주지 말아야겠다는 미 재무부의 태도에 지속적으로 제동을 건 것도 부시 백악관이었습니다.[100] 또 걸프전 직후 후세인이 내부의 저항 세력을 무자비하게 학살하는데도 아무런 조치를 취하지 않은 것이 미국입니다. "스토밍 노먼" 슈워츠코프[미국의 장군]가 근처에서 대기하고 있었는데도 손 하나 까딱하지 않았습니다.[101] 이 모든 사실을 감안하면 후세인을 싫어한 것과 걸프전은 아무 상관도 없음을 명백히 알 수 있을 것입니다.

청중 2 결국 미국은 후세인이 차지한 쿠웨이트 유전 통제권을 되찾기 위해 전쟁을 벌였다는 건가요? 석유 때문에 벌인 전쟁이라는 말씀인가요?

— 어떤 현상이 무엇 때문에 벌어졌는지 살펴보는 좋은 방법은 그것이 어떤 변화를 가져왔는지 조사하는 겁니다. 특히 결과가 확실한 전쟁을 준비했을 때에는, 그 결과가 곧 전쟁의 목적이었다고 믿을 만한 타당한 근거가 됩니다. 걸프전은 어떤 변화를 가져왔습니까? 전쟁이 끝나자마자 있었던 커다란 사건은 미국이 서남아시아 문제로 마드리드회담을 열었다는 겁니다[1991년 10월]. 그리하여 일련의 '평화 과정'이 촉발되었는데 1994년 이스

---

98 "이라크 야당들조차도 사담 후세인 체제가 4년 전보다 더 공고해졌다는 데 널리 동의한다. 바그다드의 믿을 만한 소식통에 따르면 이라크 국민들은 경제봉쇄를 견디고 살아남는 데 바빠서 이라크 정부를 향해 봉기할 의욕도 정력도 없다. 이라크 정부가 강대국 어젠다의 희생자라고 보는 인식이 이라크 국민들 사이에 널리 퍼져 나가고 있다." Eric Rouleau, "The View From France: America's Unyielding Policy toward Iraq", *Foreign Affairs*, Vol. 74, No. 1, January/February 1995, p. 68.

라엘과 팔레스타인해방기구(이하 PLO)가 서명한 오슬로협정으로 결말이 났습니다. 이 협정으로 미국과 이스라엘은 팔레스타인 민족자결권을 거부해온 20년 캠페인에서 승리를 거두었습니다.[102] 팔레스타인 민족은 근본적으로 파괴되었습니다.(오슬로협정은 이 장의 끝 부분에서 그리고 제3권의 8장에서 자세히 다룬다.-편집자)

이것은 뒤늦게 깨달을 일도 아닙니다. 걸프전 당시에 이미 이런 일이 벌어지리라는 게 분명했습니다. 나는 《Z 매거진*Z Magazine*》에 기고한 글에서 걸프전이 이제 끝났으니 미국은 팔레스타인 문제를 해결하기 위해 거부 정책을 강요하고 나설 거라고 예측했습니다.[103] 그리고 내 예측대로 됐습니다.

실제로 벌어진 일을 한번 살펴보십시오. 가장 최근에 있었던 팔레스타인에 관한 유엔 연례 투표는 1990년 12월이었습니다. 결과는 언제나와 같았고 144 대 2였습니다. 미국과 이스라엘은 온 세상에 맞서서 팔레스타인의 민족자결권을 거부했습니다.[104] 그리고 1991년 1월 미국은 이라크를 폭격했습니다. 전쟁 후 미국은 마드리드회담을 개최했고 유엔은 더 이상 팔레스타인 문제와 관련하여 투표를 하지 않았습니다. 마드리드회담은 미국이 일방적으로 주도했고 전적으로 미국 프로그램을 바탕으로 했으며, 팔레스타인 사람들을 위한 것은 아무것도 없었습니다. 마드리드회담의 어젠다는 이스라엘이 점령지에서 원하는 것을 가질 수 있게 하는 것이었습니다. 그렇게 하여 사우디아라비아, 오만, 카타르 등과 같은 석유 부국의 고객 미국과 이스라엘의 관계가 표면 위로 떠오르면서 더욱 분명해졌습니다(미국과 이들 아랍 국가들의 관계는 겉으로는 전쟁 중이었지만 속으로는 꾸준히 화해를 지속해왔습니다). 반면에 팔레스타인은 고통만 강요당할 뿐 아무것도 얻지 못했습니다. 바로 이것이 걸프전의 결과였습니다.

말하자면 서남아시아의 여러 나라에게 겁을 준 겁니다. 소련이 게임에서 빠진 마당에, 이제 미국은 자신이 얻고자 한 것을 달성하기 위해 여차하면 무력을 사용할 수도 있다는 것을 보여주는 강력한 쇼였습니다. 소련이 붕괴된 이후, 제3세계 국가들이 독립 노선이나 비동맹 노선을 유지할 수 있는 공간이 없어졌습니다. 제3세계는 1980년대에 세계를 휩쓴 자본주의의 커다란 위기로 인해 황폐해졌습니다. 사담 후세인의 공격성과 PLO의 무기력한 전략 때문에 아랍 민족주의는 또 다른 강타를 맞았습니다. 그래서 아랍 국가의 지도자들은 민중의 압력에 부응하여 친親팔레스타인 제스처를 취해야 할 필요가 전보다 줄어들었습니다. 이 모든 것의 결과로, 미국은 지난 20년 동안 해온 대로 서남아시아에서의 외교적 주도권을 더 이상 약화시킬 필요가 없어졌습니다. 이제 미국은 무력을 사용할 수 있습니다. 걸프전은 그 첫 번째 결과물이었습니다.

그래서 모두들 크게 겁을 집어먹었고 유럽은 마침내 팔레스타인 자결권 문제에서 뒤로 물러섰습니다. 유럽은 더 이상 그 문제에 대하여 제안하지 않습니다. 1993년에 노르웨이가 중재자로 나서서 오슬로협정이 맺어지도록 도왔다는 것은 흥미로운 일입니다. 2년 전이었다면 그렇게 하지 않았을 겁니다.

내가 보기에 걸프전의 주된 목적은 이상과 같습니다. 석유를 잃는다는 우려 때문이 아니었습니다. 국제법을 지키기 위해 또는 쿠웨이트 공격에 정의롭게 저항하기 위해서도 아니었습니다. 또 그들이 사담 후세인을 싫어한 것도 아니었습니다. 사담 후세인이 어떻게 되든 신경 쓰지 않았습니다. 걸프전이 끝나고 나서야 미국은 비로소 팔레스타인의 자결권 거부 프로그램을 강제로 밀어붙이고 서남아시아 지역에 대한 '먼로독트린Monroe Doctrine'을 선포했습니다[먼로독트린은 1823년 미국의 5대 대통령 제임스 먼로가 선언한 것으로, 라틴아메리카는 미국의 배타적 세력권이므로 유럽 열강이 관여해서는 안 된다는 내용]. 미국은 이렇게 말한 것입니다. '이봐, 여긴 우리 세력권이야. 우린 여기서 우리가 하고 싶은 대로 하겠어.' 조지 부시도 실제로 그렇게 말했습니다. "우리가 말하는 것이 통한다."[105] 이제 세계는 미국의 태도를 이해했습니다. 걸프전이 이해를 도왔습니다.

보스니아: 개입의 문제

^{청중1} 노엄, 당신이 생각을 완전히 뒤바꾸게 된 큰 사건이 있었습니까? 내가 보기에 당신은 지난 여러 해 동안 놀라울 만큼 일관된 입장을 유지하고 있는 것 같습니다. 그리고 당신이 연설하거나 저술하고 싶었으나 아직 하지 못한 이슈들이 있습니까?

— 구체적으로 입장을 정하지 못한 주요 쟁점이 많이 있습니다. 뭐라고 말해야 할지 정말 모르기 때문이죠. 예를 들어, 1990년대 초반에 있었던 전^前 유고슬라비아의 갈등이 그것입니다[1991년과 1992년에 소비에트 블록이 해체되면서 보스니아와 헤르체고비나는 유고슬라비아에서 이탈했고, 그 후 몇 년 동안 크로아티아인, 무슬림, 세르비아인 사이에 내전이 벌어졌다]. 어떤 조언을 해야 할지 정말

---

105 "우리는 승리할 것입니다. 승리한 다음에는 이 위험한 독재자, 그리고 그를 흉내 내려는 독재자들에게 미국의 새로운 영광을 단단히 가르쳐줄 것입니다. 우리가 말하는 것이 통하도록 하겠습니다."(부시의 연설) Rick Atkinson, "Bush: Iraq Won't Decide Timing of Ground War", *Washington Post*, February 2, 1991, p. A1.

몰랐습니다. 갈등을 해결할 좋은 방법에 대해 들어본 적이 없었고 나 자신도 아이디어가 없었습니다. 그래서 사람들이 그 사태에 대해서 논평해달라고 할 때 일반적인 문제들만 얘기하고 제안은 하지 못했습니다. 사실은 어떤 대답, 해결 방안, 조언 따위를 내놓아야 할지 몰라 난감했던 세계적인 이슈들이 많이 있었습니다. 하지만 다행히도 뚜렷한 해결안이 있는 사건도 수백 가지 있었습니다. 그래서 그런 문제들에 집중하는 것이 더 좋겠다고 생각했습니다.

하지만 보스니아 사례는 아주 눈에 띄었습니다. 모든 사람이 얘기했으니까요. 그곳의 잔혹한 사태를 종식시키기 위해 사람들이 많은 의견을 내놓았는데 나는 그렇지 못했습니다. 내 말은 많은 사람들이 '그냥 폭격을 때려버리자'고 말했다는 것입니다. 또 자신은 사라예보에서 벌어지는 일에 반대하는 아주 도덕적인 사람이라며 우쭐대는 사람들도 있었습니다[사라예보는 보스니아의 수도로서 1990년대 초 민족 분쟁이 벌어졌다]. 물론 우리는 모두 사라예보에서 벌어지는 일에 반대했습니다. 하지만 전쟁을 종식시키기 위해 무엇을 해야 하는가? 거기에 대해서는 의견이 다소 중구난방이었습니다. 세르비아인들을 죽여버려? 그들 역시 사람이고 그것은 산속에 사는 세르비아 농민들이 받아들일 만한 입장이 아니었습니다. 그 제안은 가능성이 거의 없었습니다. 세르비아인들의 생활방식이 우리나 사라예보의 유럽인들과 다르기는 하지만 그래도 그들 역시 사람입니다. 세르비아인에 대한 서방의 대응에는 계급적 편견이 많이 작용했다고 생각합니다. 특히 언론이 편파적으로 보도했습니다. 설령 세르비아 농민들이 살인자이고 사라예보 사람들은 간디였을지라도 여전히 의문은 남습니다. 그럼 당신은 무엇을 해야 하는가? 거기서 문제는 어려워지는 겁니다.

이와 비슷한 문제들이 많이 있습니다. 르완다의 경우를 한번 보십시오 [1994년 르완다에서 50만 명 이상의 사람들이 학살되었다]. 이처럼 우리는 사람이 해서는 안 될 일들을 수없이 보고 있지만 그런 학살이 일단 진행되면 우리가 할 수 있는 일은 거의 없습니다. 학살은 정말 끔찍합니다. 하지만 당신은 구체적으로 무엇을 할 수 있습니까?

인도 가지고 놀기

청중1 촘스키 교수님, 인도는 이미 핵무기를 보유한 나라들이 핵을 포기하는 데 동의하지 않는 한, 핵확산금지조약(이하 NPT)에 서명하지 않겠다고 버티고 있습니다. 내가 보기에 이것은 미국의 권위에 도전하는 것입니다. 특히 인도 같은 가난한 제3세계 국가가 말입니다. 이 문제에 대하여 교수님의 생각은 어떠신지요? 이 같은 불복종에 대한 미국의 반응은 어떤 것일는지요?

— 인도는 단지 제3세계 국가들이 공공연하게 말하기 두려워하는 것을 말한 것뿐입니다. NPT는 웃기는 것입니다. NPT라는 것은 부유한 강국들이 핵무기를 독점하겠다는 것, 그 이상도 이하도 아닙니다. 물론 핵 확산은 나쁜 일입니다. 하지만 유독 미국만 핵무기를 보유하면 세상이 더 좋아집니까? 미국이 국제사회에서 인도보다 더 좋은 역사를 갖고 있습니까? 제3세계 국가들은 이런 위선을 잘 알고 있지만 벌떡 일어서서 대놓고 말하지 못할 뿐입니다. 인도 사람들은 말을 했고, 실제로 그리 놀랄 일도 아닙니다.

인도는 꽤 독립심이 강한 국가입니다. 비동맹운동〔유엔에서 결성된 제3세계 국가들의 연합〕의 지도국이었고 또 인구가 많은 큰 나라입니다. 현재의 인구증가율이 그대로 지속된다면 몇 년 지나지 않아 인도는 중국보다 인구가 더 많은 나라가 될 겁니다.[106] 인도는 식민 지배를 받은 최초의 나라 가운데 하나이고 그 식민 지배로 나라가 완전히 결딴나버렸습니다. 인도 지식인들이 아무리 세뇌당했다고 하더라도(실제로 세뇌되었습니다), 인도 지식인이라면 누구나 이렇게 역사 인식을 할 겁니다. 그것이 바로 독립적인 태도로 표출되는 겁니다. 예를 들어 네루〔인도의 초대 총리〕를 보십시오. 친서방적이고 친영국적인 인사인데도 미국 지도자들은 그를 몹시 경멸했습니다. 비밀해제된 미국 문서에도 그에 관한 정보가 나옵니다. 미국 지도자들은 그를 아주 싫어했습니다. 왜냐하면 그가 인도의 독립성을 강하게 주장했기 때문입니다.[107] 이런 독립적 기질이 인도에 아직 남아 있습니다.

인도가 영국의 식민 지배에서 독립한〔1947년〕 후의 인도에 대한 미국의 태도를 한번 살펴보면, 상당히 양가적兩價的임을 알 수 있습니다. 한편으로 미국은 인도의 독립적인 태도를 문제 삼아 인도 반대편에 섰습니다. 인도가 독립적인 경제와 독립적인 외교 정책을 수행하려 했기 때문입니다. 다른 한편으로·미국은 인도 바로 옆에 있는 중국을 우려했습니다. 공산혁명 후〔1949년〕 중국이 거둔 경제적 성공을 의식하면서, 제3세계 국가들이 중국을 개발 모델로 삼으면 어쩌나 하고 우려했습니다. 1960년대 초까지 이렇듯 이중적인 태도가 있었음을 비밀해제된 문서에서 읽을 수 있습니다. 케네디 행정부 시절에도 그랬습니다. 가장 크게 우려한 것은 중국이 너무 잘나가면서 성공을 거두고 있다는 것이었습니다. 그래서 미국 정책 입안자들은 인도를 싫어하면서도 중국에 대항할 민주적 대안으로 인도를 밀기로 결

미국은 인도를 싫어하면서도 중국에 대항할
민주적 대안으로 인도를 밀기로 결정했습니다.
이제 미국은 인도를 지원하고 있습니다.
인도가 서방의 통제를 받아들였기 때문입니다.

정했습니다. 다른 나라들에게 이렇게 말할 수 있을 테니까요. '봐라, 인도 방식이 중국 방식보다 좋다. 자본주의이고 의회도 있지 않느냐.' 전후 미국의 역사를 살펴보면 이런 양가적 태도가 정책의 갈등을 가져왔습니다.[108]

예를 들어 미국은 인도에 별로 많이 원조하지 않았습니다. 지독하다 싶을 때도 있었습니다. 인도 독립 직후인 1950년경 인도는 마지막으로 대기근을 경험했습니다(영국 식민지 시절에는 해마다 기근이 들었습니다). 정확한 통계 수치는 없지만 대략 1,300만에서 1,500만 명이 굶어 죽었습니다. 이 시기를 다룬 미국 내부 기록들이 있습니다. 처음에는 인도에 원조하려는 생각조차 없었습니다. 미국은 풍년이 들어 곡식이 남아도는 판이었습니다. 하지만 미국은 네루의 독립적인 성향과 비동맹의 중립적 태도가 싫었기 때문에 인도에 원조하지 않았습니다. 그러다가 무기 삼아 식량을 인도에 지원해주는 문제가 논의되었습니다. 인도가 여러 문제에서 미국의 정책을 받아들이는 조건으로 식량 원조를 하자는 것이었습니다. 그렇게 해서 약간 원조가 됐습니다. 하지만 그나마 지연되었고 인도가 한국전쟁 등에 대한 미국의 입장을 지지해야 한다는 조건이 붙었습니다. 지연된 바람에 수백만 명이 굶어 죽었을 텐데 정확한 수치는 알려져 있지 않습니다.[109]

1960년대 케네디 정부 시절, 중국을 견제하기 위해 인도에 원조하자는 쪽으로 방향이 전환되었습니다. 아무래도 공산주의 중국보다는 인도가 나아 보였기 때문입니다. 일례로, 인도는 비료가 절실히 필요했고 탄화수소를 사용하는 비료 산업을 육성하고 싶어 했습니다. 인도는 탄화수소 등의 자원이 풍부했습니다. 하지만 비료 산업을 일으키려면 미국의 도움이 필요했습니다. 미국에서 이 문제에 대한 논의가 상당히 진전되었는데 ─ 이에 대해서는 당시의 《뉴욕타임스》를 읽어보면 알 수 있습니다 ─ 결국 인도를 도와주기로 했습니다. 하지만 인도는 서방에서 나오는 탄화수소만 사용할 수 있었습니다. 그래서 인도는 인도의 탄화수소는 사용하지 못하고 미국의 정유 회사들로부터 탄화수소를 사야 했습니다. 게다가 그들의 비료 산업과 다른 산업에 대한 통제권을 미국에게 내주었습니다. 처음에는 인도가 이런 조건에 강력 반발했지만 결국 굴복했습니다. 1960년대의 《뉴욕타임스》 기사를 읽어보면 기본적으로 이렇게 말하고 있습니다. '인도는 이런 조건을 싫어한다. 하지만 그들은 맞대응할 수단이 없다. 우리가 그들의 멱살을 꼭 잡았기 때문이다. 그들은 우리가 원하는 대로 할 수밖에 없을 것이다.'[110]

이런 양가적인 태도는 1970년대와 1980년대까지 계속되었습니다. 1980년 대에 들어 인도는 높은 성장률을 보였지만 극도로 나쁜 재정 정책을 구사하는 바람에 부채의 수렁에 깊이 빠지게 되었습니다. 이 부채 위기로 인도는 다른 제3세계 국가들과 마찬가지로 구조조정 '개혁안'을 받아들여야 했습니다. 인도의 경우, 개혁안이 상당히 온건했지만 결과는 마찬가지였습니다. 인도 국민의 대부분은 더 가난해지고 엘리트들만 더 많은 부를 차지하게 되었습니다.

인도는 곧바로 심각한 불경기 속으로 빠져들었는데 지금은 서서히 빠져나오고 있습니다. 하지만 아직 1980년대의 성장률을 회복하지 못했습니다. 물론 그 회복이라는 것도 누가 실제로 '회복'하고 있느냐의 관점에서 볼 때 아주 불평등한 것입니다. 하지만 지금 현재 미국은 인도를 많이 지원하고 있습니다. 이 나라가 서방의 통제를 받아들였기 때문입니다. 하지만 인도의 독립성은 상당히 역사가 있어서 쉽사리 사라지지 않습니다. NPT 같은 것에 솔직하게 반발함으로써 그런 독립심이 가끔 튀어나오기도 합니다. 다른 제3세계 나라들은 겁먹은 나머지 그런 노골적인 발언을 하지 못하는

데 말입니다.

오슬로협정과 제국주의의 부활

^{청중1} 노엄, 당신은 서남아시아의 오슬로협정이 걸프전의 결과라고 말씀하
셨습니다. 협정이 막 조인되었는데, 팔레스타인의 앞날은 어떠하리라 생각
하십니까? 이스라엘 점령에 대해 서방의 국제적 연대운동 없이도 팔레스
타인이 조직적인 저항할 수 있으리라 보십니까?

— 먼저 팔레스타인 사람들은 당사자가 아니라는 것을 지적하고 싶습니다.
아라파트 주변 집단이 서명했습니다. 그냥 항복하기로 결정한 겁니다. 서
방의 국제적 연대운동이 없는 상황에서 팔레스타인 자결권에 대한 희망은
사라져버렸다고 할 수 있습니다. 오슬로협정은 완전 굴복, 완전 항복이었
기 때문입니다.

이틀 전 나는 텔아비브 대학의 친구가 이스라엘 언론에 기고한 글을 읽
었는데 현재 상황을 잘 요약해놓았습니다. 그녀는 이렇게 말했습니다. '이
스라엘 사람들은 오슬로협정을 남아프리카공화국의 아파르트헤이트의 종
말에 비교하는데, 실제로는 아파르트헤이트의 시작에 비교해야 할 것이
다. 1950년대에 남아프리카공화국이 반투스탄^{Bantustan} [흑인 자치지구]의 설치
를 허용한 1950년대의 법률과 비슷하다고 하나, 사실은 그렇지 않다.'¹¹¹¹ 그
녀가 잘 지적했습니다. 오슬로협정은 말이 좋아 협정이지 노예화 규정이나
다름없습니다. 점령지에 반투스탄이 가졌던 것만큼의 — 아마 더 적은 —

재량을 준 것일 뿐입니다. 아파르트헤이트에 대한 저항은 지금 시작되었을 뿐 끝난 게 아니라는 얘기입니다.

이스라엘과 미국은 지난 20여 년 동안 추구해오던 정착안을 얻었습니다. 이를 위해 미국은 근 20년 넘게 예외 없이 모든 국제적 외교 주도권을 봉쇄해왔습니다.[112] 1994년 마침내 승리를 거두었고 세상은 굴복했습니다. 팔레스타인 사람들만이 아니라, 전 세계가 굴복한 것입니다. 완전하게 굴복하여 그동안 무엇 때문에 그토록 오래 버텨왔나 기억조차 못할 정도입니다.

유럽의 상황도 놀랍습니다. 유럽은 문화적으로 놀라울 정도로 미국에게 식민화되었습니다. 믿어지지 않을 정도입니다. 유럽인들은 분명하게 의식하지 못하는 듯하나 실제 유럽에 가보면 미국화가 거의 다 됐습니다. 그런데도 그들이 여전히 독립성을 갖고 있으니 놀라울 뿐입니다. 서유럽 지식인들은 스스로를 아주 세련된 존재라고 생각하면서 우둔한 미국인들을 비웃습니다. 하지만 미국에 완벽하게 세뇌되었기 때문에 그들의 태도는 허세에 지나지 않습니다. 유럽인들의 엉뚱한 세계관과 착각은 미국의 텔레비전, 영화, 신문 등에 의해 유도된 것입니다. 하지만 아직 그들은 깨닫지 못하고 있습니다. 이런 엉뚱한 태도가 가장 잘 드러나는 이슈 가운데 하나가 서남아시아 문제입니다. 그리 오래된 역사도 아닙니다. 팔레스타인에게 민족자결권을 주는 이슈에 대하여, 유럽인들은 걸프전 전후로 적어도 문서상으로는, 그 의미를 완전히 망각해버렸습니다. 왜냐하면 오슬로협정에서 자결권 같은 문제는 아예 다루어지지 않았기 때문입니다.[113]

이스라엘과 팔레스타인 사이의 장기적인 합의는 UN 242[이스라엘이 점령

---

112 미국이 오슬로협정 이전에 20년 이상 서남아시아의 평화협상을 방해해온 것에 대해서는 이 책 제1권 4장을 참조할 것.

한 영토에서 철수하고 지역 평화조약을 맺으라고 권고한 1967년 11월의 유엔 안전보장 이사회 결의 242호) 하나로만 조정될 것입니다. 모든 싸움은 내내 서남아시아 문제의 해결을 UN 242 하나로만 밀고 나갈 것이냐, 아니면 UN 242에다 팔레스타인 자결권을 권고한 다른 유엔 결의안을 가미할 것이냐 하는 것이었습니다. 그런데 이제 242 하나로 결론이 났습니다. 그래서 이스라엘은 자기 마음대로 하게 되었습니다.

현재 이스라엘 점령지 전역에서 대규모 토목공사가 진행되고 있습니다 (물론 미국이 자금을 지원했습니다). 이스라엘은 정착 프로그램을 계속 밀고 나갈 겁니다(정착 프로그램은 팔레스타인 영토에 유대인 주민을 '정착'시키는 것이며, 그렇게 하여 원래 이스라엘 땅이 아닌 팔레스타인 영토에 대한 이스라엘의 주장을 강화시키자는 것이다). 이스라엘이 지금 노리는 것은, 이른바 '대예루살렘' 지역에 유대인 정착민의 숫자를 크게 늘려 서안 지구를 두 개의 독립된 지역으로 분할하고 예루살렘을 둘러싸자는 것입니다. 다시 말해 이스라엘은 서안 지구를 두 개의 지구로 나눈 다음, 취약 지구의 치안을 유지하는 지저분한 일은 팔레스타인 출신 경찰관들에게 기꺼이 위임하겠다는 것입니다. 이건 비유적으로 말하자면 뉴욕 시 경찰이 월스트리트, 어퍼 이스트사이드, 매디슨 가 등 부자 지역만 관할하고, 현지 용병들에게 할렘의 치안을 맡으라고 위임하는 것과 같습니다. 만약 뉴욕 시 경찰에게 이런 제안을 하면 그들은 기뻐하겠지요. 누가 할렘을 순찰하려 하겠느냐는 겁니다.

바로 이게 지금 현재 점령지에서 벌어지고 있는 일입니다. 그러니까 언제나 마음대로 할 수 있는 현지 용병에게 그곳 운영을 위임하고 그러면서 이스라엘의 영토로 편입하겠다는 속셈입니다. 점령지에서 벌어지는 이런 일에 대하여 몇몇 이스라엘 논평가들이 '신식민주의^{neocolonialism}'라는 용어를 썼는데 정곡을 찌른 말입니다."[114]

　서남아시아에서 지금 벌어지고 있는 일은 근년에 들어와 —특히 걸프전 이후에 —서방 전역에서 좀 더 폭넓게 벌어지고 있는 현상의 일부입니다. 전통적인 유럽식 인종차별주의와 제국주의가 아주 극적인 방식으로 부활하고 있는 겁니다. 신파시스트 neo-fascist 가 새로이 등장했다고들 하는데 나는 이것이 요점을 놓쳤다고 생각합니다. 이것은 표면 위에 뜬 거품에 지나지 않습니다. 우리가 지금 목격하고 있는 것은 전통적인 인종차별적 제국주의의 본격적인 부활입니다. 제3세계를 상대로 이런 제국주의가 자행되고 있는 것입니다. 영국 기자들이 《뉴욕타임스 매거진 The New York Times Magazine》에 기고한 글들을 보면, 그들은 아프리카를 다시 식민지화하는 것이 가장 좋다고 주장합니다. 이런 제국주의적 태도는 구조조정 프로그램이라는 경제적 차원에서도 살펴볼 수 있습니다. 구조조정 프로그램이라는 것은 사실상 제3세계의 부를 부자 나라들 쪽으로 빨아들이는 것에 지나지 않습니다. 미국과 유럽에서 횡행하는 반反이민 캠페인도 제국주의의 부활입니다. 이 팔레스타인 프로그램도 그런 흐름의 하나일 뿐입니다. 사례를 계속 열거할 수도 있습니다."[115] 결국 이렇게 말하는 것이나 다름없습니다. "우리는 세계를 박살 내고 거기서 모든 것을 훔쳤다. 이제 누군가가 나서서 돌려달라고 하는 건 용납하지 않겠다." 나는 이런 태도를 오늘날 서방 전역에서 보고 있습니다.

　자, 다시 당신의 질문으로 되돌아가면, 오슬로협정은 완전한 항복에 지나지 않습니다. 나는 그 협정에 절대 서명해서는 안 되는 거였다고 말하는 것이 아닙니다. 현재 팔레스타인의 상황을 놓고 본다면, 그들이 서명하는 게 최선이었을 겁니다. 하지만 우리는 그 문제에 대해 환상을 가져서는 안 됩니다. 팔레스타인의 문제는 그대로입니다. 아니, 오히려 더 나빠졌습니다. 서방에서 도움이 없다면…… 난 뭐라고 말해야 할지 모르겠습니다. 제국주의적 국가들 내부에서 지원의 손길이 뻗쳐오지 않는다면 제3세계의 어떤 그룹도 희망이 없습니다. 팔레스타인은 더욱 그렇습니다.

6

공동체의 시민운동을 말하다

※ 1989년, 1993년과 1996년 사이에 브리티시컬럼비아, 매사추세츠, 일리노이, 메릴랜드, 와이오밍에서 있었던 토론회를 바탕으로 엮었다.

1

시민운동, 패러다임의 변화를 말하다

|

사실 1960년대 초에 그 운동에 참여한 우리들 몇몇은
결국 이렇게 하다가 감옥에서 여러 해를 썩고 그러다 인생 망치겠지
하는 생각을 했습니다. 사실 나도 그렇게 생각하기 직전까지 갔었습니다.
하지만 그 생각은 틀렸습니다. 지금 와서 되돌아보니
'희망'에 대한 내 평가가 너무 비관적이었던 것 같습니다.
몇 년 사이에 세상이 크게 바뀌었습니다.

|

토론 클럽

······ 뭐라고 말해야 할지 모르겠습니다. 여러분이 말씀하신 것은 우리가 처해 있는 상황을 정확하게 보여준다고 생각합니다. 내가 가는 곳 어디에나 여러분 같은 사람들이 있습니다. 사람들은 모두 중요하고 의미심장한 문제에 관심이 많습니다. 개인적 역량 강화의 문제, 세상을 이해하는 문제, 다른 사람들과 협동하는 문제, 자신의 가치가 무엇인지 찾아내는 문제 등등이 그것입니다. 또 어떤 사람들은 자신들의 삶을 어떻게 통제하고 또 이를 위해 어떻게 서로 돕는지 알아내려고 합니다. 우리는 본질적으로 똑같은 사실에 직면해 있습니다. 우리가 함께 일할 수 있는 민주적 제도의 구조가 없는 것입니다.

역사적으로 그리 먼 시절도 아닙니다만, 아무튼 과거에는 우리 같은 사람들이 이런 장소에서 만나지 않았습니다. 노동조합 본부 같은 데서 만났습니다. 세계의 다른 곳에는 아직도 이런 흔적이 남아 있습니다. 예를 들어, 지난 주에 나는 연설하러 영국에 건너갔는데, 영국은 주로 교회나 대학 캠퍼스가 아니라 길드 홀(노동조합 집회소)에서 연설회가 열립니다. 대중운동, 매체를 가진 노동운동, 노동자 집회소, 노동자들을 한데 모아 단결시키는 전통 등이 아직도 남아 있기 때문입니다. 미국에서도 노동자계급의 문화가 있던 때가 있었습니다. 나는 그때를 기억합니다. 물론 내가 아주 어릴 때니까 희미하게밖에 기억하지 못하지만. 아무튼 그리 오래지 않은 과거에 미국에도 노동자계급의 생생한 문화가 있었습니다. 우리 집안도 그 문화에 속해 있었고 거기서 나는 정치적 교육을 받았습니다. 많은 활동이 〔미국의〕 공산당 중심으로 이루어졌습니다. 물론 이 활동을 하는 사람들이 스탈린의 범죄를 지지하는 것을 의미하지는 않습니다. 남부에 사는 사람들의 생활을 구제하고, 산업에 노조를 만들고, 모든 민권운동에 앞장서고, 중요한 일에 는 빠짐없이 참여하는 것을 의미했습니다.

미국 공산당은 끔찍한 일도 많이 했지만 좋은 일도 많이 했습니다. 그중 하나가 바로 '생활'이었습니다. 공산당은 요즘처럼 투표할 때나 떠올리는 것이 아니었습니다. 만약 당신이 뉴욕에 사는 실업한 재봉사인데 여름 한 철 어디 가서 보내고 싶다면, 공산당이 여름 캠프를 마련해서, 당신은 캐츠 킬 산맥 캠프에 들어가 친구들을 사귀면서 재미있게 보낼 수 있었습니다. 피크닉, 회의, 콘서트, 피켓 라인(데모 때 치는 감시선) 뒤에서 싸우기, 시위도 마찬가지였습니다. 이 모두가 아주 평범한 생활이었고 아주 유기적이었습니다.

그들은 자체 언론도 있었습니다. 미국 역사에서 그리 멀리 거슬러 올라가지 않아도 노동자계급 소속이면서 공동체에 바탕을 둔 신문들을 발견할 수 있습니다. 발행 부수도 주류 자본주의 신문들과 거의 비슷한 수준이었습니다. 가령 20세기 초에 발간된 사회주의 신문《이성에의 호소*Appeal to Reason*》는 정기 구독자가 약 75만 명이었습니다. 물론 그 구독자들 가운데 얼마나 많은 사람이 실제로 신문을 읽었는지는 알기 어렵습니다.' 그리고 당시는 오늘날에 비해 인구가 훨씬 적었습니다.

지금은 상황이 다릅니다. 당도 없고 신문도 없고 안정된 제도도 없습니다. 그래서 사람들은 노조 집회소에서 만나지 않습니다. 이제 그런 것은 없으니까요. 반면에 우리에게는 다른 이점이 있습니다. 사람들의 관심사와 흥미가 엄청나게 많고 다양해졌습니다. 그리고 엄청나게 많은 사람들이 참여하고 있습니다. 이것이 우리에게 힘을 줍니다. 중앙 집중화된 조직은 쉽게 분쇄될 수 있습니다. 하지만 우리의 운동은 사회 전역에 매우 다양하게 뿌리를 내리고 있습니다. 이쪽을 제거하면 저쪽에서 운동이 살아나고 다른 곳에서 또 되살아나곤 합니다. 따라서 장점도 있고 단점도 있습니다. 우리는 이 사실을 잘 알아야 합니다.

내 생각에 가장 좋은 방법은 이 장점을 착실히 쌓아올리는 것입니다. 수백 가지, 아니 수천 가지의 꽃들이 온 사방에 피어나도록 하기 위해서 어떤 방법이 건전하고 타당한지 인식하는 것입니다. 비슷한 관심을 가지되 집중 분야가 서로 다른 사람들, 본질적으로는 비슷한 가치와 지향을 갖는 사람들이 널리 퍼져 있어야 합니다. 이런 사람들이 서로 함께 학습하고, 외부적인 힘으로부터 자기 자신을 지키는 방법을 서로 가르쳐주고, 자신들의 생활을 스스로 통제하고, 또 원하는 사람들에게 도움을 줌으로써 운동은 커져가는 겁니다. 이런 것들이 여러분이 늘 얘기하는 것이고 공동의 관심사입니다. 여러분에게 엄청난 다양성이 있다는 사실은 정말 큰 힘입니다. 이것은 진정한 학습 방법이 되고, 여러분 자신을 알게 하며, 여러분이 무엇에 관심이 있고 무엇을 하고 싶어 하는지 일깨워줍니다. 물론 이것이 어떤 실질적인 변

---

1 "1949년, 미국 노동부 산하의 공보국장인 허버트 리틀은 노동부가 800개 이상의 노동관계 간행물의 우편 주소를 갖고 있다고 보고했다. 리틀에 따르면 정기간행물의 구독자 수는 2,000만~3,000만 명이었다. 이런저런 중복 인원을 뺀다고 하더라도 1,600만 명 정도의 노동조합원들이 노동관계 간행물을 본다고 할 수 있다." J.B.S. Hardman and Maurice F. Neufeld, eds., *The House of Labor: Internal Operations of American Unions*, Prentice-Hall, 1951, p. 188.

화를 일으키려면 그런 다양한 관심사를 하부 단위에서 내부적으로 단합시키고, 의사소통하게 하고, 협조하게 하는 구조가 필요할 것입니다.

우리는 기존의 주류 기관들 내에서 그런 단합을 도모하려고 하지는 않습니다. 그것은 어리석은 일일 겁니다. '우리가 스스로를 파괴하는 것을 도와줘'라고 말할 기관은 어디에도 없기 때문입니다. 기존 기관들이 움직이는 방식이 아닙니다. 만약 이런 기관에 근무하는 시민운동가가 새로운 구조로의 변화를 도모한다면 그곳에서 오래 버티지 못할 것입니다. 그렇다고 해서 매스미디어에 종사하는 사람은 아무것도 하지 못한다는 뜻은 아닙니다. 시민운동을 하다가 이런 기관에 들어간 사람도 영향을 미칠 수 있습니다. 기관 밖에 있는 사람 역시 에디터들에게 계속 편지를 보내거나 항의 전화를 하는 등 효과적으로 움직일 수 있습니다. 그러나 에디터들은 이런 사람이 찾아와 말썽을 일으키는 것을 좋아하지 않습니다. 정치가도 사업가도 마찬가지입니다. 당신이 그들을 찾아가 자료를 제시하고 압박을 가하고 끈질기게 물고 늘어지면 때때로 결과를 얻기도 할 겁니다. 하지만 결국 기존의 제도권 내에서는 아주 자그마한 변화만 일어날 뿐입니다. 왜냐하면 제도권은 그 나름의 확고한 목표, 즉 개인의 권력을 유지해야 하기 때문입니다. 언론의 경우는 권력의 이익을 지키기 위해 철저한 세뇌 작업에 앞장서는데, 이 때문에 그들은 할 수 있는 일에 심한 제약을 받게 됩니다.

따라서 해답은 대안을 창조하는 것입니다. 그리고 그 대안은 이런 많은 다른 흥미와 관심을 통합시켜 하나의 운동으로 묶어내는 것입니다. 단 하나의 운동이 아니라 일련의 서로 관련된 운동들이어야 합니다. 운동이 홀로 존재한다면 누군가가 쉽게 제거할 수 있으니까요. 서로 유사한 관심을 가진 사람들, 관련된 관심사를 가진 이웃집 사람들, 이런 사람들끼리 변화

시민운동은 그 전의 거대 중앙 집중 형태에서 이제 작은 단위의
다양한 직접 참여 형태로 변모하여 확산되고 있습니다.
이런 형태는 권력에 맞서서 민주주의를 지켜나갈 수 있는
힘을 기르는 데 한결 유리합니다.

를 이루어내기 위한 작업을 함께해야 합니다.

이 단계에 온다면 우리는 진지한 대안 언론을 갖게 될지도 모릅니다. 기존 대안 언론의 관심사들이 진지하지 못하니까 그것을 바로잡자는 의미의 '진지함'이 아니라 규모의 진지함을 말하는 겁니다. 사람들에게 색다른 세계의 그림을 보여주는 그런 언론 말입니다. 자원의 사적인 통제에 바탕을 두고 사람들을 세뇌시키는 시스템을 가진 기존 언론과는 아주 다른 그런 언론 말입니다. 이것을 어떻게 해낼 것인지, 나는 거창한 비결이 있다고는 생각하지 않습니다. 사회 개혁을 성취하는 특별한 비결이 따로 있다는 얘기를 나는 들어보지 못했습니다.

청중2 그러니까 계속 조직을 만들어 나가라는 말씀이군요.

— 그렇습니다. 과거 큰 규모의 사회 변화나 주요 혁명들은 그런 식으로 일어났습니다. 어디서든 많은 사람들이 열심히 일하면서 열심히 일하는 다른 사람들을 찾아내려고 애쓰고 그들과 연대함으로써 이루어냈던 것입니다. 민주혁명에서 1960년대의 민권운동에 이르기까지, 역사상의 모든 사회적 변화는 그런 식으로 발생했습니다. 간단히 말한다면 규모와 헌신의 문제입니다. 사람들이 사용할 수 있는 많은 자원이 있는데 그것은 넓게 흩어져 있습니다. 제도권이 스스로를 보호하는 방법은 그 자원을 가능한 한 흩어져 있게 하는 것입니다. 집중된 권력을 가진 제도권으로서는 사람들을 혼자, 그리고 고립되어 있게 만드는 게 중요합니다. 사람은 혼자 떨어져 있으면 무능해지고 세뇌로부터 스스로를 보호하지 못하며 자신이 무슨 생각을 하는지조차 잘 알지 못합니다.

따라서 제도권이 무슨 일을 하고 있는지 유심히 살피면서 그것을 가이드로 삼는 것도 좋은 방법이라고 생각합니다. 그들이 하려고 하는 것은 곧 우리가 싸우려고 하는 것이니까요. 만약 그들이 사람들을 고립시켜 혼자 있게 만들려고 한다면 우리는 그 정반대, 그러니까 사람들이 함께 모이도록 하는 겁니다. 그래서 당신이 사는 지역 공동체에 '단위 그룹unity group'을 만드는 겁니다. 어떤 사람은 이것을 '좌파 단위 그룹'이라고 하는데 나는 이 말을 싫어합니다. 하지만 이 그룹을 대체 행동의 자원으로 삼아 사람들의 참여를 적극적으로 받아들여 원자화atomization에 맞설 수 있습니다. 자원은 주위에 많이 있고 관심을 가진 사람들의 숫자도 엄청납니다. 단위 그룹이 별로 일을 하지 않는 것 같으면, 당신이 할 수 있는 일이 무엇인지 알아내 그걸 직접 해보도록 하십시오. 나는 이 외에 특별한 비결이 있다고 생각하지 않습니다.

청중1 지난 2년 동안 나의 가장 중요한 정보원은 우리 마을의 공동 운영 라디오였습니다. 여기 있는 모든 사람도 공동 운영 라디오를 지원한다고 생각합니다만, 만약 그렇게 하고 있지 않다면 꼭 한번 해보라고 말씀드리고 싶습니다. 훌륭하게 돌아가는 대안 미디어, 또는 충분히 잘 운영되리라고 생각되는 대안 미디어를 육성할 필요가 있으니까요. 나는 공동 운영 라디오에게 경의를 표합니다. 이 라디오 덕을 크게 보고 있습니다.

— 그건 사실입니다. 사람들의 참여가 활발한 대안 라디오나 미디어를 갖고 있는 마을이나 공동체를 방문해보면 전반적인 분위기가 아주 다릅니다. 그 이유는 그곳 사람들이 늘 색다른 견해로부터 도전받고, 토론회에 참석

하는 식으로 수동적인 구경꾼으로 남기를 거부하기 때문입니다. 이런 방식으로 여러분은 배울 수 있고, 여러분이 누구이며 여러분이 원하는 것이 무엇인지, 또 여러분의 가치가 무엇인지 알게 되고, 폭넓은 이해력을 가질 수 있게 됩니다. 다른 사람들의 생각을 듣고 그것이 토론회에서 반박되는 것을 들으면서 비로소 여러분 자신의 생각을 형성하게 되는 것입니다. 이것이 세뇌와는 뚜렷하게 구분되는 진정한 학습입니다. 이런 점에서 청취자가 공동 운영하는 라디오는 아주 좋은 수단입니다. 또한 캐나다와 미국 전역에 퍼져 있는 대안 언론의 광범위한 네트워크도 도움이 됩니다.

예를 들어, 여러분 중에 《Z 매거진》을 얼마나 알고 있는지 모르겠는데, 사우스 엔드 프레스의 이 정치 잡지는 여러분이 여기서 제기하는 온갖 문제들을 종합적으로 다루고 있습니다. 이 잡지는 전국지입니다. 그래서 이 잡지를 읽으면 당신이 사는 마을 이외의 지역에서 어떤 문제를 어떻게 생각하는지 알 수 있습니다. 이 잡지에 편지도 쓸 수 있고 기사도 실을 수 있습니다. 바로 이런 것이 우리가 간절히 원하는 진지한 상호 의사소통입니다. 이제 우리는 담장 너머 이웃집 사람뿐 아니라 공통 관심사를 가진 전 세계의 사람들과 대화를 나누는 시대에 살고 있습니다. 요즘은 지구촌 사람들과의 통신이 가능합니다. 이런 의사소통이 원활해질수록 민중운동을 통합하는 데 도움이 될 것입니다. 더욱 결속하여 밀어붙여야 합니다.[2]

초창기의 평화운동과 1970년대의 변화

질문1 노엄, '희망'의 문제와 관련된 당신의 저작에서 상호 갈등하는 두 가지 흐름을 발견할 수 있습니다. 당신은 한편으로는 중앙아메리카, 동티모르, 기타 지역의 대의를 위해 시민운동 조직을 강화해야 한다고 말했습니다. 실제로 여기 모인 사람들은 그런 조직 강화에 성공했습니다. 다른 한편으로, 당신은 미국과 다른 권력 기관들이 전 세계적으로 저지르고 있는 파괴상을 끊임없이 얘기합니다. 내가 볼 때 당신은 전반적으로 아주 절망적인 지구촌의 상황을 계속 지적하고 있습니다. 이런 두 흐름이 빚어내는 긴장을 개인적으로 어떻게 감당하고 계시는지요? 당신은 당신이 하고 있는 이 일이 올바르기 때문에 계속 밀고 나가는 것인지요, 아니면 이 일에 실제로 어떤 희망이 있다고 보시는지요?

— 나의 개인적 느낌 말입니까? 난 그런 건 그리 중요하지 않다고 생각합니다. 왜냐하면 그것은 나의 인성과 감정의 반영일 뿐인데 누가 그런 걸 신경이나 쓰겠습니까? 하지만 그 문제에 아주 현실적으로 접근하면서 또 누군가에게 의미 있는 말을 해줄 수 있다면 얘깃거리는 되겠지요. 25년 전 나는 이 운동을 시작했습니다. 그저 그렇게 해야 한다고 생각했기 때문입니다. 그렇게 하지 않으면 거울 속 내 모습을 제대로 쳐다볼 수 없을 것 같았습니다. 평화운동에 나섰던 그 당시 나는 희망이 전혀 없다고 보았습니다. 내가 베트남 반전운동에서 활동했을 때, 그것이 어떤 영향을 미치는 것은 불가능하다고 생각했습니다. 사실 1960년대 초 그 운동에 참여한 우리들 몇몇은 결국 이렇게 하다가 감옥에서 여러 해를 썩고 그러다 인생 망치겠지 하는 생각을 했습니다. 사실 나도 그렇게 생각하기 직전까지 갔습니다.

내 개인적인 얘기를 한마디 하자면, 내가 평화운동을 시작하자 내 아내는 대학에 복직했습니다. 내가 도저히 애들을 부양하지 못할 성싶으니까

아내가 나선 것이었습니다. 내가 아이들을 부양하지 못하는 사태가 발생하지 않은 것은 두 가지 덕분이었습니다. 하나는 미국연방수사국(이하 FBI)가 너무나 무능하고 이데올로기의 광신도였기 때문에 내가 무슨 일을 하는지 몰랐다는 것입니다. 이건 농담이 아니니 유념해 들어주기 바랍니다. 또 하나는 1968년에 테트 대공세가 있었는데 그게 미국의 베트남전 정책을 바꾸어놓았습니다. 그래서 그들은 평화운동가들을 기소하려고 준비 중이었으나 중간에 취소했습니다. 사실 테트 대공세는 사람들의 생각까지도 확 바꾸어놓았습니다. 평화운동가들을 기소하려던 사람이 누군지 아십니까? 램지 클라크였는데, 이 사람의 태도만 봐도 변화를 알 수 있지요.〔클라크는 존슨 정부의 법무장관이었는데 현재는 급진적인 정치운동가가 되어 있다.〕

하지만 당시는 아주 어려운 때였습니다. 그것은 국가권력과의 정면대결이었습니다. 싸움이 나날이 추악해져서 저항하거나 탈주자를 도와주는 일을 하는 사람들은 특히 어려웠습니다. 그 운동으로부터 무슨 구체적 결과가 나오리라고 생각하는 것은 불가능했습니다. 하지만 그 생각은 틀렸습니다. 그 운동에서 많은 것이 발생했습니다. 지금 와서 되돌아보니 '희망'에 대한 내 평가가 너무 비관적이었던 것 같습니다. 그것은 완전히 착각에서 비롯된 것이었습니다. 나는 내가 읽은 자료들을 믿었습니다. 직접적인 경험이 자료를 뒷받침했고요. 가령 반전운동에 대하여 연설하려면 린치를 당하지 않기 위해 경관 200명을 동원해야 했습니다. 하지만 그런 상황이 바뀌기까지 시간이 그리 오래 걸리지 않았습니다. 몇 년 사이에 세상이 크게 바뀌었습니다.

솔직히 말씀드려서 1960년대의 운동이 그 후 많은 지혜와 통찰을 가져왔다고 생각하지는 않습니다. 그러나 그보다 뒤에 벌어진 운동은 그런 결과를 가져왔습니다. 어떻게 그것이 가능했는지 나도 정확하게는 알지 못합니다. 하지만 1970년대에 상황을 크게 바꾼 뭔가가 발생했습니다. 사람들은 상황을 다르게 보기 시작했습니다. 가령 "난 어린아이들에게 네이팜탄을 떨어뜨리는 게 싫어"에서 "난 세상을 바꾸고 싶어. 강요와 통제는 질색이야"라고 말하기 시작했습니다. 이런 인식의 변화가 1970년대에 일어났고 그 결과가 구체적으로 드러났습니다. 1960년대에 나는 제도권이나 자본주의의 본질에 대해 얘기할 수 없었습니다. 사람들이 너무나 황당무계하다고 생각할 게 뻔했으니까요. 하지만 이제는 그런 생략이 불필요합니다. 나는 켄터키 중부나 아이오와 동부나 그 어디에서나 연설할 수 있습니다. 그리고 내가 생각한 그대로를 말합니다. 그러면 사람들은 그 말을 이해합니다. 사람들은 동의하지 않을 수도 있고 놀랄 수도 있지만 내 얘기를 듣고 생각을 해보고 싶어 합니다. 사람들은 내 얘기를 진지하게 받아들입니다. 그래서 나는 희망을 가질 이유가 충분하다고 생각합니다.

하지만 이 사실을 명심하십시오. 사회 내 권력을 가진 사람들은 이 모든 것을 관찰하고 있습니다. 그리고 그들은 기관institutions을 가지고 있습니다. 그들은 배울 수 있고 지난번에 잘 안 통했던 것을 더욱 가다듬어 다음번에는 통하게 할 수 있습니다. 또 그들은 다양한 전략을 구사하는 데 필요한 자원을 풍부하게 갖고 있습니다. 반면 우리 쪽 사람들은 잘 잊어버립니다. 운동을 조직하는 데에는 기술이 필요한데 그게 그리 간단하지 않습니다. 시위, 항의 편지 쓰기, 모금 활동 등을 조직하는 데에는 기술이 필요합니다. 그런데 이 기술이 사라져버리는 겁니다. 이런 일이 되풀이되고 있습니다. 처음에 사람들은 열심히 일해서 요령을 터득하지만 그 후에 탈진해 그만 다른 일로 넘어가버리고 맙니다. 그리고 또 다른 이슈가 발생하여 비슷한 관심을 가진, 그러나 더 나이가 어리고 경험이 없는 사람이 일을 하려고 하면 처음부터 다시 시작해야 하는 겁니다. 모임은 어떻게 조직하지? 전단지는 어떻게 돌리지? 이것은 언론에 접촉할 만한 일인가? 어떤 방식으로 언론에 접촉해야 하지? 우리는 안정된 민중기관을 갖고 있지 못하기 때문에, 운동을 여러 번 조직하면서 체득한 이런 요령들이 공동의 지식으로 축적되지 못합니다. 우리의 운동이 좀 더 통합되어 있고 연속성을 갖고 있다면, 운동에 도움을 주고 개선시킬 수 있는 공동의 지식을 축적할 수 있을 텐데 말입니다. 하지만 권력을 가진 사람들은 공동의 지식을 갖고 있고 그것을 개선해갑니다.

사실 이것은 17세기로까지 거슬러 올라가는 지속적인 투쟁의 한 부분입니다. 근대 민주주의의 초창기로 되돌아가보면 여전히 같은 갈등이 도사리고 있었습니다. 민중은 자신들의 삶을 스스로 통제할 수 있는 방법을 찾으려고 애썼고, 반면에 권력을 가진 사람들은 민중이 그렇게 하지 못하도록 애썼습니다. 개인 권력의 중추부를 해산시키고 민중이 사회의 중요한 결정 —가령 무엇을 생산하고 무엇을 투자할 것인가에 대한 결정 — 을 통제하게 되는 그날까지, 이 싸움은 계속될 것입니다. 물론 그 과정에서 승리도 있고 패배도 있었습니다. 지나온 일들을 되돌아보면 갱스터, 살인자, 앞잡이 들이 승리를 거둔 경우도 있고, 반면에 민중이 그들을 제지하고 사람들이 자신들의 삶을 개선할 수 있게 도움을 준 경우도 있습니다. 그러니 낙관론이냐 비관론이냐 하는 것은 별 의미가 없습니다. 벌어지는 일들을 유심히 살피면서 그 상황에서 당신이 할 수 있는 최선의 일을 하면 되는 것입니다.

청중2 제가 강타를 날려도 될까요? 저는 여러 해 동안 재소자들과 함께 일해왔습니다. 그들은 25년 동안 감옥에서 생활해온 장기수입니다. "어떻게 운동을 계속할 것이냐?"라는 질문과 관련해 비관적인 관점에서 보자면, 상황은 한없이 나쁩니다. 5만 개의 핵폭탄이 설치되어 있는 상황에서 어떤 바보 같은 미국 대통령이 핵폭탄 발사 버튼을 눌러버린다면 어떻게 되겠습니까? 현실적으로 우리가 여기 이렇게 살아남아 있다는 것도 기적입니다. 현실을 직시하자고요.

— 맞는 말입니다.

청중2 일단 그런 현실을 직시하면 두 가지 선택 방안이 있습니다. 하나는 자살을 하는 것이고 다른 하나는 계속 싸우면서 살아남는 것입니다. 그래서 자신이 잘 싸울 수 있는 틈새를 발견하여 거기서 잘 싸우면서 일이 돌아가게 조직하고 그것을 즐기는 겁니다. 이렇게 하면 정신 건강을 유지할 수 있고 엄청난 상황에 압도당하지 않을 수 있습니다. 그리고 뭔가 성취할 수 있습니다. 그리고 아까 말한 것처럼 일을 하면서 즐길 수도 있게 됩니다. 나는 그게 투쟁을 계속해 나가는 방법이라고 생각합니다.

청중1 하지만 당신은 성공한 적이 있습니까? 아니면 계속 투쟁만 하고 있는 겁니까?

— 물론 성공을 거두었지요. 그렇기 때문에 상황이 전보다 한결 좋아진 것이 아니겠습니까.

주류 언론들이 성공 사례를 좀처럼 보도하지 않는다는 것을 기억해야 합니다. 우리 스스로 우리가 정말 많은 성취를 이루었다는 것을 끊임없이 상기해야 합니다. 이런 식으로 성공 사례를 상기하지 않는다면 우리는 곧 탈진해버릴 겁니다.

— 맞습니다. 우리는 그 점을 늘 유념해야 합니다. 그들은 우리가 성공을 거두고 있다고 절대 말하지 않을 겁니다. 그들의 이익에 위배되니까요. 언론은 민중조직이 저항해야 할 기득권의 한 부분입니다. 그들은 자기 자신을 파괴하는 방식으로는 결코 움직이지 않을 겁니다.

예를 들어 1970년대에 미국을 휩쓸었던 이른바 '나르시시즘의 문화Culture of Narcissism' 또는 '미제너레이션Me Generation' 등의 커다란 현상을 한번 생각해보십시오. 나는 이 현상이 홍보 산업에 의해 조작된 것이라고 확신합니다. 그러니까 젊은이들에게 이렇게 말한 겁니다. '이봐, 이게 너희 본질이야. 넌 민중을 도와야 한다는 연대의식이나 동정심은 전혀 느끼지 않아.' 이렇게 말함으로써 그때 막 터져나오던 민중운동을 제압하려 했던 겁니다. 이렇게 하지 않으면 홍보 산업은 그들의 봉급을 챙길 수가 없습니다. 그들이 당연히 그렇게 나오리라는 것을 예상해야 합니다. 그들이 우리에게 이렇게 말하리라는 걸 예상하고 있어야 합니다. '너희는 아무것도 할 수가 없어. 너희는 혼자야. 너희는 분리되어 있어. 너희는 지금까지 아무것도 성취하지 못했잖아. 그러니 앞으로도 성취하지 못할 거야.' 이렇게 말한 다음 그들은 우리 머릿속에다 이런 생각을 집어넣으려 할 겁니다. '그러니까 너희는 아무것도 성취하려고 하지 않아. 너희가 그걸 원할 이유가 없어. 그저 열심히 소비만 하면 되는 거야.'

권력이 중앙에 집중되어 있는 한, 권력자들은 우리에게 이렇게 말할 것입니다. '다른 사람을 돕는 것은 아무 의미도 없어. 네가 그들을 신경 써야 할 이유가 뭐야? 너는 네 일만 잘하면 되는 거야.' 권력자들은 분명 그렇게 말할 것입니다. 그게 그들의 이익에 이바지하니까. 그런 그들을 쳐다보면서 우리 자신에게 "저들은 우리에게 거짓말을 하고 있어"라고 말할 필요도 없습니다. 그들 말이 거짓이라는 것은 객관적 사실입니다. 태양이 동쪽에서 떠서 서쪽으로 지는 것처럼 말입니다.

그래서 우리는 튼튼한 운동의 구조를 계속 다져 나가고 이런 거짓말들을 꿰뚫어보면서 세뇌 작업에 넘어가지 말아야 합니다. 이렇게 하면 같은 싸움을 되풀이할 필요가 없어 새로운 싸움, 더 큰 싸움, 더 좋은 싸움으로 넘어갈 수 있습니다. 충분히 해낼 수 있습니다. 천천히 시간을 들여가면서요.

참조ㅣ 오늘날 미국에서 진보운동의 구조가 착실히 다져지고 있다고 생각하십니까?

— 조직이 많지는 않습니다. 그나마 있는 조직들도 지역 단위입니다. 그래서 내가 디트로이트 같은 곳에서 벌어지는 토론회에 나가보면 도시의 다른 지역들에서 다른 문제를 가지고 운동하고 있는 사람들이 많이 참가하는 걸 볼 수 있습니다. 하지만 그들 중 상당수가 서로 모르는 사이입니다. 모든 것이 파편화되어 있어요. 청취자가 운영하는 라디오를 가지고 있는 작은 마을 — 가령 콜로라도 주의 볼더 — 에 가보면 사정이 다릅니다. 아주 잘 단결되어 있어요. 사람들이 적극적으로 참여하는 공동 운영 라디오와 두 개의 신문이 있기 때문입니다. 또 뉴햄프셔의 한 마을에 들렀더니 그곳 사

람들이 이동 서점을 운영하고 있었는데 모두들 그 서점에 모여 세상 돌아가는 얘기를 나누면서 어떤 문제가 중요하고 어떻게 단결해야 하는지 의견을 교환했습니다. 전국적으로 이런 공동체가 꽤 있을 겁니다.

　그러나 보스턴의 경우, 사람들을 단결시킬 만한 중심이 없습니다. 공동 운영 라디오도 신문도 없습니다. 많은 사람들이 각자 운동을 펼치고 있는데 서로 잘 알지 못합니다. 니카라과에 자전거를 보내자는 운동을 펼치는 그룹이 있는가 하면, 중앙아메리카를 위한 자매 도시 결연 운동을 벌이는 그룹이 있습니다. 하지만 이 그룹은 서로의 존재조차 알지 못합니다.

핵 동결 운동

^{청중2} 선생님이 보시기에 제대로 운영되지 않는 운동 조직들로부터 우리가 배워야 할 바는 무엇인가요?

— 내가 보기에 그리 건설적이지 못한 일을 하고 있는 조직이 꽤 많습니다. 비록 내가 그 조직의 일원이고 또 그들에게 지지를 보내고 있기는 하지만 말입니다. 가령 핵 동결 캠페인을 한번 보십시오. 나는 이 운동이 잘못되어 가고 있다고 생각했습니다. 핵 동결 캠페인은 어떻게 보면 역사상 가장 성공적인 대중운동의 하나라고 할 수 있습니다. 정부에서 공식적으로 지원하지 않았는데도 불구하고 미국 국민의 75퍼센트가 핵 동결에 찬성했습니다. 자체 신문도 없었고, 그 운동을 적극 돕겠다고 나선 정치인도 없었습니다.[3] 어떻게 보면 엄청난 성취였습니다. 하지만 솔직히 말해서 나는 그것을 성취

라고 생각하지 않았습니다. 군비축소 운동은 실패할 것이라고 생각했습니다. 실제로 실패했습니다. 실패한 이유는 운동에 단단한 기반이 없었기 때문입니다. 사람들이 청원서에 서명하는 것 말고는 어떤 기반도 없었습니다.

청원서에 서명하는 것은 좋은 일입니다. 하지만 그걸로 끝입니다. 당신은 집으로 돌아가서 당신 일에 매달립니다. 운동의 연속성이 없고, 진정한 참여가 없으며, 시민운동의 공동체를 형성하는 지속적인 활동이 없는 겁니다. 내가 미국에서 목격하고 있는 많은 정치 운동이 이런 유형입니다.

만약 우리가 안정된 민중기관을 가지고 있다면 지난번에 실수한 것을 기억하여 다음번에 다른 운동가가 똑같은 실수를 되풀이하는 걸 막을 수 있을 것입니다. 핵 동결 운동은 근본적으로 여론조사와 비슷해지고 말았습니다. 핵무기보다는 메디케어 같은 건강보험에 정부 예산이 사용되기를 바라는 국민이 1 대 3의 비율로 많았습니다.

그러니 어쨌다는 겁니까? 그 의견에 어떤 행동을 취할 작정이었나요? 아무 것도요. 핵 동결 운동 때 사람들이 한 일은 결국 여론조사에 답한 것에 지나지 않았습니다. 그건 운동을 조직하는 방식이 아닙니다.

많은 운동이 이런 식으로 진행되고 있는데, 결국 아무런 성과도 내지 못할 것입니다. 사실 그런 식으로 활동하니까 탈진하는 겁니다. 그들은 핵을 반대하는 수많은 사람들의 서명을 열심히 받아와 그 결과를 민주당 전당대회(1984년)에 제출했습니다. 민주당 사람들은 '정말 대단한 일을 하셨군요. 우리가 전력으로 당신들을 지원하겠습니다'라고 말했고요. 하지만 민주당은 막상 선거전에 돌입하자 그 문제는 거의 언급하지 않았습니다. 득표에 도움이 되겠다고 생각되는 마을에서만 "이 마을 주민들이 이런저런 문제에 관심이 있다는 것을 알고 있습니다"라는 식으로 언급했습니다.

이런 반응이 나오자 사람들은 좌절했고 이어 운동을 포기했습니다. 그 이유는 핵 동결 캠페인 운동가들이 권력이 움직이는 방식과 변화를 가져올 민중운동의 방식에 대한 환상을 갖고 있었기 때문입니다. 만약 이런 환상을 갖고 있지 않았다면 실패로 탈진까지는 하지 않았을 겁니다. 우리 자신의 기관을 만들고, 그 기관을 통해 실패로부터 배울 때, 비로소 환상을 극복할 수 있습니다.

예를 들어, 모든 사람이 청원서에 서명하고 그 문제를 1984년 민주당에서 제안했다 할지라도 아무런 효과가 없었을 겁니다. 1년 뒤 미하일 고르바초프가 일방적으로 핵실험 동결을 선언했을 때도 여전히 아무런 효과가 없었습니다.

여기서 우리는 뭔가를 배워야 합니다.⁴ 청원서에 서명한 후에는 그다음 단계로 넘어가야 합니다. 하지만 핵 동결 운동 조직가들은 그렇게 하지 않았습니다. 그들은 '우리는 일이 돌아가는 방식을 이해하지 못했다'라고 말하지 않았습니다. 그들은 이렇게 생각했습니다. '우리는 옳게 일했다. 하지만 부분적으로 실패했다. 대중은 납득시켰지만 엘리트들은 납득시키지 못했다. 그러니 엘리트를 납득시키도록 하자.' 이것을 좀 더 자세히 풀이하면 이렇습니다. '혼란스러워하고 있는 전략 분석가들을 찾아가자. 그들은 우리가 이해하고 있는 바를 이해하지 못하고 있다. 왜 핵 동결이 좋은 것인지 그들에게 설명해주자.' 실제로 많은 군비축소 운동이 이런 식으로 진행되었습니다. 운동가들은 맥아더 펠로십(맥아더 재단이 창조적 작업을 지속할 가능성을 보이는 미국 시민을 선정해 매년 수여하는 상—옮긴이)을 얻었고 전략 분석가들을 '납득'시키는 일에 몰두했습니다.⁵

이 방법은 겉으로는 운동을 계속하는 것처럼 보이지만 실은 그들의 게임에 말려들어간 것에 지나지 않습니다. 왜냐하면 엘리트들은 '오, 와서 나를 설득해봐'라는 말을 아주 좋아하기 때문입니다. 설득 작업에 매달리면 운동을 조직할 수 없고, 사람들을 참여시킬 수 없고, 운동이 단절됩니다. 그리고 설득 작업은 끝이 없습니다. 당신이 핵 동결을 지지하는 주장을 펴면 엘리트는 그에 반대하는 주장으로 맞서고 이렇게 해서 토론만 계속될 뿐 구체적 결과가 나오지 않게 됩니다. 물론 당신은 존경받고 하버드 대학 교수 클럽의 런치에 초청받고 모든 사람이 당신 말에 귀 기울이면서 당신을 좋아할 겁니다. 멋진 일입니다. 실제로 핵 동결 운동이 이런 방향으로 진행되었습니다. 하지만 그건 분명 실수였습니다. 우리는 이 실수를 똑똑히 인식하고 그로부터 배워야 합니다. 운동가인 당신이 엘리트 서클에서 인정받고 있다면 당신은 잘못된 방향으로 가고 있을 가능성이 높습니다. 그 이유는 아주 간단합니다. 그들이 왜 자신들의 권력을 해치려는 사람을 존경하겠니까? 그건 말이 되지 않습니다.

---

5 "1980년에 핵 동결 운동을 발진시킨 기관은 목적을 달성했다. 대중들에게 핵 동결을 교육하고 또 지지하게 만들었다. 그러나 이런 대중적 성공에도 불구하고 1984년의 선거 이슈에는 반영되지 못했는데 전문가들이 그 운동에 교묘히 반대했기 때문이다." 이 운동에 대한 촘스키의 논평. *Turning the Tide: U. S. Interventionism in Central America and the Struggle for Peace*, South End, 1985, p. 188.

2

시민운동의 인식과 행동
그리고 본질을 말하다

|

민중에게서 힘을 빼앗는 기술 가운데 하나는,
변화의 진정한 행동가는 민중이 아니라 지도자라고 가르치는 것입니다.
그러니까 역사를 왜곡하여 위대한 인물이 모든 것을 해낸 것처럼
보이게 하는 것입니다. 이런 식으로 사람들에게 민중은 아무것도 할 수 없고
무기력하니 위인이 나타나 그들을 지도해줄 때까지 기다려야 한다고
가르치는 것입니다.

|

인식과 행동

^{청중1} 내가 함께 일하고 있는 많은 운동가들이 이런 전제를 갖고 있습니다. '우리가 사람들을 인식시킬 수 있다면 모든 것이 잘될 것이고 변화가 일어날 것이다.' 핵무기에 반대하는 시민 불복종 운동 때에도 그것이 하나의 전제였습니다. '사람들이 우리 행동을 보고서 우리의 기치를 따르게 하자.' 그런데 선생님 말씀을 들어보니 그게 아닌 듯합니다. 그렇다면 교육 이외에 어떤 일을 더 해야 할까요?

— 교육은 시작일 뿐입니다. 더욱이 모든 사람을 교육시켜 당신 편으로 만들었더라도 그들은 여전히 아무것도 하지 않으려 할 수도 있습니다. 가령 아이티를 한번 보십시오. 나는 그곳 국민의 90퍼센트가 자기가 무엇을 원하는지 잘 알고 있다고 생각합니다. 단지 학살되지 않고 원하는 것을 얻을 수 있는 방법이 없을 뿐입니다. 변화가 일어나기까지는 많은 일련의 과정이 필요한데 그 시작이 바로 인식입니다. 물론 인식이 없으면 아무것도 하지 못합니다. 뭔가 해야겠다는 인식이 없이는 아무런 행동도 하지 않을 테니까요. 그러므로 인식이 시작인 것은 분명합니다. 그러나 진짜 인식은 세상 속에서 실천하고 경험함으로써 찾아오는 것입니다. 따라서 먼저 인식하

진짜 인식은 세상 속에서 실천하고
경험함으로써 찾아오는 것입니다. 따라서 먼저 인식하고
그다음에 실천하는 것이 아니라 실천을 통하여
인식하게 되는 겁니다.

고 그다음에 실천하는 것이 아니라 실천을 통하여 인식하게 되는 겁니다.

예를 들어 우리는 개혁적인 정치 체제를 시도해봄으로써 그 한계를 인식하게 됩니다. 그래서 모든 기회는 한계를 만날 때까지 최대한 활용하는 것이 중요합니다. 때때로 사람들에게 도움이 되는 결과를 얻게 되기 때문이기도 하지만 그것보다는 그 기회의 한계가 무엇인지, 왜 한계가 있는 것인지 알게 되기 때문입니다. 이런 실천을 통해 강연으로부터는 얻을 수 없는 인식을 갖게 됩니다. 무슨 말인가 하면, 권력이 어떻게 작동하는지에 대한 강연을 듣는 것보다 권력과 직접 대결해보는 것이 더 많은 인식을 가져다준다는 겁니다. 따라서 인식과 행동은 상호작용을 합니다. 때때로 변화를 가져오기 위해, 당신은 과격한 혁명적 투쟁의 수준에 이르는 조치까지 취해야합니다. 가령 아이티 사람들이 무력으로 군사정부를 전복시켜야 할 상황이라면 나는 마땅히 그렇게 해야 한다고 생각합니다. 때때로 일이 이렇게 벌어지기도 합니다.

핵무기에 대한 시민의 불복종 시위에 대하여 개인적으로 말씀드리자면 나는 그 운동에 참여한 내 친구 몇몇과 의견이 크게 달랐습니다. 그중에는 플라우셰어즈Plowshares[군비축소를 주장하는 운동 단체]에 참여한 사람들 등 내가 존경하는 사람들도 많았습니다. 이런 것들은 모두 전략적인 문제라고 생각합니다. 미사일의 원추 부분을 부숴버릴까 말까 하는 문제는 원칙의 문제가 아닙니다. 이것은 당신과 하느님 또는 절대적 존재 사이에 맺어진 계약같은 것이 아닙니다. 문제는 그 결과가 어떠한가 하는 것입니다. 나는 핵무기 시위의 결과가 부정적이라고 생각했습니다. 그 운동가들이 모두 정치적 행동의 무대에서 제거됐기 때문입니다. 왜냐하면 그들은 앞으로 20년 동안 감옥에 있어야 할 것이고 법정에 수많은 돈과 노력이 묶이게 될 것인데, 법정은 정말로 운동의 결과와는 거리가 먼 곳이기 때문입니다. 무슨 말인가 하면 세상에서 돈과 노력을 가장 무의미하게 낭비시키는 곳이 법정이라는 얘기입니다. 그러니 가능한 한 법정에는 가지 않는 것이 좋습니다. 두 번째로 나는 그들이 대중의 마음을 사로잡았다고 생각하지 않습니다. 우선 그렇게 하기 위한 토대를 마련하지 않았습니다. 만약 미사일 공장에서 일하는 사람들이 주민의 대부분인 마을에 가서 미사일의 원추 부분을 파괴해버린다면 그들은 의아하게 생각할 것입니다. 그들로서는 미사일 제작이 유일한 생계 수단인 데다 그들은 왜 미사일을 제거해야 하는지 알지 못합니다. 따라서 그 마을의 주민을 교육할 수 없을 뿐만 아니라 그들을 분노하게 만들 겁니다.

따라서 이런 전략적 문제들은 아주 조심스럽게 궁리해야 합니다. 물론 100퍼센트 확신을 가지고 예측할 수는 없겠지만, 그래도 그 결과가 어떨지 짐작해야 합니다. 사람들의 인식을 높여주는 결과라면 그건 좋습니다. 물론 인식은 하나의 시작일 뿐입니다. 사람들은 인식하고서도 아무것도 하지 않을 수도 있으니까요. 예를 들어 사람들은 행동에 나섰다가 직장을 잃게 될까 봐 걱정할 수도 있습니다. 물론 그것을 비난할 수는 없습니다. 처자식이 있고 생계를 유지해야 하니까 그런 걱정은 당연한 겁니다. 스스로의 권리를 위해 투쟁하는 것은 이처럼 어렵습니다. 늘 걱정거리가 많으니까요.

지도자와 운동

^{청중2} 운동가인 나는 우리가 운동을 하면서 재미도 느낀다는 사실을 사람들

에게 전달할 의무가 있다고 생각합니다. 우리의 본질에 아주 근접한 이슈들을 가지고 운동에 참여하다 보면 성숙해지는 느낌이 들기도 합니다. 우리가 장기적 관점으로 앞날을 내다보고 우리가 바라는 그런 유형의 기관을 설립하고자 한다면 우리 힘을 북돋우는 방책의 하나로써 우리가 실제로 할 수 있는 것보다 더 많은 것을 계획해야 한다고 생각합니다. '시민운동가'는 일에 지쳐 탈진한 사람의 이미지를 가지고 있습니다. 우리는 사람들을 신나게 하고 재미나게 하는 문화를 창조해야 합니다. 그저 과외 시간을 투입하여 과격한 구호나 외치는 사람으로 인식되어서는 안 될 것입니다.

─ 실제로 사회운동을 성공으로 이끈 사람은 그런 일들을 열심히 한 사람들입니다. 하지만 그들은 역사에 기록되지 않습니다. 역사책에도 그들의 이름이 나오지 않고 아무도 사회운동을 성공으로 이끈 사람들의 이름을 알지 못합니다. 하지만 사회운동은 늘 그런 식으로 일어났습니다.

최근에 벌어진 일, 가령 1960년대의 반전운동도 그랬습니다. 민주사회를 위한 학생회^{SDS} 사무실에서 벌어진 일, 한 똑똑한 학생이 다른 똑똑한 학생에게 한 말 따위를 다룬 책들이 요즈음 무수히 쏟아져 나옵니다. 하지만 이것들은 1960년대의 평화운동이 거대한 민중운동으로 발전한 이유와는 아무런 상관도 없습니다. 비록 보잘것없긴 하지만 그 운동에 참가한 내 개인적 경험을 통해 나는 누가 정말 중요한 일을 했는지 알고 있고 그 사람들을 기억하고 있습니다. 어떤 학생이 어떤 시위를 조직했는지 기억하고 있습니다. 나는 그들 덕분에 시위 현장에서 연설할 수 있었습니다. 학생들은 사람들을 운동에 끌어들이기 위해 열심히 일했고 자신이 하는 일을 즐겼으며 그것을 다른 사람들에게도 전달했습니다. 바로 이런 것이 민중운동을 성공하게 만드는 힘입니다. 하지만 이런 학생들은 역사책에서는 언급되지 않겠지요. 역사에 남는 것은 맨 꼭대기에 있었던 시시한 자들뿐입니다.

청중1 변화를 일으킨 유명한 지도자들, 가령 마틴 루서 킹이나 마하트마 간디에 대해서는 어떻게 생각하시는지 궁금하군요. 선생님은 연설 중에 이런 사람들을 언급조차 하지 않았습니다. 그건 왜 그렇습니까?

― 먼저 마틴 루서 킹의 사례를 들어봅시다. 나는 마틴 루서 킹이 중요한 인물이었다고 생각하지만 그가 변화를 가져온 중요한 행동가였다고는 생각하지 않습니다. 나는 실제 다른 행동가들이 많은 일을 하고 있었기 때문에 마틴 루서 킹이 변화를 가져오는 데 일정한 역할을 할 수 있었다고 생각합니다. 변화의 진정한 주체는 풀뿌리 수준에서 일했던 사람들, 가령 학생비폭력조정위원회(이하 SNCC)의 행동가들이었습니다.

민중에게서 힘을 **빼앗는** 기술 가운데 하나는, 변화의 진정한 행동가는 민중이 아니라 지도자라고 가르치는 것입니다. 변화의 진정한 행동가들이 역사에 기록되지 않고, 그들의 본질이 잘 인식되지 않도록 하는 것입니다. 그러니까 역사를 왜곡하여 위대한 인물이 모든 것을 해낸 것처럼 보이게 하는 것입니다. 이런 식으로 사람들에게 민중은 아무것도 할 수 없고 무기력하니 위인이 나타나 그들을 지도해줄 때까지 기다려야 한다고 가르치는 것입니다.

예를 들어 미국의 민권운동을 한번 살펴봅시다. 로자 파크스$^{Rosa Parks}$[1955년 버스의 흑백 분리 탑승을 거부하여 몽고메리 버스를 보이콧한 흑인 여성. 흑인은 버스의 뒤쪽에 앉아야 하는데 앞쪽에 앉아 있던 로자 파크스에게 백인이 자리를 비켜달라고 하자 거부한 것)를 한번 봅시다. 로자 파크스에 대한 정설은 이렇습니다. 이 용감한 흑인 여성은 갑자기 이렇게 결정합니다. "참을 만큼 참았어. 난 더 이상 버스 뒤쪽에 앉지 않을 테야." 하지만 이것은 절반만 맞는 얘기입니다. 로자 파크스는 잘 조직된 공동체 출신이었습니다. 과거를 거슬러 올라가 보면, 이 마을은 하이랜더 학교^{Highlander School}(정치 조직가들을 가르치는 테네시 학교) 등 공산당의 뿌리를 갖고 있었습니다.⁶ 이 공동체는 함께 단결하여 일하면서 흑백 분리 시스템을 철폐시키려는 계획을 갖고 있었습니다. 로자 파크스는 그 계획의 일부였을 뿐입니다.

하지만 이런 것들은 역사에 기록되지 않습니다. 역사에 기록되는 것은 어떤 한 사람이 어떤 일을 하려는 용기를 가졌다는 것입니다. 로자 파크스는 헌신적인 사람들로 이루어진 조직적인 공동체 출신이었습니다. 그 공동체 사람들은 오랫동안 변화를 이루어내기 위해 함께 일해왔습니다. 이런 뒷심이 있어야 변화가 일어나는 겁니다. 늘 그랬습니다.

마틴 루서 킹의 경우도 마찬가지입니다. 그는 SNCC 운동가, 프리덤 라이드^{Freedom Ride}(1961년에 버스 투어로 시작된, 인종차별 철폐를 위한 민권운동—옮긴이) 및 기타 운동 단체들이 엄청난 탄압을 받아가며 길을 닦아놓았기 때문에 대중 앞에 나서서 연설할 수 있었습니다. 그리고 이들은 특혜층 출신의 젊은 이들이었습니다. 이들은 그 일을 선택한 것이지 의무감에서 한 것이 아니었습니다. 그들이 곧 민권운동의 주체였습니다. 마틴 루서 킹은 대중 앞에 나서서 카메라 세례를 받았기 때문에 중요한 인물로 떠올랐지만 실은 이런 젊은이들이 민권운동의 주체였던 겁니다. 기회가 되었더라면 킹도 나처럼 말했으리라고 생각합니다. 아니, 적어도 그렇게 말했어야 한다고 생각합니다.

간디에 대해서도 마찬가지입니다. 그는 실제로 옥석이 뒤섞인 기록을 갖고 있습니다. 하지만 중요한 점은, 간디가 그처럼 유명해져서 구체적 발언을 할 수 있을 때까지 묵묵히 터전을 갈고 닦은 사람들이 많이 있었다는 점입니다. 다른 민중운동을 살펴보아도 사정은 언제나 마찬가지입니다.

변화의 수준

청중1 노엄, 우리는 그런 종류의 변화를 구축하기 위해 열심히 일하고 있습니다. 그런데 지금 당장 압박 전략으로 사용할 수 있는 가장 좋은 방법은 무엇이라고 생각하십니까? 우리는 전통적인 개혁적 조치 ─의회에 로비하기, 편지 쓰기, 민주당원을 운동원으로 영입하기 ─를 되풀이해야 합니까, 아니면 시위나 불복종운동 등 보다 직접적인 행동으로 나서야 합니까?

─ 그런 전략적 결정은 당신이 직접 내려야 합니다. 현지에 살면서 그곳의 진행 상황을 살펴볼 수 있는 사람만이 결정을 내릴 자격이 있습니다. 따라서 내가 그곳의 문제에 대하여 의견을 낸다는 것은 우스꽝스러운 일이 될 겁니다.

시위는 종종 올바른 행동이 될 수도 있습니다. 하지만 전략적 결정을 내려야 합니다. 시위는 딱 의회를 상대로 로비를 하는 것 정도로 개혁적입니다. 여기에는 아무 문제도 없습니다. 당신이 이 세상에서 가장 극단적인 혁명가라 할지라도 사태를 완화시킬 수 있는 수단이 있다면 그것이 무엇이든 그걸 사용해야 하는 겁니다. 하지만 강력한 기관들이 더 이상의 개혁을 허용하지 않는 한계점에 도달하면 당신은 그 이상의 것을 생각해볼 수 있을 겁니다. 그러려면 먼저 그 한계점까지 밀고 가야 합니다. 여러 방법이 있습니다. 한 가지 방법은 의회를 찾아가 로비를 하는 것이고 다른 방법은 정당을 찾아가 호소하는 것입니다. 그리고 또 다른 방법은 시위입니다. 하지만 이런 것들은 권력자들이 결정을 내릴 때 참고하는 배경 조건들을 바꾸는 정도에 지나지 않습니다. 물론 좋은 영향을 미치기도 합니다.

여기서 한 가지 구체적 사례를 들어보겠습니다. 〈펜타곤 문서$^{Pentagon\ Papers}$〉 [미국의 베트남전쟁 개입을 기록한 국방부 기밀문서인데 외부로 유출되었다]에는 정치적으로 부적절하다고 생각되는 부분이 있었습니다. 이 부분은 역사책에도 안 나오고 아무도 건드리지 않았습니다. 시사하는 바가 너무 많았기 때문이죠. 바로 테트 대공세 직후의 상황을 다룬 부분입니다. 1968년의 테트 대공세 직후 베트남전쟁은 장기전이 될 것이고 신속하게 이길 수 없다는 것을 누구나 알게 되었습니다. 따라서 전략과 정책에서 뭔가 중대한 결정을 내려야 했습니다.

베트남에 있었던 미군 사령관 웨스트모얼랜드 장군은 합참의장에게 미군 20만 명을 더 보내달라고 요청했습니다. 합참은 그 요청을 거부했고 그럴 의사조차 없었습니다. 미국에 남긴 병력은 미국 내에서 터질지도 모르는 내전을 진압하는 데 투입해야 하기 때문이었습니다. 그들의 용어로 '시민 소요 사태의 진압'을 위해 병력을 미국 내에 남겨두어야 한다는 거였습니다. 그래서 그들은 추가 병력을 베트남에 보내고 싶어 하지 않았습니다.[7] 그들은 1968년 당시 미국 사회가 두 쪽이 날지도 모른다고 생각했던 겁니다. 그만큼 민중이 그들이 하고 있는 일에 강력히 반대하고 있었던 겁니다.

---

7 1968년 합참이 '시민 소요 사태'를 걱정한 것에 대해서는 이 책 제1권 1장 참조.

바로 이 '시민 소요 사태' 때문에 이른바 '와이즈 멘Wise Men'이라는 그룹이 호주머니에 많은 돈을 집어넣고서 워싱턴을 찾아왔던 겁니다. 그 직후 아주 이례적일 정도로 노골적인 힘겨루기가 벌어졌고 그들은 존슨 대통령에게 이렇게 말했습니다. "당신은 끝났어. 당신은 재선에 나가지 마."[8] 그리고 존슨은 재선에 나가지 않았습니다. 그 후 미국은 베트남에서 철수하기 시작했고 평화협정을 맺었습니다. 이런 정책 변화가 일어나게 된 데에는 민중의 노골적인 항의와 대규모 시위가 커다란 부분을 차지했습니다.

그렇습니다. 시위와 저항은 효과를 발휘할 수 있습니다. 하지만 그것이 지역구 의원을 찾아가서 얘기하는 것보다 더 혁명적인 것은 아닙니다. 시위와 저항 또한 권력에 영향을 미치지 못하고, 권력기관을 바꾸지도 못하고, 단지 권력의 제도권 내에서 만들어지는 결정을 변화시킬 뿐입니다. 하지만 할 만한 일입니다. 문제는 없습니다. 이를 통해 많은 사람들을 도울 수 있습니다. 나는 권력기관 자체가 존재하면 안 된다고 생각하지만, 그것은 또 다른 차원의 문제입니다.

철준1 오늘날 우리가 추구해야 할 가장 중요한 대의는 무엇이라고 생각하십니까? 오늘을 살고 있는 운동가들이 실제로 할 수 있는 일이 뭐라고 보십니까?

— 뭐든지 할 수 있습니다. 모든 권위와 억압의 구조를 제거하기 위해 무슨 일이든 할 수 있을 것입니다. 모두 인간이 만들어낸 것이므로 얼마든지 해체 가능합니다. 당신은 이 시점에서 가장 중요한 것이 무엇이냐고 물었는데, 그것은 즉석에서 결정할 문제가 아니라고 봅니다. 제도를 변화시키고

싫어 하는 사람들이 많이 모인 이와 같은 모임에서 진지하게 생각하고 토론한 끝에 결정해야 할 문제입니다.

우선 오늘날 세상의 모습은 어떤가 하는 문제로부터 시작하는 것이 좋을 듯합니다. 가령 '다국적 기업들을 전복시킵시다!' 같은 것으로 시작할 수는 없습니다. 왜냐하면 지금 현재 그 목표는 사정거리 내에 있지 않기 때문입니다. 그러니 '오늘날 세상의 모습은 어떻지? 무엇을 먼저 시작해야 하지?' 하고 물으면서 시작하는 게 좋을 겁니다. 사람들에게 권력의 근원이 어디인지 알려주는 일부터 시작할 수도 있을 것이고, 정치 운동에 참여하면 무엇을 얼마나 이루어낼 수 있는지 사람들을 이해시킬 수도 있을 겁니다.

일단 기존의 허세를 무너뜨리면 당신은 조직을 건설할 수 있습니다. 할 만한 가치가 있는 일을 먼저 합니다. 만약 그게 공동체의 통제권을 확보하는 것이라면 그걸 하십시오. 직장에서의 통제권을 얻는 것이라면 그걸 하십시오. 연대를 강화하는 것이라면, 또는 집 없는 사람들을 돌보는 것이라면 그걸 하십시오.

국내 문제와 관련해서는, 형법 제도가 점점 더 가난한 사람과 소수집단을 대상으로 하는 시스템이 되어가고 있다는 것을 알아야 합니다. 이들은 군사 점령 하의 사람들처럼 되어가고 있습니다. 쉽게 바꿀 수 있는 문제입니다. 이 문제에 대한 여론을 바꾸어야 해요. 지금의 잔인하고 야만적인 형법 제도 말고 문민화한 형법 제도를 갖기 위해 개인 권력의 핵심부를 제거할 필요는 없습니다. 그래서 나는 이것을 쉽게 바꿀 수 있는 문제의 구체적 사례라고 봅니다. 또 미국이 제3세계 사람들을 고문하지 못하게 하는 것으로 시작할 수도 있습니다. 쿠바 어린아이들의 학살과 동티모르의 학살을 멈추는 것, 팔레스타인 사람들도 인간이라는 사실을 미국 국민에게 알리는 것 또한 실천하기 쉽습니다. 이런 쉬운 일들을 먼저 하도록 하십시오.

국제경제 분야에서 벌어지고 있는 일들은 여러분이 다루기에 좀 까다로울지도 모릅니다. 국제경제는 권위주의적 기관들의 주요 관심사이니까요. 이 분야에서 당신은 이런 사실에 직면하게 될 겁니다. 인류 역사상 가장 전체주의적인 — 또는 그에 가장 가까운 — 기관은 기업입니다. 기업은 권위가 상명하복^{上命下服} 식으로 엄격하게 구조화되어 중앙에 집중된 기관입니다. 기업 내에서 사람들은 상부의 지시를 받아 밑으로 전달할 뿐입니다. 기업 밖에는 힘이 약한 민중의 통제가 있는데 그나마 그 힘도 빠르게 소진되고 있습니다. 그런데 말이죠, 이러한 경향은 내가 새롭게 통찰한 것이 아닙니다. 이것은 만년의 토머스 제퍼슨이 지적한 것인데 당시는 기업이 아직 초창기였던 시절이었습니다. 제퍼슨은 이렇게 말했습니다. "만약 권력이 '금융기관과 돈 가진 법인들' 손으로 자꾸 흘러들어 간다면, 민주주의의 실험은 끝나버리고 말 것이다. 우리는 우리가 그동안 줄기차게 저항해온 식민지 시대보다 더 못한 절대왕정 체제로 들어가게 될 것이다."⁹

자, 토머스 제퍼슨은 미국 역사의 주류에서 멀리 벗어난 사람이 아니므로 이것은 그리 기발한 통찰이라고 볼 수도 없습니다. 이것은 지극히 미국적인 발언인데 우리는 제퍼슨의 말을 명심해야 합니다. 그의 말을 잘 이해하면 이것이 정말 어려운 문제라는 걸 알게 됩니다. 기업은 엄청나게 힘이 집중되어 있고, 국가의 경계를 뛰어넘어 그 힘을 행사하며, 시민의 감시나 민중의 참여로부터 완전히 벗어난, 권력의 집합체이기 때문입니다. 이것은 반드시 바꿔야 할 문제입니다.

도대체 기업이 그런 막강한 권리를 갖는 이유가 뭡니까? 애덤 스미스와 기타 경제학자들이 그렇게 되어서는 안 된다고 경고했는데도 불구하고 기업(법인)이 '영원불멸의 존재immortal persons'로 대우받는 이유가 뭡니까?[10] 그 권리는 당연한 것이 아닙니다. 그 권리는 의회에서 부여한 것도 아닙니다. 법원의 판사와 법률가들이 내린 결정으로 그런 권리를 갖게 된 것인데, 그게 이제 세상을 완전히 바꾸어놓았습니다.[11]

당신은 무슨 일을 하는 것이 좋겠느냐고 물었습니다. 우리가 건전한 상식을 가지고 세상을 들여다보면 해야 할 일을 어렵지 않게 생각해낼 수 있을 겁니다. 도시의 거리를 한번 걸어보아도 해야 할 일을 많이 찾을 수 있을 겁니다. 그런 일들을 먼저 시작하면 되는 겁니다. 하지만 당신 혼자서는 그 일을 해내지 못할 것입니다. 당신이 거리를 걸어 내려가면서 '저 일을 꼭 해야 돼'라고 말만 한다면 그 일을 결코 해내지 못할 겁니다. 반면에 사람들이 함께 행동할 수 있을 정도로 충분히 조직되어 있다면 뭔가 성취할 수 있습니다. 당신이 할 수 있는 일에 어떤 한계는 없습니다. 따지고 보면 노예제도도 이런 식으로 철폐했던 겁니다.

청호1 우리가 연계를 하거나 네트워크를 형성할 수 있는 조직들에 대해서 구체적으로 말씀해주시겠습니까? 그런 문제들에 대하여 이미 좋은 일을 하고 있는 조직들 말입니다.

— 많은 조직들이 많은 다른 관점을 가지고 운동에 뛰어들고 있습니다. 예를 들면 어떤 수준에서 —비록 중요하기는 하지만 추상적인 수준에서 — 랠프 네이더Ralph Nader의 퍼블릭시티즌[주로 소비자 문제를 다루는 조직]도 운동을

11　대중의 참여 없이 법률가와 판사들에 의해 법인의 권한이 인정된 것에 대해서는 이 책 제3권 9장을 참조할 것.

벌이고 있는 겁니다. 이 단체도 중요합니다. 하지만 권력의 기본 구조를 겨냥한 조직은 아닙니다.

그 밖에, 미국 노동운동이 100년 전 보통 노동자들의 통찰력을 다시 회복한다면 그런 통찰을 바탕으로 많은 운동을 벌일 수 있을 겁니다. 100년 전을 뒤돌아보면 —아니 그보다 더 가까운 과거를 돌아보면 —미국 노동운동의 주요 목표는 산업 민주주의industrial democracy를 성취하는 것이었음을 알 수 있습니다. 산업 민주주의는 노동 현장에 민주적 절차를 도입하는 것입니다.[12] 이 노동자들이 마르크스를 읽었기 때문에 이런 사상을 갖게 된 건 아니었습니다. 마르크스가 나오기 훨씬 이전에 그들 스스로 생각해낸 것이었습니다. 산업자본주의industrial capitalism에 대응하면서 자연스럽게 나온 사상이었습니다. 사실 마르크스는 이에 대해 별말을 하지 않았습니다. 그래서 노동운동이 산업 민주주의를 위해 노력하는 일을 맡게 되었던 것입니다.

이 나라에는 그것 말고도 많은 시민운동이 벌어지고 있습니다. 운동 단체들은 현재 아주 협소한 쟁점들에만 집중하고 있지만 궁극적으로 사람들이 말하는 것은 한 가지입니다. 이런저런 형태의 불법적 권위를 철폐해야 한다는 겁니다. 필요하다면 이런 단체들의 연락처를 쉽게 찾을 수 있습니다. 가령 보스턴의 '레지스트Resist' 같은 진보 성향의 자금 지원 기관에 편지를 보내면 이 기관이 지난 몇 년 동안 자금을 지원해준 200개 단체의 리스트를 보내줄 겁니다. 이 리스트에서 당신이 관심 있는 정치적 대의를 위해 싸우고 있는 단체를 찾을 수 있을 겁니다.[13] 그리고 주요 도시에서는 교회가 평화와 정의를 위한 행동을 위해 중앙 연락처 역할을 하고 있습니다.

---

12 산업 민주주의가 미국 노동운동의 목표인 점에 대해서는 이 책 제3권 9장을 참조할 것.

이곳을 통해 전 세계에서 벌어지고 있는 활동을 알 수 있을 것입니다. 그런 기관에 사람들을 안내해주면 그들은 아주 좋아할 것입니다.

비폭력

^{청중1} 촘스키 씨, 나는 비폭력적이고 조직적이며 결연한 저항운동으로 기업자본주의를 해체할 것을 늘 희망해왔습니다. 또 언젠가 기업자본주의로부터 권력을 넘겨받아 그 권력을 평화롭게 분산하는 대안적 기관의 창설을 꿈꿔왔습니다. 당신은 이런 비폭력의 희망이 현실적이라고 보십니까? 전반적으로 폭력의 사용을 어떻게 생각하십니까?

— 이미 앞에서 말했지만 그 누구도 전략에 대해서 많이 알고 있지 못합니다. 적어도 나는 아는 게 별로 없습니다. 하지만 비폭력 문제는 아주 꼼꼼히 고려해보아야 한다고 생각합니다. 그것이 가능하다면 누구나 비폭력적인 방식으로 문제를 해결하고 싶어 합니다. 가능한 한 폭력을 피하고 싶어 하는 거지요. 하지만 당신이 권력을 가진 사람들을 압박하기 시작한다면, 스스로의 권리를 방어하는 게 필요하다는 것을 알 수 있을 것입니다. 그런데 권리의 방어는 때때로 폭력을 필요로 합니다. 그 경우 당신의 도덕적 가치관에 따라 폭력을 사용할 수도 있고 사용하지 않을 수도 있습니다.
　미국 노동자의 역사를 한번 살펴보십시오. 20세기 전반에 수백 명의 노동자들이 노동운동을 조직하려 했다는 이유만으로 보안군에게 살해되었습니다.[14] 미국은 이례적일 정도로 폭력적인 노동의 역사를 갖고 있습니다.

얼마나 폭력적이었는지 1890년대의 우익 영국 언론들 ─가령 런던의《타임스*The Times*》같은 우익 영국 신문들─은 미국 노동자들의 열악한 처우와 권리의 결핍에 대해서 이해할 수 없다고 말했을 정도였습니다.[15] 노동자들이 폭력적으로 나왔기 때문에 그런 폭력이 자행된 것이 아니었습니다. 권력을 가진 사람들이 노동자들이 기본적 권리를 주장하는 것을 막기 위해 그런 폭력을 사용했던 것입니다.

만약 당신이 평화주의자라면 이와 관련하여 이런 질문을 던져야 합니다. '노동자들이 폭력적인 공격을 받을 경우 폭력으로 스스로를 방어하는 것은 허용되는가?' 이에 대하여 사람들마다 가치관이 다를 테지만 아무튼 이 질문을 피해갈 수는 없습니다. 내 생각은 이렇습니다. 민중운동은 다양한 전략을 구사해야 합니다. 하지만 겉보기에 비폭력적으로 보이는 것들도 나중에 폭력적이 될 수 있습니다. 좀 더 구체적으로 말해보겠습니다.

내가 중요하다고 생각하는 것 하나는 정치 무대에서 기업이 아닌 민중을 대변할 수 있는 정당을 구축하는 것입니다. 미국에서 이런 정당을 만드는 것은 충분히 생각해볼 만한 일입니다. 하지만 이런 정당이 권력을 갖기 시작하면 사회 내의 권력을 가진 사람들은 이 정당에 대항해 그들의 권리를 보호하려 들 것입니다. 이 순간에 결정이 필요합니다. 나의 권리를 위하여 폭력을 사용할 것인가? 아니면 사용하지 않을 것인가? 폭력은 대개 권력을 가진 사람들이 사용합니다. 사람들은 혁명가들이 폭력을 사용한다고 하지만 그들은 먼저 공격당했을 때 스스로를 보호하는 과정에서 폭력을 쓰게 되는 겁니다.

이와 같은 문제가 내가 중요하다고 여기는 일에서도 벌어집니다. 대안 언론의 설립과 민중 조직의 네트워크화인데, 이렇게 해야만 사람들이 단결하여 지금껏 우리가 얘기해온 세뇌 작업으로부터 스스로를 지킬 수 있습니다. 하지만 이것도 기업의 권력을 침해하기 시작하기 전까지만 가능합니다. 그 순간이 오면 여러분은 더 이상 비폭력으로 나갈 수 없다는 것을 발견하게 될 겁니다. 왜냐하면 부자들은 폭력으로 자기 자신을 지킬 방법을 찾아낼 것이기 때문입니다. 비폭력에 대해서 얘기하기는 쉽습니다. 하지만 내 개인적 생각으로는 비폭력의 관철을 절대적인 원칙으로 삼아서는 안 된다고 봅니다.

물론 폭력을 초월할 수 있는 방법들도 있습니다. 가령 많은 사람들이 힘을 합쳐 공장을 접수했는데 경찰이 그들을 막으려 한다고 해봅시다. 하지만 따지고 보면 경찰이나 군대나 사람들로 구성되어 있습니다. 만약 노동운동에 대한 이해와 연대감이 넓은 층을 형성한다면 그들도 노동자들을 막지 못할 것입니다. 이렇게 볼 때, 당신 질문에 대한 답변 하나는 더 강력한 연대, 더 폭넓은 연대 의식을 형성하라는 것입니다. 이렇게 많은 사람이 뭉치면 감히 군대를 투입하여 진압할 생각은 하지 못하게 됩니다. 하지만 이런 깊고 넓은 연대 의식을 형성하는 것은 대단히 어려운 일입니다. 우리는 이런 현실을 직시해야 합니다. 연대는 저절로 일어나지 않습니다. 오늘날 사회는 계층화되어 있고 증오 때문에 분열되어 있는데, 이것은 집권 엘리트들이 민중운동을 기꺼이 진압하려는 세력을 동원하는 것이 어렵지 않다는 뜻입니다.

하지만 상황은 바뀔 수 있습니다. 아니, 바뀌어야 합니다. 민중운동이 폭력으로 스스로를 방어하면서도 민중적이고 민주적인 특성을 유지하는 것에는 일정한 한계가 있습니다. 내가 보기에 민중운동의 방어가 대포와 전쟁을 필요로 한다면, 그 혁명적 발전의 가능성은 쇠퇴하고 따라서 진정한 변화의 기회도 파괴될 것입니다. 이렇게 볼 때, 국제적 연대의 네트워크를 형성하고, 여러분이 국내에서 하는 일의 정치적 호소력을 높이고, 그것을 전세계에 알리는 일 등에 희망을 걸어야 합니다.

3 제국의 '제한 없는 자본주의'를 말하다

|

필요를 창출하고, 실제 필요도 없는 최신 운동화를
사람들이 사도록 만들고, 그래서 사람들로 하여금
임금노동 사회에 강제 편입되게 하는 것, 이런 것이 오늘날 텔레비전이
하는 일이 아니겠습니까. 이러한 필요 창출의 양상이 자본주의 역사 내내
되풀이되어왔습니다.

|

자본주의 초월하기

^{청춘1} 자본주의에서 달아나거나 자본주의를 없애야 한다는 선생님의 조금 전 말씀과 관련하여 선생님은 어떤 구체적 계획이 있으십니까?

— 개인적으로 말입니까?

^{청춘1} 아니면 그런 계획을 세우고 실천하려는 사람들에게 어떤 조언을 하시 겠습니까?

— 여러 세기 전에 '임금 노예제^{wage slavery}'라고 불리는 것이 있었는데 그건 정 말 용납할 수 없는 것이라고 생각됩니다. 사람들이 살아남기 위해 그들의 몸을 남에게 임대하는 일은 정말 없어야 한다고 봅니다. 경제 기관들은 민 주적 방식으로 운영되어야 합니다. 노동자들과 그들의 공동체가 운영에 참 여해야 합니다. 다양한 형태의 자유로운 결사와 연합을 통해, 그런 식으로 돌아가는 사회를 상상하는 것이 가능하다고 봅니다. 하지만 그 계획을 세 부적으로 제시하기는 어렵습니다. 그 누구도 사회를 디자인할 수 있을 정 도로 총명하지는 않기 때문입니다. 그러기 위해서는 실험을 해야 합니다.

하지만 이런 사회를 건설하기 위한 합리적 원칙들은 아주 분명합니다.

청중1 계획경제를 시도했던 대부분의 노력들이 민주적 이상에 어긋나 실패하고 말았는데요.

— 어떤 계획경제였느냐에 따라 얘기가 달라지겠지요. 다양한 계획경제가 있습니다. 예를 들면, 미국도 계획경제라고 할 수 있습니다. 우리는 우리 자신을 가리켜 '자유시장'이라고 말하지만 그건 헛소리입니다. 미국 경제 가운데 국제적인 경쟁력을 갖춘 분야는 계획된 분야, 정부가 보조하는 분야입니다. 농산물이 과잉 생산되었을 때 정부가 시장을 보장해주는 자본집약적인 농업, 펜타곤 시스템에 의존하는 첨단산업, 공공 연구기관을 통해 대규모 보조금을 받는 제약 산업 등이 그런 것들입니다. 이 세 가지가 미국 경제에서 가장 잘 돌아가는 산업입니다.[16]

커다란 경제적 성공을 거두었다고 생각되는 동아시아 국가들을 살펴보면 —사람들은 이 나라들의 성공을 자유시장 민주주의의 승리라고 치켜세우고 있습니다 —이 나라들은 자유시장 민주주의와는 별로 상관이 없습니다. 엄격하게 형식만 따지고 볼 때 이 나라들은 파시스트 국가입니다. 정부가 대기업들과 손잡고 경제를 주무르고 있습니다. 이건 파시즘이지 자유시장이 아닙니다.

그런데 이런 종류의 계획경제는 그 나름대로 '통하고' 있습니다. 적어도 생산은 하고 있습니다. 하지만 다른 종류의 계획경제는 통하지 않거나 아

---

16 국가보조금이 미국 경제에 기여한 것에 대해서는 이 책 제1권 3장을 참조할 것.

주 다른 방식으로 돌아갑니다. 예를 들어 소비에트 시대의 동유럽 계획경제는 고도로 중앙집중화되어 있었고 과도하게 관료화되어 있었으며 아주 비효율적으로 돌아갔습니다. 물론 국민들에게 최소한의 안전망은 제공했지만 말입니다. 하지만 이런 경제체제들은 모두 반민주적이었습니다. 가령 소련의 경우 농민과 노동자가 의사결정 과정에 참여한 적이 사실상 없었습니다.

촘촘 현실에서 잘 기능하는 이상적 모델을 발견하기는 대단히 어렵겠군요.

─ 그렇습니다. 하지만 과거를 한번 보십시오. 18세기에는 잘 돌아가는 정치적 민주주의 모델을 발견하는 것이 어려웠습니다. 그렇다고 해서 그런 모델이 없었던 것은 아니지 않습니까. 인간의 역사가 끝나지 않는 한, 어떤 이상理想에 대하여 '그건 이미 끝난 거잖아'라고 말할 수는 없습니다. 200년 전에 노예제도의 철폐를 상상하는 것이 어렵기는 마찬가지였습니다.

키부츠 실험

촘촘 관료제 없이 어떻게 민주적으로 결정을 내릴 수 있단 말입니까? 복잡한 현대 사회의 수많은 사람들이 모든 의사결정에 적극적으로 참여하는 것은 대단히 어렵다고 보는데요.

─ 그렇습니다. 그렇게 하기는 어렵겠지요. 그래서 나도 책임을 일부 위임

해야 한다고 생각합니다. 하지만 중요한 질문은 궁극적 권위가 누구에게 있느냐 하는 것입니다. 17세기와 18세기에 시작된 근대 민주혁명의 초창기부터 누군가가 민중을 대신해야 한다고 여겨져왔습니다. 여기서 문제는 '우리와 같은 마을 사람들'이 우리를 대표하는가 아니면 '우리보다 나은 자들'이 우리를 대표하는가 하는 것입니다.[17]

예를 들어, 여기가 우리의 공동체이고 우리가 길 아래쪽의 다른 공동체와 어떤 협약을 맺는다고 해봅시다. 만약 우리 공동체의 규모가 제법 된다면 우리 모두가 그 일을 직접 처리할 수는 없고 대리인에게 협상의 권리를 위임할 것입니다. 그러나 중요한 것은 그때 결정을 승인하는 최종 권한을 누가 갖고 있느냐 하는 겁니다. 만약 제대로 된 민주주의라면 권한은 형식적으로만 민중에게 있는 것이 아니라 실제적으로도 민중에게 있어야 할 것입니다. 다시 말해 대리인들을 언제든지 불러들여 공동체를 책임지게 할 수 있고, 일을 제대로 못했을 때에는 교체할 수 있어야 할 것입니다. 대리인을 교체하는 횟수가 많아질수록 정치 참여는 일상생활의 한 부분이 될 겁니다.

맞습니다. 나도 모든 사람이 한데 모여서 모든 주제를 논의하는 것이 가능하다고 보지 않습니다. 현실적으로 가능하지도 않고 합리적이지도 못합니다. 사람들은 위원회를 만들어서 사태를 점검하고 공동체에 보고하도록 하는 방법을 쓸 겁니다.[18] 하지만 정말 중요한 문제는 이겁니다. 최종적 권위는 누구에게 있는가?

---

18 "17세기 영국 혁명의 과격 세력들은 이렇게 생각했다. 기사와 신사 들이 우리에게 만들어준 법률이 통하는 세상은 좋은 세상이 아니다. 그 법률은 우리를 억압하기만 할 뿐 우리의 상처를 이해하지 못한다. 우리와 같은 시골 사람들의 대표로 이루어진 의회, 우리의 필요를 잘 아는 의회를 갖지 못한다면 결코 좋은 세상을 꿈꿀 수 없다." Christopher Hill, *The World Turned Upside Down: Radical Ideas during the English Revolution*, Viking, 1972, p. 48.

청중1 선생님이 생각하시는 모델은 키부츠[이스라엘의 집단 농업 공동체]를 연상시키는데요.

— 그렇습니다. 키부츠는 실제로 완전한 민주제에 가깝습니다. 나는 한때 키부츠에 살았고 바로 그런 이유들 때문에 아예 거기서 눌러앉을 생각도 했었습니다. 그런데 말이죠, 인생은 참으로 온갖 아이러니로 가득합니다. 사실은—나는 그 당시보다는 세월이 좀 흐른 후에 이 사실을 좀 더 명확하게 이해하게 되었습니다—키부츠가 내적으로는 진정한 민주제가 맞기는 하지만, 그 제도 안에는 추악한 점도 상당히 많다는 겁니다.

우선 키부츠는 극단적으로 인종차별적입니다. 이스라엘의 키부츠에는 단 한 명의 아랍인도 살고 있지 않습니다. 상당수의 아랍인들이 정착을 거부당한 것으로 밝혀졌습니다. 가령 키부츠의 유대인과 아랍인이 결혼하면 그들은 보통 아랍 마을에서 사는 것으로 결말이 납니다. 그리고 키부츠는 국가와 아주 불쾌한 유착관계를 맺고 있습니다. 오래전부터 그랬다고 하는데 나는 이걸 최근에 와서야 알게 되었습니다.

키부츠가 그처럼 경제적 성공을 거둔 이유 가운데 하나는 상당한 국가보조금을 받기 때문입니다. 키부츠는 이스라엘 정예부대에 장교단 요원을 공급합니다. 조종사 훈련 학교, 유격 학교 등에 입학하는 학생들은 모두 키부츠 출신입니다. 이것은 교환입니다. 키부츠가 근위병을 제공하면 정부는 보조금을 지급하는 겁니다. 게다가 나는 키부츠가 근위대 요원을 내놓게 된 것이 키부츠 교육의 결과라고 생각합니다. 이것은 나처럼 리버테리언 (자유의지론적) 사상을 가진 사람이 볼 때 크게 우려되는 사항입니다.

키부츠의 리버테리언 구조에는 아주 권위주의적인 어떤 것이 있습니다.

키부츠에 살 때에 나는 그것을 직접 보았습니다. 키부츠에는 권위에 순응해야 한다는 커다란 집단 압력이 있습니다. 물론 당신을 순응하게 하는 폭력은 없으나 집단 압력이 아주 강력합니다. 이 구조가 어떻게 작용하는지 그 역학을 내가 분명하게 본 적은 없으나, 어떻게 운용되는지는 볼 수 있습니다. 그곳에서는 따돌림의 공포가 굉장합니다. 물론 식당이나 뭐 그런 공공장소에서 배척되는 것이 아니라 전체적인 분위기에 어울리지 못하는 그런 것입니다. 가족들로부터 따돌림당하는 것과 비슷합니다. 가령 당신이 어린아이인데 가족들이 따돌린다면 ─ 가령 식탁에 앉게는 해주지만 가족들이 전혀 당신에게 말을 걸지 않는다면 ─ 그건 아주 엄청난 충격일 겁니다. 당신은 거기서 살아남을 수 없습니다. 이와 비슷한 무언가가 키부츠 공동체 안에 있습니다.

누가 그걸 본격적으로 연구했다는 말은 아직 들어보지 못했지만, 키부츠의 아이들이 자라나는 것을 보면 왜 아이들이 유격대, 항공대, 특공대에 들어가고 싶어 하는지 이해할 수 있습니다. 아주 어릴 적부터 남자다워야 한다고 남자아이들을 압박합니다. 해병대에 들어가 아주 강인한 남자가 되어야지, 안 그러면 남자 구실을 제대로 하지 못한다고 가르칩니다. 그래서 이 과정을 제대로 헤쳐나가지 못한 아이들은 트라우마를 갖게 됩니다. 심리적으로 아주 힘들어지게 됩니다.

그 결과는 아주 놀랍습니다. 가령 이스라엘에 점령지 근무를 거부하는 사람들의 모임[예시 그불$^{Yesh\ G'vul}$]이 있습니다. 하지만 이 모임에 키부츠 출신 아이들은 단 한 명도 없습니다. 키부츠 아이들은 이른바 '좋은 군인들'로도 평판이 높습니다. 좋은 군인은 시키는 대로 행동하는 군인을 말하는 것으로 그들이 좋은 사람이라는 뜻은 아니지요. 이것들이 키부츠의 다른 측면인데, 어떤 힘이나 권위로 찍어 눌러서 생겨난 게 아닙니다. 아주 강력한 순응주의의 역학 구조 때문입니다.

가령, 내가 살았던 키부츠는 상당히 교육을 받은 사람들로 구성되어 있었습니다. 그들은 독일 피난민들이었는데 상당수가 대학 졸업자였습니다. 그런데 이 마을의 모든 사람이 똑같은 신문을 구독했습니다. 다른 신문을 구독해서는 안 된다는 규정이 있는 건 아니었지만, 그런 것은 생각조차 할 수 없었습니다. 키부츠의 이 지부에 속한 이상 '당신이 읽어야 할 신문은 이것 하나뿐'이라는 것이 불문율처럼 되어 있었습니다.

청중1 그렇다면 이런 질문을 하고 싶습니다. 협동적이면서 동시에 개인의 인간성을 존중해주는 사회계약을 만들 수는 없을까요? 선생님 말씀에 따르면 사회에는 언제나 양극 간에 팽팽한 긴장이 있는 듯한데요.

— 양극 간의 긴장이라니 구체적으로 무얼 말하는 겁니까? 무엇과 무엇 사이의 긴장을 말하는 겁니까?

청중1 집단적 가치와 개인적 가치 사이의 긴장 말입니다.

— 그 둘 사이에 왜 갈등이 있어야 하는 건지 나는 그 이유를 잘 모르겠습니다. 인간성의 중요한 특징 중 하나는 원활하게 돌아가는 공동체의 소속원이 되고 싶어 하는 것입니다. 그래서 소속원들이 만족감을 느끼는 사회적 유대를 만들어낼 수 있다면 그걸 창조하면 되는 겁니다. 아무런 긴장도 없습니다.

보세요. 실제로 어떤 것을 실험해보기 전에는 조직에서 어떤 일이 벌어질지 구체적으로 예측하기 어렵습니다. 그건 물리학과 같습니다. 그냥 가만히 앉아서 이런저런 상황에서라면 세상은 어떤 모습일까 생각하는 것만으로는 충분하지 않습니다. 실제로 실험해보면서 일이 어떻게 돌아가는지 살펴야 합니다. 우리가 키부츠 실험으로 배운 것은, 아주 그럴듯한 성공적인 민주제를 구축할 수는 있지만 거기에는 문제가 수반된다는 것이었습니다. 그런 문제 가운데 하나가 순응을 요구하는 집단 압력의 강력한 효과입니다.

나는 모든 사람이 가족들로부터 이 사실을 배웠으리라고 생각합니다. 가족과 함께 사는 것은 인간 생활의 중요한 한 부분입니다. 아무도 가정생활을 포기하려고 하지 않습니다. 반면 가정생활에도 분명 문제점이 있습니다. 이건 누구나 다 아는 사실입니다. 이런 긴밀한 집단 사이에서 심각한 문제가 발생하면 병리적인 수준으로까지 발전하는데 그런 문제 가운데 하나가 따돌림입니다. 사람들은 따돌림 당하지 않으려고 평소대로라면 하지 않았을 법한 행동도 하게 됩니다. 그런 인간적인 문제와 직면하게 되는 것이 생활의 한 부분인 겁니다.

사실 나는 마르크스를 그리 열광적으로 지지하지는 않지만 그의 말이 이 상황에 딱 들어맞는다고 생각합니다. 그의 말을 그대로 인용할 테니 성차별적인 용어는 감안해서 들어주십시오. "사회주의는 인간의 동물적 문제를 해결하기 위한 노력이다. 동물적 문제를 해결한 후에야 우리는 인간적 문제에 직면할 수 있다." 그러니까 인간적 문제를 해결하는 것은 사회주의의 한 부분이 아니라는 얘기입니다. 사회주의는 인간적 문제에 직면할 수 있는 지점까지 당신을 인도하려는 노력이라는 겁니다. 그런데 당신이 관심을 가진 문제들은 인간적 문제이고 그것들은 늘 여기에 남아 있어서 우리를 괴롭힙니다. 인간은 아주 복잡한 존재이고, 대인관계에서 스스로를 괴롭힐 방법을 갖고 있습니다. 텔레비전 연속극을 보지 않아도 우리 모두 그 사실을 잘 알고 있습니다.

'아나키즘'과 '리버테리어니즘'

청중2   촘스키 교수님, 이건 약간 다른 화제인데요, 교수님이 즐겨 사용하시는 '아나키anarchy'라는 단어에는 '혼란'이라는 또 다른 뜻이 있는데요.

— 그건 근본적으로 아주 억울한 누명입니다. 소비에트 스타일의 관료주의를 '사회주의'라고 부르는 것과 비슷합니다. 이데올로기 전쟁의 목적으로 어떤 특정 단어에 제2의 의미를 부여한 것입니다. 사회사상으로서 아나키를 얘기할 때 그 뜻은 혼란과 전혀 무관합니다. 사회철학으로서의 아나키는 '혼란'을 의미한 적이 한 번도 없었습니다. 아나키스트들은 전통적으로 고도로 조직화된 사회, 그러니까 밑으로부터 민주적으로 조직되는 그런 사회를 신봉했습니다.

청중2   사회제도로서 아나키즘은 아주 실용적인 의미를 갖고 있기 때문에 그 단어에 먹칠할 필요가 생긴 게 아닐까 하는 생각이 듭니다. 그렇게 해서 아예 사람들의 생각과 어휘에서 그 단어를 제거하려고 말이에요. 이제 우리는 그 말만 들으면 자동적으로 공포를 느낍니다.

― 그렇습니다. 아나키즘은 권력을 가진 사람들에게 궁극적인 거악^{巨惡}으로 인식되어왔습니다. 우드로 윌슨의 적색 공포^{Red Scare}(미국에서 '파괴분자'를 소탕하기 위해 1919년에 벌인 캠페인) 때는 사회주의자들은 탄압만 했지만 아나키스트들은 실제로 죽였습니다. 정말 끔찍한 일이었지요.

보세요. 사람들이 자유로워질 수 있다는 사상은 권력자들에게는 정말 두려운 것이었습니다. 그 때문에 1960년대가 그토록 악명을 얻게 된 겁니다. 문헌이 많이 있는데 대부분 지식인들이 쓴 것이어서 1960년대가 악명을 가질 수밖에 없었습니다. 왜냐하면 그들은 그 시대를 증오했으니까. 당시 대학 교수 클럽에 가면 역력히 볼 수 있었습니다. 교수들은 교수의 말을 그대로 베끼던 학생들이 갑자기 질문을 해대는 데에 커다란 충격을 받았습니다. 사실 앨런 블룸 [《미국 정신의 종말 ^{The Closing of the American Mind}》의 저자] 같은 사람들은 1960년대에 문명의 토대가 붕괴되었다고 썼습니다. 그들의 입장에서 보면 정말 문명의 토대가 붕괴되는 것처럼 보였을 겁니다. 그들이 말하는 문명의 토대는 이런 것이었으니까. '나는 저명한 교수다. 너희가 말할 것, 생각할 것, 노트에 베껴 써야 할 것을 말해주겠다. 너희는 그것을 되풀이하기만 하면 된다.' 따라서 학생이 벌떡 일어나 '나는 왜 플라톤을 읽어야 하는지 모르겠습니다. 난 그게 헛소리라고 생각합니다'라고 말하면 그것은 문명의 기초를 파괴하는 것이 됩니다. 하지만 그것은 합리적인 질문일 수도 있습니다. 다른 많은 철학자들도 이미 그렇게 말했는데 왜 합리적인 질문이 아니라는 겁니까?

다른 대규모 민중운동이 그렇듯이, 1960년대에는 미친 짓들이 많았습니다. 역사책에는 이 미친 짓, 그러니까 중요하지도 않은 주변적인 것들만 기술됩니다. 정말 중요한 것은 역사책에서 다루어지지 않았습니다. 그건

사회철학으로서의 아나키는 '혼란'을 의미한 적이
한 번도 없었습니다. 아나키스트들은 전통적으로 고도로 조직된 사회,
그러니까 밑으로부터 민주적으로 조직되는
그런 사회를 신봉했습니다.

1960년대의 민중운동이 권력을 가진 사람들이 가장 싫어하는 리버테리언 사상을 갖고 있었기 때문입니다.

청중1 정확하게 말해서 '리버테리언'과 '아나키스트'의 차이는 무엇입니까?

— 실제로는 차이가 없습니다. 그렇지만 리버테리언은 미국에서 특별한 의미가 있습니다. 이런 점에서 미국은 주류 스펙트럼에서 벗어나 있습니다. 미국에서 리버테리어니즘libertarianism은 곧 제한 없는 자본주의를 말합니다. 하지만 유럽의 리버테리어니즘 전통에서는 이 자본주의를 줄곧 반대해왔습니다. 그곳 아나키스트들은 모두 사회주의자였으니까요. 그런데 정말 중요한 점은, 제한 없는 자본주의를 시행하게 되면 자본가들이 온갖 종류의 권위, 아주 극단적인 권위를 갖게 된다는 점입니다.

만약 자본이 개인에 의해 통제된다면 사람들이 살아남기 위해 자신들의 몸을 남에게 임대하는 일이 벌어지게 됩니다. 자본가 측은 이렇게 말하겠지요. '무슨 말씀. 노동자는 스스로 몸을 임대했습니다. 그러니 이건 자유계약입니다.' 이건 헛소리에 지나지 않습니다. 만약 당신에게 주어진 선택이 '내가 시키는 대로 하거나 굶어죽거나'뿐이라면 그건 선택이 아닙니다. 이것은 18세기와 19세기의 임금노예제와 너무나 유사합니다.

미국 버전의 '리버테리어니즘'은 기형畸形입니다. 하지만 아무도 이 사실을 진지하게 받아들이지 않습니다. 미국식 리버테리언 원칙들에 의하여 운영되는 사회는 3대도 못 가서 자멸해버리리라는 것을 누구나 알고 있습니다. 그런데도 사람들이 짐짓 이것이 진지한 사상인 양 받아들이는 것은 무기가 될 수 있기 때문입니다. 가령 누군가가 세금 인상을 지지하면 이렇게 맞서는 것입니다. '세금 인상은 안 돼. 나는 리버테리언이야. 세금에 반대해.' 물론 그러면서도 정부가 도로를 건설하고, 학교를 짓고, 리비아인들을 죽이고 뭐 이런 일에는 찬성하는 겁니다.

아주 줄기차게 미국적 리버테리언을 주장하는 머리 로스바드[미국의 학자] 같은 사람들이 있습니다. 그들이 묘사하는 세계를 보면 너무나 증오로 가득 차 있어서 아무도 거기에서 살려고 하지 않을 거라는 생각이 듭니다. 내가 사용하지도 않을 도로에 왜 협조를 해? 이런 생각 때문에 도로가 전혀 없는 그런 세계입니다. 만약 도로가 필요하면 그 도로를 사용할 사람들과 함께 힘을 모아 도로를 건설하고 그다음에는 도로를 사용하는 사람들에게서 사용료를 걷는 것입니다. 다른 사람의 자동차에서 나오는 매연가스가 싫으면 그 운전사를 법원으로 데려가 소송을 겁니다. 누가 이런 사회에서 살고 싶겠습니까? 이것은 증오에 바탕을 둔 세계입니다.[19]

이런 얘기들은 일고의 가치조차 없습니다. 무엇보다도 이런 사회는 단 1초도 제대로 돌아갈 수 없습니다. 만약 이런 사회가 성공을 거둔다면 당신은 그 사회로부터 탈출하거나, 자살을 하거나, 뭔가 조치를 취해야 할 겁니다. 하지만 이런 리버테리언 사상은 미국 식 기형이고 그래서 별로 진지하게 받아들여지지 않고 있습니다.

비전을 구체적으로 표현하기

청중1 선생님은 아나키스트 사회에 대한 구체적 비전과 그 사회에 이르는 방법론을 명확하게 설명하지 않았습니다. 운동가라면 구체적으로 설명해야 하지 않을까요? 미래에 실행 가능한 계획을 제시하여 사람들이 계속 투쟁할 희망과 에너지를 주어야 하는 게 아닐까요?

— 사회 개혁을 위해 열심히 일하는 과정에서, 아주 구체적인 미래 사회 계획이 반드시 있어야 한다고 보지는 않습니다. 사회 변화를 위해 일하는 사람들에게 추진력을 주는 것은, 우리가 실현되기를 바라는 원칙들입니다. 인간 사회와 같은 복잡한 시스템에서 그런 원칙들이 어떻게 하면 가장 잘 실현될 수 있을까 하는 것을 구체적으로 알기는 어려우리라 봅니다. 또 우리 중에 그것을 구체적으로 알고 있는 사람이 있다고 생각하지도 않습니다. 하지만 잘 모른다는 게 큰 차이를 만들어낸다고는 생각하지 않습니다. 우선 당장은 그런 원칙들을 널리 알려야 합니다. 이것이 어떤 사람들이 말하는 '개혁주의^{reformism}'일 수도 있습니다. 하지만 이 말이 운동가의 사기를 꺾어놓을 수도 있습니다. 개혁이 어떤 방향으로 계속 나가다보면 혁명적인 것이 될 수도 있습니다. 그 방향으로 밀어붙이기 위해 미래 사회가 정확하게 어떻게 움직일지를 미리 알아야 한다고 보지는 않습니다. 우선 미래 사회에서 실현되기 바라는 원칙들을 정확히 알아야 합니다. 미래 사회에서 이 원칙들을 실현하는 데에는 서로 다른 방법이 많이 있을 겁니다. 우선 사람들이 그 방법을 시도하도록 돕는 것에서 시작하는 것입니다.

예를 들어, 노동자들이 노동 현장을 통제하는 문제에서 성취할 수 있는 서로 다른 방법이 많이 있습니다. 그러나 대규모 사회 변화들의 경우 결과가 어떨지 아무도 충분히 알지 못합니다. 그래서 부분적으로 시행해보는 겁니다. 실제로 나는 사회 변화에 대하여 다소 보수적인 태도를 갖고 있습니다. 우리는 그 누구도 완전하게 알지 못하는 복잡한 체제를 상대하고 있으므로, 가장 합리적인 방법은 일단 어떤 변화를 일으켜본 다음에 그 결과를 살피는 겁니다. 그 변화가 통하면 그다음에는 좀 더 많은 변화를 도입하는 겁니다. 나는 이것이 전반적으로 타당한 방법이라고 생각합니다.

그래서 나는 개혁의 장기적인 결과를 구체적으로 예측할 수 있는 입장에 있지 않습니다. 설령 예측할 수 있는 입장에 있더라도 그것을 말하지 않을 겁니다. 시간이 지나면 저절로 발견될 것이기 때문입니다. 그보다는 사람들에게 내 기본 원칙을 전달하고 싶습니다. 모든 형태의 권위, 지배, 위계질서, 그리고 모든 권위주의적 구조는 정당화되었다는 것을 증명해야 한다는 것입니다. 이전에 정당화되었다는 증거는 없습니다. 예를 들어 다섯 살짜리 아이가 횡단보도를 건너지 못하게 막는 것은 권위주의적 상황입니다. 이 상황은 정당화되어야 합니다. 이 경우 여러분은 정당화의 타당한 이유를 내놓을 수 있으리라 봅니다. 하지만 대부분 입증할 의무는 그 권력을 행사한 사람에게 있습니다. 거의 언제나 그렇습니다. 그런데 잘 살펴보면 대부분의 권위 구조가 타당한 정당화의 사유를 갖고 있지 않습니다. 타당한 도덕적 이유도 없고, 위계질서의 밑바닥에 있는 사람들이나 다른 사람들의 이익을 위해서라는 이유도 아니고, 환경, 미래, 사회, 또는 다른 이익을 위해서라는 이유도 아닙니다. 권위 구조는 권력과 지배의 특정 구조, 그리고 위계질서의 꼭대기에 있는 사람들을 보호하기 위해 있는 겁니다.

따라서 당신이 권위주의적인 상황에 처하면 먼저 이러한 질문들을 던져야 합니다. 그리고 권위의 합법성을 주장하는 사람은 그것을 정당화해야 한다는 부담을 감수해야 합니다. 이때 정당화하지 못한다면 그건 불법이므로 그 권력 구조는 해체되어야 합니다. 사실을 털어놓고 말하자면 나는 아나키즘이 이 이상의 것은 아니라고 생각합니다. 내가 볼 때 아나키즘은 사람들에게 자유로울 권리가 있다고 말하는 사상입니다. 만약 그 자유를 누군가가 제한한다면 그는 그 제한을 정당화할 수 있어야 합니다. 때때로 정당화할 수도 있을 겁니다. 하지만 아나키즘이든 뭐든 그게 언제나에 대한 구체적 답변은 내놓지 못합니다. 구체적 상황이 그때그때 다르기 때문입니다.

청중1 임금 유인책이나 권위가 없는 사회에서 진보하고 성장하려는 욕구는 어디서 나옵니까?

— 진보하려는 욕구라. 나는 먼저 당신이 그 말의 의미를 정확하게 짚어내야 한다고 생각합니다. 가령 당신이 더 많은 것을 생산하는 욕구를 말하고 있다면 당연히 누가 그것을 원하는지 물어야 합니다. 더 많이 생산하는 것이 반드시 옳은 일인가? 그것은 분명하지 않습니다. 사실 많은 분야에서 그렇게 하는 것이 잘못된 것인지도 모릅니다. 우리 시스템에서 사람들은 특정 욕구를 가지라고 내몰립니다. 왜? 왜 그들이 다른 것들을 즐기도록 내버려두지 않는 겁니까?

어떤 '욕구'든 내면적인 것이 되어야 합니다. 가령 아이들을 한번 보십시오. 아이들은 창의적이고, 모험하려 하고, 새로운 것들을 시도하려 합니다. 왜 아기는 그토록 일어서서 걸으려 하는 걸까요? 한 살배기 어린아이를 한번 보십시오. 기어도 빠릅니다. 방 안을 어찌나 빨리 기어가는지 아이가 엉뚱한 물건에 부딪치지 않도록 부모가 뒤쫓아 달려가야 합니다. 갑자기 아이가 일어나 걷기 시작합니다. 그러나 잘 걷지 못합니다. 한 발자국 걸어가서는 앞으로 푹 고꾸라집니다. 멀리 가고 싶다면 아이는 기어가는 것이 더 빠르고 편합니다. 하지만 아이는 다시 일어나 걷기를 시도합니다. 새로운 것을 해보고 싶어 하기 때문입니다. 사람은 바로 이렇게 생겨먹은 겁니다. 우리는 새로운 것들을 시도하도록 만들어졌습니다. 설령 새로운 것이 비효율적이고, 해롭고, 그 과정에서 다칠 수 있어도 그것을 해보고 싶은 겁니다. 나는 이런 내면의 욕구는 절대 사라지지 않을 거라고 봅니다.

사람들은 탐험하고 싶어 하고, 자신들의 능력을 극한까지 발휘해보고 싶어 하고, 자신들이 이룬 것을 평가받고 싶어 합니다. 하지만 창조의 환희는 우리 사회에서 극소수의 사람만이 가질 수 있습니다. 예술가, 수공업자, 과학자 등이 그 기회를 가집니다. 당신이 운이 좋아 그 기회를 잡을 수 있었다면 그게 아주 엄청난 경험임을 알 것입니다. 꼭 아인슈타인의 상대성이론 같은 것을 발견하는 일이어야 할 필요는 없습니다. 다른 사람의 창조적 결과물을 보는 것만으로도 그런 기쁨을 느낄 수 있습니다. 가령 중학교 2학년 때 피타고라스 정리 같은 간단한 수학 증명 문제를 공부하면서도, 그 원리를 깨치면 흥분했습니다. '야, 정말 전에는 전혀 몰랐던 건데!' 하고 소리치면서 말입니다. 자, 바로 이것이 창조성입니다. 비록 그 정리가 2,000년 전에 이미 증명된 것이라 하더라도.

이렇게 당신은 당신이 발견한 것들을 계속 경이롭게 쳐다보며 기뻐할 수 있습니다. 이미 다른 사람들이 발견한 것일지라도 당신이 직접 '발견'하는 것입니다. 그리고 이미 알려져 있는 것에 당신이 약간이라도 보탤 수 있다면, 그건 아주 신나는 일이 될 것입니다. 나는 배를 건조하는 사람에게도 똑같은 경험이 적용될 수 있다고 봅니다. 배 만드는 일이 근본적으로 다르다고 보지 않습니다. 배 만드는 기술은 이미 예전에 다 정립되었지만 그것을 새롭게 발견할 수 있는 것입니다.

나는 사람들이 이러한 내적 욕구를 실천하고 각자의 능력을 자유롭게 개발할 수 있는 세상에서 살아야 한다고 생각합니다. 지금 현재 세상에 살고 있는 사람들이 내몰린 비좁은 선택의 범위에만 국한되지 말고 말입니다. 선택의 범위는 객관적으로 가능한 것은 물론 주관적으로 가능한 것도 포함해야 합니다. 그러니까 자유롭게 생각하는 것이 사람들에게 허용되어야 하는 것은 물론이고 실제로 자유롭게 생각할 수도 있어야 합니다. 우리 사회에는 실제로 우리와 격리되어 있는 사고방식들이 많이 있습니다. 우리가 그런 사고방식을 갖지 못하는 것은 능력이 모자라서가 아니라, 그런 사고방식을 수용하지 못하도록 방해하는 다양한 장애물이 개발되어 있기 때문입니다. 바로 이것이 세뇌의 핵심이지요. 내 말은 누군가가 강연을 통해 대놓고 세뇌한다는 뜻이 아닙니다. 텔레비전 시트콤, 당신이 관람하는 스포츠 경기, 각종 양태의 문화 행사 등이 '적절한' 생활은 무엇이고 '적절한' 가치관은 무엇인지 은연중에 당신을 가르치려 든다는 것입니다. 이것이 바로 세뇌입니다.

그래서 지금까지는 없었던 선택권이 사람들에게 개방되어야 하는 겁니다. 주관적이면서도 구체적인 방식으로 말입니다. 여러분이 어떤 선택을 해도 큰 고통을 받지 않아야 하는 것입니다. 나는 바로 이것이 사회주의의 주된 목적 가운데 하나라고 생각합니다. 임의적인 권력 시스템이 강제로 부과한 '선택'을 사람들이 있는 그대로 받아들이지 않고, 자신들의 필요가 무엇인지 스스로 결정하는 수준에까지 올라가야 합니다.

'필요'를 만들어내기

하지만 '주고받기'는 인간 본성의 한 가지 특징이 아닐까요? 사람들은 근본적으로 물질주의자이고, 어떤 사회구조에서든 물건을 점점 더 많이 가지려 하지 않나요?

— 물론 그렇게 말할 수는 있겠지만 그것을 믿어야 할 이유는 없습니다. 가령 농민 사회를 한번 보십시오. 사람들은 주고받기 없이도 수천 년 동안 잘 살아왔습니다. 농민들이 우리와 다른 인간 본성을 갖고 있다고 보십니까? 또는 한 가정 안을 들여다보십시오. 가족 구성원이 저녁을 얼마나 먹을까를 놓고 서로 '주고받기'를 합니까? 가족도 일종의 사회구조인데, 여기에서는 다른 사람들의 필요와 무관하게 자신을 위해 무한정 축적하는 일은 없지 않습니까?

자 이제 '주고받기' 자체의 역사를 한번 살펴봅시다. 우리가 상당히 많이 알고 있는 근대 자본주의의 역사를 봅시다. 우선 맨 먼저 눈에 띄는 것은, 농민들이 강제와 무력에 의해 원하지도 않는 임금노동 시스템으로 편입되었다는 것입니다. 그런 다음 필요wants를 만들어내기 위해 다양한 의식적 노력들이 경주되었습니다. 사실 역사를 되돌아보면 일반 대중의 필요를 조작하기 위한 의식적 노력들이 많이 있었고, 이에 대한 흥미로운 문헌들도 많습니다. 그것은 자본주의의 전 과정에 걸쳐서 자행되었는데, 그것을 가장 집약적으로 보여준 사례는 노예제도가 폐지되던 시절의 이야기들입니다. 그 사례를 살펴보면 참으로 극적인 데가 있습니다.

예를 들어, 1831년 자메이카에서는 대규모 노예 폭동이 발생했습니다.

이 일을 계기로 대영제국은 전 식민지에서 노예제도를 포기하게 됩니다. 노예 폭동이 자주 발생하자 그들은 이렇게 말합니다. '이건 더 이상 수지가 안 맞는데.' 그래서 그로부터 2년 동안 영국은 노예경제에서 이른바 '자유' 경제로 옮겨가게 됩니다. 하지만 기본 구조는 예전대로 남아 있기를 바랐습니다. 이 당시 영국 의회에서 벌어진 토론을 상세히 살펴보면 그들은 이 문제를 아주 중요하게 다루었습니다. 이렇게 말한 것입니다. '옛날 구조를 그대로 유지하는 거야. 주인은 경영자가 되고 노예는 행복한 노동자가 되는 거지. 이름만 살짝 바꾸고 구조는 옛날 그대로인 방법을 알아내야 해.'

그런데 자메이카에는 약간의 문제가 있었습니다. 공한지가 많아서 영국이 노예들을 자유롭게 풀어주었을 때 노예들은 그 땅에서 행복하게 일하려 했지, 영국 설탕 농장에 남으려 하지 않았습니다. 런던 의회의 질문은 이런 것이었습니다. '그들이 노예 신분이 아닌 상황에서 어떻게 계속 우리 밑에서 일하게 강요할 수 있지?' 구체적 방법으로 두 가지가 실시되었습니다.

첫째, 영국은 국가권력을 이용하여 공한지를 모두 폐쇄해버리고 사람들이 거기서 자유롭게 일하는 것을 금지했습니다. 둘째, 노동자들은 그들 자신을 위해 많은 것을 원한 게 아니라 기본적인 욕구만 채우면 되었는데 그건 열대기후에서 아주 손쉬운 일이었습니다. 이에 대한 방책으로 영국 자본가들은 일련의 필요wants를 조작하기 시작했습니다. 그리고 사람들로 하여금 평소 같으면 욕망하지도 않았을 법한 물건들을 욕망하게 만들었습니다. 그러자 사람들의 이 새로운 물질적 욕구를 채워줄 유일한 방법은 영국 설탕 농장에 들어가 임금을 받고 일하는 것뿐이었습니다.[20]

당시 런던에서는 필요를 만들어내는 방법에 대하여 아주 의식적인 토론이 있었고 그것을 실천하려는 광범위한 노력이 있었습니다. 말하자면 오늘날 텔레비전의 기능을 원활히 수행하려 했던 것입니다. 필요를 창출하고, 사람들에게 실제로는 필요없는 최신 운동화를 사도록 만들고, 그래서 사람들로 하여금 임금노동 사회에 강제 편입되게 하는 것, 이것이 오늘날 텔레비전이 하는 일이 아니겠습니까. 이러한 필요 창출이 자본주의 역사 내내 되풀이되어왔습니다.[21] 사실 자본주의의 전 과정에서 보여준 것이 바로 이것입니다. 그러니까 사람들을 어떤 상황에 몰아넣고 그다음에 그것이 인간의 본성이라고 몰아붙이는 겁니다. 하지만 더 많은 물건을 원하는 것은 사람의 본성이라기보다는 자본주의가 주입한 것입니다. 그리고 이 노력은 오늘날까지 계속되고 있습니다.

4

체제 권력과 저항에 대하여 말하다

|

사람들을 만나 얘기할 때 먼저 해야 할 것은
그들이 스스로의 힘으로 세상을 탐구할 수 있도록 가르치는 겁니다.
예를 들어 언론이 조작하고 통제할 목적으로 어떤 이슈를 만들고
그 한계를 설정하는 작태를 그들이 스스로 알아낼 수 있도록 도와주어야 합니다.
건전한 상식만 있으면 됩니다.
상식에 입각하여 사실을 면밀히 살펴보면 되는 겁니다.

|

반체제 인사: 무시되거나 비방을 당한다

^{철준 1} 노엄, 화제를 약간 바꿔보겠습니다. 당신은 신나치라고 불렸고, 책이 불태워졌으며, 또 반이스라엘 인사라고도 불렸습니다. 이처럼 당신의 견해가 늘 언론과 지식인 들에 의해 왜곡되는 현실에 당황스럽거나 하지는 않은지요?

— 아니요. 내가 당황할 이유가 뭐가 있겠습니까? 나는 그 밖에 다른 이름으로 비난받을 수도 있고 그들이 생각할 수 있는 각종 더러운 이름으로 불릴 수도 있습니다. 공산주의 전도사, 나치 전파자, 언론의 자유를 믿고 까부는 자, 반유대주의자, 거짓말쟁이, 기타 등등.²² 그러나 냉정하게 생각해보면 이것은 좋은 징조이기도 합니다. 당신이 반체제를 표방하고 나섰을 때 주로 돌아오는 반응은 철저한 무시입니다. 그런데도 당신이 흔들리지 않으면 그다음에는 당신을 중상모략합니다. 너무나 뻔한 것입니다. 그 어떤 권력기관도 자신을 해치려는 존재를 돕지는 않을 것이기 때문입니다. 그래서 나는 당신이 말한 그런 비방들을 발전의 징조라고 해석하고 싶습니다.

그래도 1960년대 이래로 사정이 많이 좋아졌습니다. 하지만 우리는 이 사실을 종종 잊어버릴 뿐 아니라 젊은 사람들은 아예 그 가치를 인정하지

당신이 반체제를 표방하고 나서면
체제 권력은 처음엔 애써 무시합니다.
무시했는데도 당신이 흔들리지 않으면
그다음에는 당신을 중상모략합니다.

않으려 합니다. 한 가지 사례를 들어보겠습니다. 보스턴은 꽤 자유로운 도시인데 1965년 10월 최초의 주요 반전운동이 이 도시에서 일어났고, 그 운동에는 '국제적 항의의 날들'이라는 이름이 붙었습니다. 보스턴 코먼 — 하이드 파크나 유니온 스퀘어처럼 사람들이 연설을 하는 곳입니다 — 에서 시위가 있었는데 나도 그 연사 가운데 한 사람이었습니다. 하지만 그 시위는 곧 해산되었습니다. 우리는 단 한마디도 말하지 못했습니다. 시위 방해꾼이 수천 명 있었는데 대부분 인근 대학에서 행진해온 학생들이었습니다. 경찰 수백 명이 현장에 나와 있었기 망정이지, 그렇지 않았더라면 우리 연사들은 린치를 당할 뻔했습니다.

언론은 그 시위를 보고 격분했습니다. 《보스턴글로브The Boston Globe》 1면에 상이용사 사진이 크게 실렸고 나머지 페이지에는 차마 북베트남을 폭격해서는 안 된다고 주장하는 반전주의자들을 크게 성토하는 내용이 실렸습니다. 모든 라디오 프로그램이 이들 공산주의자이자 반역자를 비난하는 데 폭주했습니다. 의회의 진보파 의원들도 북베트남 폭격에 대한 미국의 권리를 의심하는 시위자들의 '혼란스러운 무책임'을 비난했습니다. 이게 1965년의 일입니다.[23] 그런데 말이죠, 그 시위가 너무나 미약한 것이어서 지금 와서 생각하면 웃음이 나오려고 합니다. 우리는 훨씬 사태가 심각한 남베트남 폭격에 대해서는 언급조차 하지 않았습니다. 우리는 단지 폭격이 북베트남으로 확산되는 것에만 반대했습니다.

그다음 대규모 시위는 1966년 3월에 있었습니다. '두 번째 국제적 항의의 날들'이었습니다. 우리는 노천 시위가 의미가 없다고 생각했습니다. 잘못하면 살해당할 수 있었으니까요. 대학도 적당한 집회 장소가 될 수 없었습니다. 잘못하면 대학이 완전 파괴될지도 모르니까요. 그래서 우리는 교회에서 집회를 갖기로 하고 하버드 스퀘어에서 보스턴 시내의 알링턴 스트리트 교회까지 행진했습니다. 이 유니테리언 교회는 반정부 활동의 중심지 같은 곳이었고 행진은 경호가 잘 되었습니다. 오토바이를 탄 경찰들이 행진대가 린치당해 죽지 않도록 보호했습니다. 마침내 우리는 교회에 도착하여 그 안으로 들어갔습니다. 교회는 곧 공격당했습니다. 교회 밖에서 많은 사람들이 웅성거렸는데 토마토, 깡통, 다른 물건들을 던졌습니다. 물론 경찰이 현장에 나와 있었지만 시위꾼들이 살해당하는 것만 막으려 했을 뿐, 그 이상의 경호는 하지 않으려 했습니다. 그게 1966년의 일이었습니다.

그때 이래로 커다란 변화가 있었습니다. 정말 큰 변화였지요. 오늘날의 관점에서 보면 정말 생각조차 할 수 없는 일입니다.

철준1 선생님은 세 번이나 불공정하게 비난받았습니다. 포리송 사건[24][촘스키는 1979년과 1980년에 언론의 자유를 주장하며 프랑스 정부가 홀로코스트를 부정하는 프랑스 교수 포리송을 투옥시키면 안 된다고 했는데, 그 일로 포리송의 견해를 지지하는 사람이라며 비난받았다](포리송 사건에 관해서는《촘스키, 누가 무엇으로 세상을 지배하는가》(시대의창, 2013, pp. 40-53) 참조-옮긴이), 캄보디아 사태[촘스키는 캄보디아의 인종 학살을 동티모르의 학살과 비교하면서 캄보디아 사태에 대한 통계 오류를 지적한 바 있는데, 이로 인해 폴 포트 지지자라고 매도당했다][25], 이스라엘-팔레스타인의 갈등[26] 등에 대한 선생님의 성명이 특히 그런 경우입니다. 이런 일들을 보면 선생님의 견해가 언론을 통해 얼마나 왜곡되고 단순화되는지 알 수 있습니다. 이렇게 선생님을 왜곡하기만 하는 매스미디어를 선생님이 상대하실 필요가 있는 것인지요? 다시 말해 그들에게 계속 의견을 제시하실 필요가 있으신지요?

— 하지만 그게 놀랄 일입니까? 그런 일은 매스미디어가 아니라 지식인들의 잡지에서 벌어지고 있습니다. 그리고 지식인들은 중상모략의 대가들입니다. 그들은 근본적으로 코미사르[정치위원, 정치적 세뇌를 담당하는 소련의 관리]입니다. 그들은 이데올로기 관리자이고, 그래서 반체제 활동에 생리적으로 반감을 느끼는 사람들입니다. 반면에 매스미디어는 나를 별로 신경쓰지 않습니다. 아예 무시하거나 미친 소리라고 치부해버릴 겁니다. 사실은 전국 미디어에서는 거의 다루어지지 않습니다. 다룬다 해도 '이 친구는 이런저런 것을 옹호하는 자인데 전부터 이랬다'라는 식으로 간단히 한 줄로 끝날 뿐입니다. 그러니까 지식인 문화에서 일러준 것을 앵무새처럼 반복할 뿐입니다. 이것을 정말 진지하게 다루는 곳은 지식인 전문지입니다. 그들의 전문 영역이니까. 그들은 코미사르입니다. 공산당과 별반 다르지 않습니다.

그리고 나는 또 다른 이유들로 특별한 공격 대상이 되었습니다. 나의 저서 대부분은 자유주의를 표방하는 미국 지식인들의 기득권을 비판한 것인데 이게 특히 그들의 마음에 들지 않는 겁니다.

청중2 선생님은 이스라엘도 비판하셨지요?

— 그렇습니다. 그 문제들 가운데 가장 민감한 것이 서남아시아와 관련된 것이었습니다. 이와 관련된 명예훼손만 전적으로 다루는 단체가 있습니다. 사실 나는 서남아시아에 대해서는 글을 쓸 생각이 없었습니다. 비록 어린 시절부터 관심은 많았지만요. 이 단체는 아주 스탈린주의자 같았습니다. 나는 그들이 일하는 방식을 내부에서 관찰할 수 있었습니다. 사실 어릴 때

나도 그런 일을 하는 사람 중 하나였으니까요. 아무튼 그들은 이 문제들이 공개적으로 토론되는 것을 막으려고 필사적입니다.

예를 들어, 반反명예훼손연맹(버네이 브리스 B'nai B'rith의 하부 조직)은 인권단체로 가장하고 있으나 실은 그 자신이 명예훼손을 저지르고 있습니다. 이 단체의 보스턴 지부에서 문서가 좀 흘러나왔는데, 보스턴 지부 사람들이 분노하여 상당한 문서를 내게 보내준 것입니다. 가령 몇 년 전에는 보스턴 지부에서 보관해온 나에 관한 파일을 보내주었습니다. 수백 페이지에 달했습니다. 내 강연 때마다 스파이를 강연장에 보내 메모를 하고서 그것을 중앙 부서에 보냈던 것입니다. 오늘 이 토론회에도 내 말을 메모하는 이 단체 사람이 있을지 모릅니다. 아무튼 강연 참가자가 기록한 메모가 내 파일에 끼워져 그것이 전국 지부에 보내지는 겁니다. 또 엿들은 대화, 단체의 내부 문서 등도 파일에 함께 들어 있었습니다. '그가 이러이러한 일에 무엇무엇이라고 말했다'는 식이었지요. 그건 나의 문화에서 시무츠라고 하는 것들이었습니다(시무츠 schmutz는 이디시어로 '지저분한 것'이라는 뜻).[27]

만약 여러분이 정보공개법에 따라 비밀해제된 여러분의 FBI 파일을 보았다면, 정보기관들이 전반적으로 꽤나 무능하다는 것을 발견할 것입니다. 바로 그 때문에 정보의 실패가 무수히 발생했던 것입니다. 그들은 각종 이유 때문에 정확한 정보를 수집하지 못합니다. 그들이 입수한 정보가 그토

27 촘스키를 비방하는 문건은 여럿 되는데 그중 대표적인 것 하나를 보면 다음과 같다. "촘스키는 리옹 대학의 불문과 교수 로베르 포리송의 체포를 반대하는 운동에 참여해달라고 요청받았다. 나는 그가 그 기회를 환영했으리라 본다. 왜냐하면 포리송의 저서와 연설은 철저하게 반反시온주의이고 반反유대주의이기 때문이다. 실제로 촘스키 자신도 시온주의자들이 제2차 세계대전의 비극을 이용했다고 비난한 바 있는데, 내가 볼 때 그건 포리송의 견해와 별반 다르지 않다. 실제로 촘스키는 포리송을 옹호하고 나섰다. 나치의 인종 대학살 사실을 부정하는 자(포리송)를 그가 왜 그토록 옹호하는지 알기 어렵다. 촘스키는 각급 대학에서 가장 인기 있는 연사다. 그의 반미주의, 반이스라엘주의, 반서구주의, 그리고 다소 편집증적인 세계관은 대학 2학년생들에게는 크게 매혹적일지 모른다. 그러나 대학 3학년생만 되어도 그의 빤한 얘기를 꿰뚫어본다." Alan M. Dershowitz, Chutzpah, Little Brown, 1991. pp. 174, 177.

록 부정확한 이유는 이데올로기의 광신자인 정보 요원 또는 정보 제공자들이 수집한 정보가 여과되지 않은 채 상부 기관에 그대로 올라오기 때문입니다. 그래서 당신이 사정을 잘 아는 문제에 관련된 FBI 파일을 찾아보면 왜 그렇게 되었는지 짐작할 수 있을 겁니다. 그 파일에 현실과 관련된 정보가 약간은 들어 있을 테니까요. 그래서 무슨 얘기를 하려는 건지는 추측할 수 있습니다. 하지만 정보는 정보 시스템의 이념적 광신주의를 거치는 동안 왜곡되어 각종 괴상한 얘기가 따라붙는 거지요. 이러한 사정은 반명예훼손연맹(이하 ADL)의 경우에도 마찬가지라고 생각합니다.

그런데 이런 자료가 널리 유통되고 있습니다. 이 지역 사람들은 ADL 지부로부터 자료를 제공받습니다. 그러면 그다음 날 지역 신문에 그 내용이 실리는 거지요. 내가 어디를 가도 이런 일이 반복되었습니다. 중요한 것은 그들이 토론을 차단하기 위해 그 자료를 사용한다는 겁니다. 그런 이슈를 다룰 수 없으니까 토론을 차단하려는 겁니다. 토론을 차단하는 가장 좋은 방법은 연설하러 나선 사람의 얼굴에 진흙을 끼얹는 것입니다. 그렇게 하면 사람들이 '아니 땐 굴뚝에 연기 나겠어?' 하고 생각하면서 연설회에 오지 않을 것이기 때문입니다.

ADL은 이런 일을 주로 하는 단체입니다.[28] 이와 똑같은 짓을 일삼는 단체들이 많습니다. 왜냐하면 그것이 지식인 사회의 제도적 책무이기 때문입니다. 무슨 말인가 하면, 주류 지식인의 임무는 세속의 성직자 노릇을 하며 교리적 믿음이 유지되도록 하는 것입니다. 교회가 세상을 주름잡던 시절로 되돌아가보면, 그 시절에는 성직자(사제)가 그런 역할을 맡았습니다. 이단을 감시하면서 이단자를 혼내는 일을 사제들이 맡아서 한 것입니다. 18세기와 19세기에 사회가 세속화된 후에도 그러한 통제자의 역할은 여전히 필요했습니다. 제도권은 여전히 자신을 보호해야 할 필요를 느꼈는데, 사람들을 화형대에서 불태워 죽이거나 종교재판소로 보내버리는 일을 할 수 없게 된 이상 그 대안을 찾아야 했습니다. 그리고 시간이 흘러가면서 그 책임이 지식인 계급에게로 넘어갔습니다. 신성한 정치적 진리의 수호자, 체제 유지를 위한 이런저런 도끼잡이 노릇을 하게 된 것입니다.

그러니 당신이 반체제 인사라면 이런 것을 의아하게 생각해서는 안 됩니다. 다소 역설적이기는 하지만 그것은 긍정적인 신호입니다. 당신이 더 이상 무시당하지 않는다는 거니까요.

청중2 당신의 견해가 대중에게 옳게 전달되지 않고, 언론에 의해 진지하게 대접받지 못해도 별로 낙담하지 않으시는군요.

— 그렇습니다. 나는 전혀 낙담하지 않습니다. 우리는 절대 그런 일로 낙담해서는 안 됩니다. 보세요. 나는 신문 논설위원실이나 대학의 교수 클럽에서 칭송받고 싶지 않습니다. 그들은 나의 청중이 아닙니다. 얼마 전 인도 시골의 자치 마을들을 방문한 적이 있습니다. 사람들이 나를 반겨주었습니다. 동티모르 난민들의 초청으로 오스트레일리아를 방문했을 때 그들은 자기들을 도와주어서 너무 고맙다고 내게 말했습니다. 최근에는 캐나다 노조 연합에서 연설을 했고 미국에서도 연설을 자주 하고 있습니다. 이들이 내가 만나고 싶고 또 앞에 두고 연설하고 싶은 사람들입니다.

이와 관련하여 미국의 언론들은 좀 색다르다는 점을 지적하고 싶습니다. 나는 다른 나라의 전국 미디어에는 쉽게 접근할 수 있습니다. 지난 수년 동안 내가 전국 미디어에 접근하지 못한 것은 이곳 미국과 과거의 소련 제국

뿐입니다. 나만 이런 대접을 받는 게 아닙니다. 과거 소련 제국도 그랬지만, 미국의 주요 미디어들은 반체제 목소리를 가진 사람들은 예외 없이 홀대했습니다. 그래서 나는 서유럽, 오스트레일리아, 서반구 나라의 언론에서는 인터뷰도 하고 기사도 싣고 했습니다. 다른 나라의 유력지로부터 글을 좀 써달라는 부탁을 받기도 했습니다. 최근에는 이스라엘의 유력지 《하아레츠*Ha'aretz*》—미국으로 따지자면 《뉴욕타임스》 같은 신문 —로부터 청탁받기도 했습니다. 이스라엘의 외교 정책, 이른바 '평화 과정'[29]을 비판해달라는 것이었습니다. 오스트레일리아에 갔을 때에는 의회 건물에 있는 내셔널 프레스 클럽에서 연설하기도 했습니다. 그 연설은 오스트레일리아월드서비스 —오스트레일리아판 BBC —에 두 번이나 방영되었습니다. 오스트레일리아의 외교 정책에 대해서 논평해줄 것을 요청했는데, 나는 오스트레일리아 국민들을 상대로 아주 비판적인 연설을 했습니다. 국회의원과 기자 들을 상대로도 연설했는데 관련 기사가 모든 언론과 신문에 실렸습니다. 유럽도 마찬가지였습니다. 나는 가끔 전국 방송인 캐나다의 CBC에도 출연합니다. 말이 난 김에 덧붙이면, 미국에서는 이런 일을 생각도 할 수 없습니다. 그 주된 이유는 미국에서는 사람들이 생각하는 것, 그리고 생각이 허용된 것이 대단히 중요해서 국가가 그것을 강력하게 통제하고 싶어 하기 때문입니다.[30]

청중1 한번은 캐나다에서 선생님의 책들이 불태워졌다는 애기를 들었습니다. 당시 선생님은 캐나다에 있었습니까? 그때 기분이 어떠셨습니까?

— 토론토에서 있었던 일입니다. 그래요. 나는 거기 있었습니다. 원한다면

책을 태울 권리도 있다고 생각합니다. 관련 인터뷰를 하기도 했습니다. 인터뷰에서 나는 분명하게 말했습니다. '나는 그들이 책을 태우기보다는 읽기를 원한다. 하지만 정 태우고 싶다면 개의치 않겠다.' 사실 책을 태우는 것 갖고 기분 나빠할 필요는 없습니다. 책을 태운다는 것은 사실상 불가능하니까. 책은 벽돌과 같습니다. 불태우기가 대단히 어렵습니다.

청중1 책을 불태운 사람들은 폭도나 뭐 그런 사람들이었습니까? 어떻게 그런 일이 벌어졌죠?

— 그들은 베트남 난민들이었습니다. 그곳에 베트남 난민 공동체가 있었는데 그들은 내가…… 뭐 그런 사람이라고 결정을 내린 것 같습니다. 그들이 나를 어떻게 생각했는지는 나도 알지 못합니다. 그들은 내가 베트남전쟁에 반대한다는 것을 분명 알고 있었고 미국이 베트남에 더 머물면서 전쟁에서 이겨야 마땅하다고 생각했습니다. 그렇지 못했으니까 그들이 난민이 된 거였습니다. 그래서 내 책을 불태운 겁니다. 그럴듯한 항의 방식이었고 나도 개의치 않습니다. 하지만 정부가 내 책을 불태웠다면 그건 얘기가 다릅니다. 또는 기업이 그랬다면 그것 역시 얘기가 다릅니다.

이야기가 좀 곁가지로 퍼집니다만, 나는 그보다 더 나쁜 '책의 파괴'를 경험한 적이 있습니다. 최근에 신문 1면을 장식한 대규모 미디어 기업의 인수 합병 기사, 그리고 합병이 언론의 자유에 미칠 악영향 등을 다룬 기사를 여러분도 읽었을 겁니다. 그런데 참 우스운 일이 벌어졌습니다. 에드 허먼과 내가 공동 집필한 첫 번째 책은 1974년에 이익을 좀 내는 교과서 출판사에서 발간되었습니다. 워너 커뮤니케이션스 소유의 출판사였죠. 이 워너 사의 경영자(윌리엄 사노프)가 내 책의 광고 문안을 보고는 마음에 들지 않아 직접 책을 보내라고 했답니다. 그는 책 내용을 알고는 경악했고 출판사에 배본을 하지 말라고 지시했습니다. 그러자 출판사와 모기업 워너 사이에 오랜 씨름이 시작되었습니다. 출판사 사람들은 출판할 권리를 주장했습니다. 결국 워너는 그 출판사를 폐업시켰습니다. 그게 가장 간단한 해결 방법이라고 생각한 듯합니다. 그건 내 책뿐만 아니라 모든 사람의 책이 파괴된 것을 의미합니다. 아야톨라 호메이니보다 더한 짓입니다. 야외에서 몇 권의 책을 불태워버리는 것과는 차원이 다른 문제입니다. 이미 출판된 지 오래된 내 책 한 권을 유통시키지 않으려고 아예 출판사를 없애버린 것입니다.[31] 나는 몇몇 사람들이 상징적인 이유로 내 책을 불태워버린 것보다 이것이 더욱 심각하다고 판단합니다. 원해서 난민들이 내 책을 불태우는 것, 그런 것쯤은 얼마든지 참을 수 있습니다.

청중2 거대 미디어들 사이의 합병이 결국 어떤 결과를 가져오리라 보십니까?

— 우리 책 《여론조작 *Manufacturing Consent*》의 첫 장은 미디어가 기업의 손에 집중되는 것을 언급합니다. 이 부분은 기업 통제 분야의 전문가인 에드 허먼이 썼습니다. 나는 거기에 관여하지 않았습니다. 하지만 내 느낌은 이렇습니다. 미디어 합병 등 어떤 특정 이슈가 사람들의 생각처럼 중요하지는 않을 거라고 봅니다. 예를 들어 미디어 기업이 3개가 아니라 50개가 있다 하더라도 그들은 여전히 지금처럼 움직일 것입니다. 근본적인 이해관계에는 변함이 없기 때문입니다. 이게 그 질문에 대한 나의 답변입니다.

정치적 견해 때문에 언어학 책이 검열을 당하거나 아예 발간되지 못한 적도 있습니까?

― 미국에서는 그런 일이 없었습니다. 하지만 다른 나라에서는 그런 일이 있었습니다. 아마 1979년쯤이었던 것 같은데 그해 어떤 주週에 있었던 일을 결코 잊지 못할 것 같군요. 그때 나는 신문 두 부를 받아보았는데 한 부는 아르헨티나 신문이었고, 다른 한 부는 소련 신문이었습니다. 아르헨티나는 당시 신나치 장군들의 통치 아래 있었는데, 부에노스아이레스의 거대 신문인 《라프렌사La Prensa》를 받아보았습니다. 거기에 커다란 기사가 실렸더군요. "이자는 마르크스주의자인 데다가 체제 파괴자이기 때문에 이자의 언어학 저서를 읽어서는 안 된다." 소련의 《이즈베스티아Izvestia》 신문은 이렇게 썼더군요. "이자는 이상주의자인 데다 반혁명주의자이기 때문에 이자의 언어학 저서를 읽어서는 안 된다." 나는 어쩌면 그리도 의견이 다를 수 있는지 흥미롭다는 생각을 했습니다.

노엄, 미국의 권력기관과 그들의 악행을 그처럼 노골적으로 비판하는 바람에 그들로부터 반격을 받아 당신이 침묵하게 될 상황이 올지도 모른다는 두려움은 없습니까?

― 아니요, 별로 없습니다. 그 이유는 아주 간단합니다. 당신은 나를 보면 내가 백인이면서 특권층에 속한다는 것을 금방 알 수 있습니다. 이것 때문에 나는 기본적으로 권력에 의한 징벌에서 벗어나 있습니다. 물론 이것이 100퍼센트의 면책 사유라고 말하지는 않겠습니다. 아무튼 이 두 가지만으

로도 상당한 자유를 얻는다고 생각합니다.

보세요. 이 세상에 순도 100퍼센트의 자본주의 사회는 없습니다. 만약 그런 게 있다면 단 10분도 버티지 못할 겁니다. 하지만 다양한 자본주의의 변형이 있습니다. 미국은 전 세계적 스펙트럼에서 본다면 순도 높은 자본주의를 향해가고 있습니다. 아주 많이 나아간 것은 아니지만, 가치관이 그쪽을 지향한다는 겁니다. 만약 순도 100퍼센트의 자본주의 사회가 있다면 자유를 포함한 모든 것이 상품이 될 겁니다. 다시 말해 돈을 주고 자유를 얼마든지 살 수가 있습니다.

미국은 스펙트럼에서 자본주의 쪽으로 상당히 기울어져 있기 때문에 돈만 있으면 상당히 많은 자유를 얻을 수 있습니다. 하지만 당신이 빈민촌에 사는 흑인 운동조직가라면 자유가 별로 없어서 문제가 발생합니다. 그들은 프레드 햄튼[1969년 FBI가 암살한 블랙팬서 지도자]에게 했던 것처럼 시카고 경찰을 보내서 당신을 죽여버릴 수도 있습니다. 그러나 당신이 나처럼 전문직에 종사하는 백인이라면 상당한 자유를 살 수 있습니다.

그것 외에도 나는 권력자들이 보호하고 싶어 하는 사회 부문에 소속되어 있습니다. 무슨 말이냐면, 그들은 나를 정말로 미워하고 내가 그저 사라져 주었으면 하고 바라지만 국가가 아주 강력해져서 나 같은 사람들을 가볍게 해치워버리는 것을 바라지 않습니다. 그렇게 되면 권력이 그들 같은 사람들도 잡으려 들 것이기 때문입니다. 그래서 미국과 같은 사회에서 나처럼 특권층에 속하는 사람들은 꽤 잘 보호받습니다. 물론 100퍼센트의 보호는 아니지만 그래도 상당한 여유가 있는 것입니다.

저항에 대하여 가르치기

^{청중 2} 어떻게 하면 사람들의 자유로운 사고를 가로막는 언론기관들의 각종 행태나 세뇌 작업을 일반 대중들에게 널리 알릴 수 있을까요?

— 솔직히 말하자면 그건 그리 어려운 문제라고 생각되지 않습니다. 무슨 말이냐 하면, 지식인들은 일반 대중을 상대로 쉬운 것도 아주 어렵게 보이게 하는 걸 업으로 삼고 있는 사람들입니다. 이렇게 해야 봉급을 받을 수 있으니까요. 하지만 실제 세상은 — 우리가 이해할 수 있는 범위 내에서 — 늘 우리 앞에 있고 우리가 약간의 눈가리개만 벗겨내면 언제나 있는 그대로 볼 수 있습니다. 당신 혼자서는 대단히 어렵습니다. 그러나 우리가 지금껏 얘기해온 조직과 접촉하고 그들과 상호작용하면 꽤 쉽게 파악할 수 있습니다.

따라서 당신이 사람들을 만나 얘기할 때 먼저 해야 할 것은 그들이 스스로의 힘으로 세상을 탐구할 수 있도록 가르치는 겁니다. 예를 들어 언론이 조작하고 통제할 목적으로 어떤 이슈를 만들고 그 한계를 설정하는 작태를 그들이 스스로 알아낼 수 있도록 도와주어야 합니다. 그런데 추상적으로 이 작업을 하는 것은 별 의미가 없습니다. 언론이 어떻게 작동하는지, 장황한 이론을 늘어놓는 것은 그가 세상을 있는 그대로 파악하는 데 도움이 되지 않습니다. 당신이 먼저 해야 할 일은 구체적 사례들을 제시하는 것입니다. 사람들이 관심을 가질 만한 사례를 꺼내어 그에 대한 조사 프로젝트를 어떻게 진행해야 하는지 가르치는 겁니다. 조사 프로젝트라고 하면, '그거 박사 학위 가진 사람이나 하는 거 아니야?'하고 겁먹는 사람이 많은데 전혀 그렇지 않습니다. 물리학 분야에서 조사를 하려면 그런 학위가 있어야 할지 모르지만, 이 분야에서는 전혀 그렇지 않습니다. 건전한 상식만 있으면 됩니다. 상식에 입각하여 사실을 면밀히 살펴보면 되는 겁니다. 사실을 발견하는 데에는 약간의 노력이 필요할지 모릅니다. 그러니까 신문의 헤드라인 따위에서 있는 그대로의 사실을 손쉽게 발견하지는 못한다는 것이지요. 하지만 약간의 노력만 하면 무엇이 사실인지 알아낼 수 있고, 그것이 언론기관에 의해 어떻게 왜곡되고 수정되는지 알 수 있습니다. 그러면 왜곡한 목적이 아주 분명하게 드러나지요.

청중1 교사 또는 조직가로서 어떻게 사람들의 흥미를 이끌어내야 할지 참으로 알기 어렵습니다. 겉으로는 흥미를 끈 것 같으면서도 실은 사람들의 흥미를 가시게 하는 경우가 더 많은 것 같습니다. 아까 시민의 불복종에 대한 질문에 대답하시는 가운데, 선생님은 저항에 대하여 설교하는 사람들을 언급하셨습니다. 그것은 사람들을 가르친다면서 실은 사람들의 흥미를 가시게 하는 경우인 것 같습니다.

— 그게 정말 그렇게 반대의 효과를 내는지 잘 납득이 되지 않는군요. 나는 저항과 관련하여 사람들에게 가르쳐줄 것이 분명 있다고 생각합니다. 개인적으로 나 자신이 저항한 경험이 많은 사람들의 얘기를 듣는 걸 좋아합니다. 또 내가 가지지 못한 아이디어를 가진 사람들의 얘기도 좋아합니다. 그걸 당신이 '설교'라고 한다면 그렇게 부를 수도 있겠지요. 하지만 그게 반드시 잘못된 것은 아닙니다. 저항이라는 주제에 대하여 깊이 생각해보고 경험도 많이 해본 사람들로부터 분명 많은 것을 배울 수 있습니다.

저항 또는 행동주의 일반에 대해 사람들을 가르친다고 할 때, 그 밖에 어떤 것을 더 고려할 수 있겠는지요?

— 먼저 남을 오도해서는 안 됩니다. 독립된 사상가로 있길 바란다면 그에 따르는 대가를 치러야 한다는 것을 분명하게 사람들에게 이해시켜야 합니다. 그러자면 먼저 세상이 움직이는 방식을 이해하는 것에서부터 시작해야 한다고 봅니다. 세상은 정직함과 독립정신을 보상하지 않고, 복종과 지시 이행을 보상합니다. 권력이 힘을 가진 세상이고, 권력을 가진 자들은 그 권력을 의심하는 사람들에게 보상하지 않습니다. 따라서 맨 먼저 그 누구도 이 점에 대하여 오해하지 말아야 한다고 봅니다.

이것을 이해한 다음에는 당신 스스로 선택하는 겁니다. 이런 어려움이 있다는 사실을 알면서도 독립된 사상가의 길을 가기로 선택했다면, 그다음에는 그것을 실천하면서 앞으로 나아가면 됩니다. 하지만 이것은 때때로 아주 어려운 선택이 될 수도 있습니다. 예를 들어, 내가 나이 들었다는 이유로 젊은 사람들이 가끔 찾아와 조언을 구합니다. 나는 이런 문제에 조언하기가 아주 망설여집니다. 상황으로 보아 어쩔 수 없이 조언해야 할 때에도 망설여집니다. 왜냐하면 나는 어떤 사람에게 어떤 일을 어떻게 하라고 대신 결정해줄 입장에 있지 못하기 때문입니다. 하지만 한 가지는 해줄 수 있습니다. 객관적 현실을 있는 그대로 알려주는 겁니다.

보세요. 여러분이 앞에서 말한 것처럼 운동을 통해 많은 것을 얻을 수 있습니다. 하지만 잃는 것도 많습니다. 때때로 신변 안전 같은 것은 중요하지 않은 문제라고 도외시하는데 실은 그렇게 사소한 문제가 아닙니다. 사람들이 앞으로 어떻게 해야겠다고 결정할 때 이런 문제에 대해서도 스스로 선택해야만 하는 것입니다.

헌신 그리고 소외와 희생

^{청중2} 노엄, 잠시 개인적인 질문을 하나 해보겠습니다. 당신은 책과 논문을 쓰고, 수업을 하고, 전국을 돌아다니면서 강연을 하고, 가정생활을 하고, 언어학 분야를 이끌고, 모든 작업을 완벽하게 문서화하는 등 거의 초인적으로 일하고 있습니다. 어떻게 이 모든 일을 감당해낼 수 있는지, 저는 의아하면서도 궁금해집니다. 당신은 혹시 시간을 늘리는 법 같은 걸 쓰는 게 아닙니까? 혹시 당신의 하루는 우리와 달리 48시간은 아닌지요?

— 그런 기술은 없습니다. 그저 열심히 할 뿐입니다. 그렇지만 실제로는 많은 것을 포기하고 있지요. 정치 활동이나 조직에 열심히 관여하고 있는 사람들은 많은 것을 희생해야 한다는 걸 압니다. 때때로 개인 생활도 포기해야 합니다. 하지만 개인 생활은 가능한 한 지키려고 애씁니다. 우리 애들과 손자들이 며칠 전 밤에 우리 집에 놀러왔는데 함께 재미있는 시간을 보냈지요. 하지만 개인적인 관계 역시 희생해야 합니다. 예를 들어 50년 된 친구를 1년에 한두 번 정도 만날 수 있으면 그나마 양호한 겁니다. 아무튼 시간이 이렇게 흘러갑니다. 모든 걸 다 할 순 없으니까 어차피 선택해야 합니다.

실제로 1960년대에는 사람들이 반체제 운동을 한다는 것 자체가 놀라운 일이었습니다. 그러다가 많은 사람들이 갑자기 운동에 투신하기 시작했습니다. 내가 그 시절을 회고해보건대 부부가 함께 운동을 무사히 해낸 경우는 그리 많지 않았습니다. 아주 적었습니다. 서로 싫어하거나 뭐 그런 문제가 아니었습니다. 비록 부부가 함께 운동에 참여했지만 정신적으로 너무나 부담이 되어서 결국 뭔가 딱 하고 부러지는 겁니다. 커다란 정치적 시련 이후의 해일과 비슷합니다. 그러니까 부부는 시련이 지속되는 동안에는 함께 단결하지만 시련이 끝나는 즉시 이혼하는 겁니다. 정말 슬픈 일이었지요. 아무튼 한 가정의 부부 모두가 운동에 참가할 때 대개는 그랬습니다.

모든 면에서 헌신하면서 일을 잘 해내기란 대단히 어렵습니다. 어떤 것들은 포기해야 하는데, 가장 먼저 포기하는 것이 개인적인 생활입니다. 정말 견디기 어렵지요. 그런 식으로 한평생 살아가기는 정말 힘드니까요. 그래서 그 질문에는 어떻게 대답해야 할지 모르겠습니다. 사람들마다 다른 대답을 가지고 있을 겁니다.

청중1 선생님도 같은 일을 겪는다니 적이 위로가 됩니다.

— 이런 경험은 누구나 하는 겁니다.

청중1 운동에 너무 몰두하다 개인 생활이 완전히 없어지니까 소외감을 심하게 느꼈습니다. 정말 텅 빈 것 같았어요. 누구와도 연결되어 있지 않은 듯한 상태……

— 아, 맞아요, 정말 끔찍한 공허감이지요. 그럴 때 당신은 일을 할 수 없게 됩니다. 결국 우리는 자동인형이 아니라는 겁니다. 우리는 인간관계라는 커다란 매트릭스의 한 부분으로 기능하는 거지요. 그러니 다른 사람들과

연결될 필요가 있습니다.

청중1 개인적인 소외는 이어서 정치적 소외를 강화시키지요.

― 예. 정말 어려운 문제입니다. 부분적으로 그 문제는 우리가 모두 소외되어 있다는 사실에서 비롯합니다. 우리가 정말 살아 있고 지속적인 대중조직을 유지해 나가려면 정말 깊이 명심해야 할 사항입니다. 이와 관련하여 미국 노동운동의 역사는 아주 흥미롭습니다. 사람들이 조직을 세우면서 함께 열심히 일하면 소외를 극복하게 됩니다. 인종차별주의나 성차별주의 같은 것도 상당히 극복합니다. 이 역사는 아주 오래되었습니다.

그러니까 약 1세기 전, 미국의 노동운동은 전역에서 무자비하게 분쇄되었습니다. 패배만 했을 뿐 승리하지 못했습니다. 이런 패배에도 불구하고 ―가령 홈스테드 파업Homestead strike〔1892년 펜실베이니아의 카네기 철강 공장에서 벌어진 파업〕―일어난 일들을 보면 놀랍기만 합니다. 홈스테드 파업은 흥미로운 사례입니다. 왜냐하면 그곳은 노동자계급의 마을이었고 파업 노동자들이 공장을 아예 접수해버렸으니까요. 노동자들은 이어 마을을 접수하고 모든 것을 운영했습니다. 아주 인종차별주의적인 시대에 벌어진 일이라는 것을 기억할 필요가 있습니다. 마을 주변에 흑인은 별로 없었지만 동유럽 출신들에 대한 차별이 대단했습니다. 그래서 이른바 '훈스'(이것은 헝가리 출신만 가리키는 것이 아니라 슬로바키아인 등 동유럽 출신 모두에게 적용되었습니다)라고 불린 사람들이 흑인과 비슷한 대접을 받았습니다. 당시 인종차별은 아주 극악했습니다. 하지만 홈스테드 파업 때 모두 해소되었습니다. 여성들도 모든 것을 함께 운영했습니다. 그래서 성차별주의도 상당 부분 해소되

었습니다. 사람들이 공동 투쟁해서 이룬 것입니다.[32]

이런 일은 CIO〔1935년에 조직된 노동조합. 1938년에 산업별노동조합회의Congress of Industrial Organizations로 개칭하고 헌장을 채택하였다〕 결성 때도 있었습니다. 흑인과 백인 노동자들이 CIO를 창립하기 위해 함께 일했습니다. 그리고 민권운동 때에도 역시 그랬습니다. 예를 들어 미국 민권운동 단체 SNCC는 매우 개방적이었습니다. 흑인이든 백인이든 가리지 않았습니다. 공동 투쟁에 함께 뛰어들면 삶의 불쾌한 여러 측면들이 사라지고 좋은 보상이 생겨나게 됩니다. 내 친구 한 사람은 나치 점령 시절에 바르샤바에서 폴란드 레지스탕스 운동 요원으로 활동했습니다. 그는 그 어려운 시절을 잘 견디고 살아남았습니다. 그는 레지스탕스 시절이 자기 인생에서 가장 화려한 때였다고 즐겨 말했습니다. 레지스탕스 생활은 아주 위험했습니다. 잡히면 가스실에서 처형당한다는 걸 누구나 알고 있었습니다. 하지만 레지스탕스에는 뜨거운 공동체 의식이 있었습니다. 내 친구는 그 전에도 그리고 그 후에도 그런 느낌을 가져본 적이 없었다고 합니다.

그래서 가장 좋은 대답은 이런 것입니다. 우리는 안정된 민중 조직, 배려하는 문화, 참여 의식, 행동주의, 연대 의식을 개발해야 합니다. 이런 것들이 있으면 각종 투쟁에서 우리에게 큰 힘이 됩니다. 그 힘으로, 우리를 갈라놓고 산만하게 만들기 위해 쳐놓은 각종 장애물을 쳐부술 수 있습니다.

5

인간의 본성과 '과학의 사기'를 말하다

|

자본주의 이전에 생겨났으며 반자본주의적 성격을 가진
고전적 자유주의가 강조하는 것이 있습니다.
'인간은 자신의 일을 통제할 수 있는 권리를 가져야 하고,
자신의 통제 아래 창조적인 일을 할 수 있어야 한다. 그래야
인간은 자유와 창조성을 획득한다.' 따라서 고전적 자유주의자의 입장에서 볼 때,
자본주의에서의 임금노동은 아주 부도덕한 것으로 간주됩니다.

|

과학과 인간의 본성

청중1 노엄, 인간의 본성에 대해 어떻게 생각하시는지 당신의 의견을 좀 더 자세히 설명해줄 수 있습니까? 가령 당신은 인간 본성을 건설적이라기보다 파괴적인 것으로 보시는지요? 아니면 그 반대로 보시는지요?

─ 먼저 내 의견이 당신 의견보다 더 나을 게 없다는 말씀을 드리고 싶습니다. 인간 본성의 모든 것을 알고 있는 사람은 아무도 없습니다. 보세요. 사람들은 커다란 분자들의 본질에 대해서도 알고 있는 게 별로 없습니다. 하물며 사람에 대해서야 어떻겠습니까. 인간 본성이라는 복잡한 문제에 이르면 이 사람의 추측도 저 사람의 추측 못지않게 훌륭한 것이 됩니다.

청중1 하지만 당신은 인간 본성에 대해 많이 연구했잖습니까.

─ 그래요. 하지만 인간 본성의 결과라는 것을 살펴보면 엄청난 자기희생, 엄청난 용기, 정직성, 파괴성 등 보고 싶은 대로 모든 것이 다 보입니다. 이 이상 당신에게 더 알려줄 게 없습니다.

청중1 하지만 당신 연구를 보면 인간 본성의 파괴적 측면을 많이 거론하는 듯한데요.

— 그렇긴 하지만, 내 연구는 다른 측면도 상당 부분 살펴보고 있습니다. 내가 전반적으로 느끼기에는 시간이 흐르면서 상당히 진전되었습니다. 물론 엄청나다고는 할 수 없지만 그래도 의미가 있었습니다. 어떤 때는 아주 극적이었지요. 예를 들어 미국 역사의 '원죄'에 해당하는 사건, 그러니까 아메리카 인디언에게 벌어진 일을 한번 살펴봅시다. 놀랍게도 미국 문화는 1960년대까지 그 사건을 진지하게 거론하지 않으려 했습니다. 1960년대까지 아주 극소수의 예외를 제외하고는 미국 학자들이 역사를 왜곡하거나 아니면 사실을 은폐했습니다. 1969년에 당시 미국 외교사를 이끈 인물 중 하나였던 토머스 베일리는 자신의 저서에서 "미국 혁명 후 옛 식민주의자들은 나무와 인디언 들을 쓰러뜨리는 일에 착수했다"고 썼습니다.[33] 이제는 이렇게 말하는 사람이 없습니다. 심지어 《월스트리트저널》의 논설도 이렇게 말하지는 않습니다. 이것은 중대한 변화입니다. 많은 의미 있는 진전 가운데 하나이기도 합니다. 노예제도를 멋진 제도라고 생각하던 시절이 그리 오래전의 이야기가 아닙니다.

청중1 그래서 당신은 인간 본성이 개인적으로 볼 때는 파괴적이지만 전체적으로 볼 때는 건설적이라고 생각하시는 겁니까?

---

33 "나폴레옹 전쟁의 종말은 미국 사람들에게 외국의 간섭 없이 미국의 운명을 자유롭게 결정할 수 있도록 해주었다. 1812년 전쟁에 의해 촉발된 새로운 민족주의 감정으로 인해 그들은 구세계에는 완전히 등을 돌렸다. 그들은 나무와 인디언 들을 쓰러뜨리고 국경을 더 넓히는 데 집중했다." Thomas A. Bailey, *A Diplomatic History of the American People*, Appleton, 1969, p. 163.

― 모르겠습니다. 19세기에 가스실이 없었다고 해서 악랄한 장치가 없었던 건 아니니까요. 그 문제에 대하여 과학적인 답변을 얻고자 한다면 아무것도 얻지 못할 겁니다. 아무도 확실하게 모르니까요. 지금 나와 있는 것은 대부분 역사적 사건, 개인의 직관, 뭐 이런 걸로 추정한 겁니다. 내 말은, 과학은 아주 간단한 질문 외에는 대답하지 못한다는 겁니다. 문제가 복잡해지면 과학도 추정일 뿐입니다.

청중2 사람들이 당신의 언어학 연구와 정치 활동의 연관성에 대해 물으면, 당신은 "아주 희미한 연관성이 있을 뿐"이라고 대답하곤 했습니다. 좀 더 자세히 설명해주시겠습니까? 제 생각을 말씀드리자면, 인간의 두뇌가 '더 많이' 또는 '더 적게'와 같이 경쟁적 관점으로 사물을 바라보는 데 익숙하기 때문에 정치적 문제가 발생한다고 봅니다. 그러니까 인간의 두뇌는 '충분하다'는 것을 개념화하는 데 아주 서툴다고 생각됩니다.

― 어쩌면 그 말이 사실일지 모릅니다. 하지만 이 주제는 언어에 대한 과학적 연구와는 아무 상관도 없습니다. 무슨 말인가 하면, 당신도 이 세상 유수한 언어학자가 알고 있는 만큼 그 주제에 대해서 알고 있다는 말입니다.

청중1 그렇다면 선생님이 말씀하신 언어학 연구와 정치 활동 사이의 그 희미한 연관성은 어디에 있는 겁니까?

― 당신이 말하는 데에는 있지 않습니다. 희미한 연관성이라는 것은 다른 데 있습니다. 먼저 우리는 과학이 빛을 밝혀줄 수 있는 것들의 종류가 아

주 한정되어 있다는 것에 유념해야 합니다. 복잡한 시스템을 다루려고 하면 과학적 지식은 곧 맥이 없어져버립니다. 그리고 인간 본성의 문제에 이르면 과학은 실제로 할 말이 없습니다. 상당한 통찰과 이해를 얻을 수 있는 몇몇 분야가 있는데, 언어의 특정 측면이 바로 그 분야에 해당합니다. 하지만 언어학의 이런 통찰도 실제 인간의 관심사와 직접적인 관계를 맺는 것은 아닙니다. 다시 말해 인간 생활에 어떤 결과를 미칠 만한 그런 수준이 아니라는 겁니다.

언어학 연구와 정치 활동의 연관성은 아주 다르고 또 희미합니다. 이 연관성을 강조하는 유일한 이유는 그것이 근대 지성의 역사에서 자주 언급되어왔기 때문입니다. 이 연관성은 고전적 자유주의classical liberalism의 핵심 과제이기도 합니다. 현대판 자유주의와는 다르게, 자본주의 이전에 생겨났으며 반자본주의적 성격을 가진 고전적 자유주의가 강조하는 것이 있습니다. '인간은 자신의 일을 통제할 수 있는 권리를 가져야 하고, 자신의 통제 아래 창조적인 일을 할 수 있어야 한다. 그래야 인간은 자유와 창조성을 획득한다.' 따라서 고전적 자유주의자의 입장에서 볼 때, 자본주의에서의 임금노동은 아주 부도덕한 것으로 간주됩니다. 자신의 일을 스스로 통제하는 기본적 권리를 좌절시키기 때문입니다. 다시 말해 임금노동은 누군가의 노예가 된 상태인 것입니다.

자유롭고 창조적인 일을 스스로 통제하며 하고 싶어 하는 인간의 본성을 구체적으로 설명하려는 노력의 일환으로, 고전적 자유주의 철학자들은 인간 지능의 다른 측면들을 살펴보았습니다. 17세기 이래 많이 연구되었고 또 데카르트의 사상과도 관련이 있는 것이 바로 언어였습니다. 언어를 연구하면서 인간이 동물 및 자동인형과 달리 언어를 자유롭게 창조한다는 측면이 발견되었습니다.

예를 들어, 인간과 이 세상의 다른 모든 존재들을 구분하는 데카르트 증명의 핵심은 이런 것입니다. 어떤 새로운 주제와 관련하여 어떤 사람에게 그 사람이 전에는 전혀 들어보지 못한 어구語句를 사용하여 질문을 던지면, 그 사람은 그 질문과 관련하여 새로운 반응을 나타낸다는 것입니다. 이런 반응은 그 사람의 내적 상태나 외적 환경에 의해서 일어난 것이 아닙니다. 바로 그 사람의 창조적 능력에서 나오는 것입니다.(어떤 사람이 "초록의 아이디어는 맹렬하게 잠잔다Green ideas sleep furiously"고 말했을 때 그 말을 들은 사람이 그것은 개념적으로 불가능하다거나 그 말이 생각해볼 수 없는 어떤 것을 표현한다 등으로 다양하게 반응하는 것을 말한다.─옮긴이)

하지만 이런 반응이 자동인형이나 동물 또는 다른 것들에게서는 일어나지 않습니다. 어떤 기계를 가져다가 특정 상황에 놓고 버튼을 누르면 사전에 정해둔 반응만 나옵니다. 하지만 인간의 언어는 결과물이 미리 정해지는 것이 아닙니다. 미리 정해지진 않지만 그래도 주어진 상황에 적절하게 반응한다는 겁니다.

데카르트는 바로 이것이 인간 정신의 아주 중요한 부분이라고 보았습니다. 고전적 자유주의 시대 내내 루소와 훔볼트와 기타 사상가들을 거치면서 이러한 요소와 자유를 원하는 인간의 욕구 및 권리를 서로 연결시키려는 시도가 있었습니다. 때때로 '자유 본능instinct for freedom'이라고 불리기도 한 이것을 인간 본성의 인지적認知的 핵심으로 보았던 것입니다. 그러니까 자유롭고 창조적인 생각과 표현을 인간의 보편적 특성으로 정립하려 했던 겁니다.

하지만 이것은 인간 본성에 대한 메타포(은유)이지 인간 본성 자체를 과학적으로 정립한 것이라고 볼 수는 없습니다. 이미 앞에서 말했듯이 인간 본성에 대해서 확실히 아는 사람은 아무도 없습니다. 과연 자유 본능이라는 것이 있는지조차 명확히 알지 못합니다. 가령 어떤 사람이 '인간은 노예가 되기 위해 태어났다'고 말할 때 그는 루소("인간은 자유롭게 태어났다") 못지않게 과학적인 논증을 내세울 수 있습니다. 이것은 당신의 희망이 어디에 있는가의 문제이지, 과학적 지식의 문제는 아닌 겁니다.

이런 얘기는 오늘날에도 마찬가지입니다. 가령 사회생물학[진화로부터 신체적 특징뿐 아니라 특정 사회적 행태까지도 생겨난다는 이론]에 관한 책들을 읽어보면 그게 다 실은 동화童話에 지나지 않는다는 걸 알 수 있습니다. 무슨 얘기냐 하면, 그 이론을 가지고 개미를 설명한다면 문제가 없습니다. 하지만 포유류로 수준을 높이면 그때는 추측이 되고 맙니다. 그리고 인간에 이르면 머릿속에서 생각나는 대로 막 말해도 다 진리가 됩니다. 하지만 어떤 잠재적인 연관성은 볼 수 있을 겁니다. 과연 그 관계를 실질적인 것으로 만들 수 있을 것인가? 그에 대해서는 누가 알겠습니까. 지금은 과학적 이해 너머 저기 멀리 있어서 꿈조차 꿀 수 없는 상태입니다. 이 때문에 나는 이것들에 대해서는 언급하지 않으려 합니다. 물론 흥미로운 아이디어이기는 합니다. 혼자 생각할 때나 시를 쓸 때에는 가치가 있을지도 모릅니다. 하지만 지금 이 순간 과학적 탐구의 주제는 되지 못하는 겁니다.

과학의 사기꾼

철준2 노엄, 행동과학은 피아제의 인지발달 이론[스위스 심리학자 피아제는 어린 아이의 지능 발달이 유전적으로 결정된 4단계의 과정을 거친다고 주장한다]과 연계하여 인간의 행동을 설명하면서 인간의 동정심이 학습된 자질이라고 말합니다. 몇몇 정치가들은 좀 더 사형 판결을 많이 내려야 한다고 주장할 때 이를 근거로 제시합니다. 인간이 인간적 동정심을 배우느냐 마느냐, 이렇게 둘 가운데서 동정심을 배우지 못한 살인자들에게는 이제 가르치기가 불가능하기 때문이라는 겁니다. 당신은 이런 주장들을 잘 알고 계시지요?

— 말도 안 되는 이야기입니다. 사람들이 사형 제도를 유지하기 위하여 사기 같은 사유를 들이대는 것인데, 아무튼 과학적 근거가 없습니다. 피아제를 한번 살펴봅시다. 피아제의 발달심리학은 흥미롭고 또 그는 여러 가지 멋진 실험들을 했습니다. 하지만 그 이론의 구조는 완전히 허물어졌고 이제 아무도 그 말을 믿지 않습니다. 그 발달 '단계들'이라는 게 다 가짜로 판명되었습니다. 실험이 좀 더 정밀해지자 어린아이가 피아제의 단계와 상관없는 행동도 할 수 있다는 게 밝혀졌습니다. 발달심리학은 꽤 흥미로운 아이디어이고 그 실험으로부터 몇 가지 배우기도 했습니다. 하지만 전체적인 그림은 허물어지고 말았습니다.

　동정심이 학습되는 것이냐 아니냐에 대하여, 여러분도 일류 과학자 못지않게 알고 있습니다. 그리고 여러분이 아는 것은 직관과 경험에 의한 것입니다. 여러분은 여러분의 아이와 같이 놀고, 아이가 자라는 것을 지켜보았을 겁니다. 바로 그런 경험과 관찰로부터 배우는 것 이외에는 다른 방법이 없습니다. 과학은 여러분에게 그 이상 말해줄 것이 없습니다. 더욱이 과학이 그 이상 말해주리라는 증거도 없습니다. 그것은 너무나 멀리 있습니다. 무슨 얘기냐 하면, 과학은 통계 증거를 당신에게 줄 수 있습니다. 또 이런 배경이 저런 배경에 비해 사람들을 더욱 동정심이 많아지도록 이끈다는 것

어떤 정치적(불순한) 의도를 가진 사람은 자신의 어젠다를
뒷받침할 '과학적 사기'를 찾게 마련입니다.
이미 엉터리로 판명된 '피아제 이론'을 불변의 진리인 양
끌어대는 것도 그런 맥락입니다.

을 보여줄 수 있습니다. 이것은 전적으로 가능합니다. 하지만 그렇다고 해서 동정심을 완전히 이해했다고 보기는 어렵습니다.

보세요, 과학이 발전하면서 과학에서 정치적 결론을 끌어내려는 시도들이 반드시 있게 마련입니다. 즉 피아제와 사형제도를 연관시키는 것 말입니다. 어떤 정치적 어젠다를 갖고 있는 사람은, '이것이 그 어젠다를 위한 기본'이라고 말해줄 과학의 사기를 발견하게 될 겁니다. 하지만 실제 과학적 지식을 통해 보면 우리는 이런 문제들로부터 아주 멀리 떨어져 있습니다. 사실 아무것도 없습니다. 이런 문제들을 연구할 수 없다는 말이 아닙니다. 기술적_{記述的} 조사를 하거나, 치료를 하거나, 그 문제들을 좀 더 면밀하게 들여다보아 통찰력을 약간 넓히거나 할 수는 있습니다.

그것은 정신 치료와 비슷합니다. 어떤 사람은 정신 치료로부터 얻은 게 많다고 하지만 그들이 실제로 소득이 있었을 수도 있고 없었을 수도 있습니다. 만약 소득이 있었다면 정신 치료의 배경에 과학이 있어서 그런 것은 아닙니다. 신앙 치유 뒤에 과학이 없는 것처럼, 정신 치료 뒤에도 과학은 없습니다. 다양한 종류의 인간 상호작용이 때때로 치유의 위력을 발휘하는 것처럼 보일 뿐입니다.

내 친구 중에 인류학자가 있는데 그는 남서부 지역의 아메리카 인디언 공동체에서 작업을 했습니다. 그 친구는 아픈 사람이 부족의 치유 의식에 참가한 후에 낫는 것을 실제로 보았다고 합니다. 만약 자기 눈으로 직접 보지 않았더라면 믿지 않았을 것이라는 말도 했습니다. 인디언 부족의 어떤 사람이 실제로 아프다고 해봅시다. 그러니까 신체적으로 심각한 증상이 보이고 절대 꾀병이 아닌 환자가 춤과 노래 등이 어우러진 공동체 의식에 참가하고 난 후에 병이 차도를 보인다는 겁니다. 병이 약간 나았다는 것을 볼 수 있을 뿐, 왜 나왔는지는 아무도 모릅니다. 감정이입의 작용일 수도 있고, 공동체의 일부가 됨으로써 얻는 효과일 수도 있습니다. 우리는 과학적 이해라는 문제와 관련하여 이런 정신 치료의 수준밖에는 도달하지 못한 것입니다.

또는 의약이라는 좀 더 협소한 범위의 문제들을 살펴봅시다. 가령 당신이 심장병을 앓고 있다면 병원에서 어떤 약을 줄지 알 겁니다. 왜 그 약을 주는지 아는 것은 심장병을 과학적으로 이해했기 때문이 아니고 통제된 인구 집단을 상대로 한 역학조사 결과에 바탕을 두고 있습니다. 이 집단에게는 이 약을 주고, 저 집단에게는 저 약을 주어 어느 집단이 더 오래 사는지 살펴본 결과인 겁니다. 물론 당신이 이것을 '과학'이라고 한다면 할 말은 없지만, 그런 과학이라면 산수를 알고 표본조사를 할 줄 아는 사람이라면 누구나 할 수 있는 것입니다. 생물학을 이해해야만 가능한 것이 아닙니다. 보통 가능하다면 조금만 이해해도 됩니다.

따라서 어떤 사람이 '동정심 학습' 운운하면 여러분은 경계하는 적색 깃발을 높이 올리는 것이 좋습니다.

^{청중2} 과학이 인간의 행동에 대하여 별로 해줄 말이 없다는 건가요? 인간에게는 과학으로 파악되지 않는 정신적 측면이 있다는 건가요?

— 인간에 관해서만 과학적 통찰이 제한적으로 적용되는 것은 아닙니다. 간단한 물리적 현상도 쉽게 설명되지 않습니다. 가령 물리학에는 '3체 문제^{three body problem}'라는 게 있습니다. 세 물체가 동시에 움직일 때 그것들이 어떻게 움직일지 예측하는 것은 불가능하다는 것이지요. 방정식이 너무나 복

잡하기 때문입니다. 최근에 만난 한 물리학자는 나에게 다른 사례를 들려주었습니다. 가령 커피 잔에다 크림을 넣어 휘저을 때, 관련 자연법칙은 다 알려져 있는데도 너무나 복잡하기 때문에 커피와 크림이 섞이는 방정식은 풀 수 없다는 겁니다. 자, 이것은 인간의 행동이 아니라, 커피 잔에서 크림을 젓는 문제일 뿐입니다. 이런 움직임도 정확하게 예측하지 못한다는 겁니다.

이 사례의 요점은 이것입니다. 우리는 관련 법칙은 다 알고 있습니다. 하지만 그 법칙을 적용할 가능성, 방정식을 풀 가능성, 문제를 풀 가능성, 어떻게 될지 이해할 가능성 따위는 대상이 복잡해질수록 현저하게 낮아진다는 겁니다. 그리고 아주 간단한 물체 이외에는 사실상 예측이 불가능하다는 겁니다.

그런데 우리는 그나마 법칙을 제대로 알고 있지도 못합니다. 무슨 말이냐 하면, 과학의 핵심에서조차도 법칙을 제대로 알고 있는 것 같지 않다는 겁니다. 물리학자라면 우주의 물질에 대해 나보다 더 자세하게 설명해줄 것입니다. 우주의 물질 가운데 90퍼센트 이상이 이른바 '암흑물질$^{dark matter}$' 입니다. 본질을 모르기 때문에 '검다'고 하는 겁니다. 그 물질이 존재한다는 걸 자명한 사실로 인정합니다. 인정하지 않으면 모든 게 엉망진창이 되기 때문입니다. 그래서 우리는 추정하는 겁니다. '이 물질이 우주에서 90퍼센트 이상을 차지한다. 이 물질이 구체적으로 뭔지 알지 못한다.' 초전도[초저온에서 다양한 고체들의 전기 저항이 완전히 사라지는 현상]와 관련하여 새로운 물리학 분야가 생겨나고 있습니다. 나는 물리학자들의 주장을 평가할 입장에 있지는 않지만, 그 분야의 물리학자들은 이 고도로 응축된 물질에서는 기존의 자연법칙으로는 알아낼 수 없는 법칙이 존재한다고 말합니다. 그러니까 초전도의 법칙은 기존의 자연법칙과는 다르다는 겁니다. 다시 말하지만, 간단한 사물에서도 기존의 법칙들이 안 통하는데 하물며 고등 유기체에서는 어떻겠습니까.

유기체의 발전 과정에 대해서 사람들은 '자연선택'을 말하는데 틀린 말은 아닙니다. 분명 다윈은 옳았습니다. 하지만 자연선택은 유기체의 발달 과정에서 아주 주변적인 한 부분에 지나지 않습니다. 물리적 법칙이 통하는 물리적 가능성의 범위가 있는데, 그 범위 내에서만 어떤 특정한 행동이 벌어집니다. 그러니까 이 범위 안에서만 자연선택을 확신할 수 있다는 얘기입니다. 그런데 그 범위가 어디까지인지는 전혀 알려져 있지 않습니다. 무슨 말인가 하면, 복잡한 유기체에게 어떤 법칙이 적용되는지 아무도 모른다는 것입니다. 오늘날 자기-조직 시스템self-organizing system에 대한 연구는 걸음마 단계입니다. 이것은 시스템이 자체의 본성으로 어떻게 구조와 복잡성을 발달시키는지 알아보는 연구입니다. 이제 겨우 이해되기 시작했습니다. 그리고 여기서 말하는 시스템은 인간보다 훨씬 간단한 시스템임을 유념해야 합니다.

예를 들어, 신경생리학에서 사람들이 연구하는 유기체로 선충線蟲이라는 작은 벌레가 있습니다. 과학자가 이 선충을 연구하는 이유는 선충이 아주 작기 때문입니다. 선충은 1,000개의 세포를 갖고 있고, 임신 기간은 사흘이며, 300개의 뉴런(신경세포)을 갖고 있습니다. 게다가 뉴런의 회로回路 다이어그램이 상세히 알려져 있습니다. 그런데도 왜 이 벌레가 어떤 때는 왼쪽으로 움직이고, 어떤 때는 오른쪽으로 움직이는지 아무도 모릅니다. 300개 뉴런의 회로 시스템과 임신 기간이 다 알려졌는데도 현재까지 이 벌레의 행동 패턴을 설명하지 못하고 있습니다. 너무 복잡하고, 너무 많은 일이 벌어지고, 너무 많은 화학적 상호작용이 일어나기 때문이라는 겁니다. 뉴런이 겨우 300개인데도 말입니다. 그러니 여러분의 머릿속에 있는 10의 11승의 뉴런은 어떻겠습니까. 이 차이가 질적으로 너무나 크기 때문에 인간을 이해하려는 문제에 도달하면 과학적 통찰력이라는 것은 거의 무용지물이 되고 맙니다.

바로 이 때문에 언어 연구는 아주 흥미로운 것이 됩니다. 왜냐하면 이런저런 이유로 언어는 무생물의 세계처럼 보이기 때문입니다. 언어의 여러 측면들은 분명 과학적 방법으로 연구할 수 있는데, 아주 흥미롭습니다. 하지만 그것은 인간 행동을 비추는 한 줄기 레이저 빔에 지나지 않습니다. 언어에 관한 대부분의 사항은 여전히 미궁에 빠져 있습니다. 마찬가지로 과학은 당신과 내가 지금 하는 행동을 설명해주지 못합니다. 단지 그 행동에 깃들어 있는 구조만 밝혀낼 뿐, 당신과 내가 구체적으로 어떻게 행동할지는 알려주지 못합니다. 그것에 대해서는 시詩를 쓰는 것 외에는 달리 방법이 없습니다. 따라서 과학적 이해의 범위는 아주 구체적입니다. 과학이 침투해 들어가는 몇몇 분야에서는 아주 깊이 있는 곳까지 이해가 가능하지만, 그 분야는 크게 제한되어 있습니다.

당신이 인간 행동에 관해서 '그것은 우리의 탐구 너머에 있는 문제'라고 말할 수는 있습니다. 하지만 나는 그것이 인간의 '정신적' 특질 때문이라고 말하지는 않겠습니다. 자연의 상당 부분에 대해서는 같은 말을 할 수 있습니다. 아무도 이해하지 못하는 두뇌 능력 또는 정신 능력이 있는데, 그것이 우리로 하여금 과학적 탐구를 하게 해줍니다. 생물학의 다른 분야와 마찬가지로 유기체는 고도로 구조화되어 있습니다. 어떤 것은 아주 잘하지만 어떤 것은 신통치 않습니다. 그러니까 어떤 것을 못해야만 다른 어떤 것을 잘할 수 있다는 얘기입니다. 이 두 가지는 반드시 함께 갑니다. 가령 당신이 우람한 근육의 역도 선수는 될 수 있지만 팔랑거리는 나비가 될 수는 없는 겁니다. 동시에 둘 다 될 수는 없지 않겠습니까? 그러니까 인간의 태아는 인간으로 성장하는 것이지 나비가 되지는 못합니다. 나비가 되기엔 너무 '약'하고, 인간이 될 정도로는 충분히 '강'하기 때문입니다. 논리적으로도 이 둘은 함께 갑니다. 당신이 한 분야에서 뛰어난 능력을 갖고 있으면 다른 분야에서는 형편없는 능력을 갖게 되는 겁니다. 전혀 설명할 수 없는 어떤 이유로 인해, 과학을 정립하는 인간의 능력이 뛰어나서 양자 이론을 알아낼 수 있었다면, 다른 분야에서는 너무 신통치 않아 못 알아내는 분야들도 많이 있는 것입니다. 우리가 못 알아내는 분야들이 어떤 것인지 모릅니다. 하지만 우리가 관심을 가질 만한 분야일지도 모릅니다.

따라서 어떤 사람이 어떤 사회정책에 대해서 과학적 근거가 있다고 주장하거나 어떤 것이 인간과 관련이 있다고 주장한다면, 그것을 일단 의심스러운 눈으로 바라보는 것이 좋습니다. 왜냐하면 과학적 지식이 아직 그런 수준에 도달하지 못했고 아마 앞으로도 못할 것이기 때문입니다.

애덤 스미스: 진짜와 가짜

청중1 선생님은 고전적 자유주의가 "반자본주의적"이라고 말씀하셨습니다. 그것은 어떤 의미입니까?

― 애덤 스미스와 기타 고전적 자유주의자들이 신봉한 근본 원칙은, 인간

은 자유로워야 한다는 것이었습니다. 인간은 독재 기관의 통제를 받아서는 안 되고 인간을 파괴하는 분업에 예속되지 말아야 한다고 보았습니다. 자, 애덤 스미스를 한번 살펴보십시오. 그가 왜 시장을 선호했습니까? 그는 아주 복잡한 설명을 해놓았지만 핵심은 이런 것이었습니다. '사람들이 완전한 자유를 갖고 있으면 시장은 완전한 평등에 이르게 된다.' 바로 이 때문에 애덤 스미스는 시장을 선호했습니다.[34] 애덤 스미스는 사람들이 완벽하게 평등해야 한다고 보았기 때문에 시장을 선호한 것입니다. 그는 고전적 자유주의자로서 동정심, 연대 의식, 자신의 일을 통제할 수 있는 권리 등이 사람의 근본 특성이라고 보았습니다. 그런데 이것들은 자본주의와는 정반대 개념입니다.

사실 고전적 자유주의와 자본주의처럼 생판 다른 개념도 없을 겁니다. 그 때문에 시카고 대학교는 스미스 탄생 200주년 기념판을 펴내면서 텍스트를 왜곡해야만 했습니다(실제로 왜곡했습니다). 진정한 고전적 자유주의자였던 스미스는 그의 이름으로 칭송되고 있는 온갖 어리석은 조치에 대하여 진정으로 반대했던 것입니다.

그래서 200주년 기념판《국부론 *The Wealth of Nations*》—이것은 시카고 대학 출판부에서 나온 학술용 판본으로 아주 흥미로운 텍스트입니다—의 맨 앞에 실린 조지 스티글러의 해설을 읽어보면, 그 해설이 여러 면에서 스미스의 텍스트와 정반대라는 것을 발견할 것입니다.[35] 스미스는 분업을 좋게 생각한 것으로 알려져 있습니다. 하지만 그는 그렇게 생각한 적이 없었습니다. 오히려 분업을 정말 끔찍한 것으로 생각했습니다. 문명사회라면 정부가 적극 개입하여 분업이 인간을 파괴하는 것을 막아야 한다고 말했습니다. 자, 상세한 색인을 자랑한다는 시카고 대학 판《국부론》의 색인에서 '분업'을 한번 찾아보십시오. 그런 항목이 아예 없다는 것을 발견할 겁니다.[36] 바로 이것이 학문 연구의 실제 모습입니다.

사실을 전적으로 은폐하고 사실과는 정반대의 것을 제시하면서 '아마도 473쪽을 읽는 사람은 없을 거야, 왜냐면 나도 읽지 않았으니까'라고 짐작하는 겁니다. 이 책을 편집한 사람들에게 473쪽을 읽었느냐고 물어보십시오. 그러면 아마도 이렇게 대답할 겁니다. '첫 번째 문단은 읽었지만 그 나머지는 대학교 수업에서 배운 것만 기억하고 있다.'

그런데 요점은 이것입니다. 18세기 고전적 자유주의자들은 인간이 어떤 존재가 되어야 하는지에 대해 확고한 개념을 갖고 있었습니다. 즉 인간이 어떤 종류의 존재인지는 그가 하는 일의 종류, 그가 통제할 수 있는 일의 종류, 자신의 결정과 선택에 따라 창조적으로 행동할 수 있는 능력에 달려 있다고 했습니다. 그 당시 이 문제에 대하여 많은 통찰력 깊은 논평들이 나왔습니다.

예를 들어 고전적 자유주의 창시자들 가운데 한 사람인 빌헬름 폰 훔볼트 —이 사람은 우연하게도 오늘날 이른바 '보수파'들로부터 널리 칭송받고 있는데, 그 까닭은 보수파들이 그를 제대로 읽지 않았기 때문입니다—는 이렇게 지적했습니다. "만약 어떤 노동자가 명령받아 어떤 아름다운 물건을 만들어낸다면 그에 대하여 이렇게 말할 수 있으리라. '우리는 그 노동자가 해놓은 것은 존중하지만 그 노동자의 존재에 대해서는 경멸한다.' 왜냐하면 그것은 인간처럼 행동하는 것이 아니라 기계처럼 행동하는 것이기 때문이다."[37] 바로 이런 개념이 고전적 자유주의를 관통하고 있었습니다. 사실 반세기 뒤에 알렉시 드 토크빌[프랑스의 정치가이자 작가]은 "기술은 발전하지만 장인[匠人]은 퇴보하는" 시스템을 가질 수 있으나 그런 시스템은 비인간적이라고 지적했습니다. 왜냐하면 당신이 관심이 있는 것은 장인, 즉 사람이기 때문입니다. 인간이 보람 있고 원만한 삶을 살아가려면 인간이 자기가 하는 일을 통제할 수 있어야 한다는 겁니다. 비록 그것이 경제적으로 덜 효율적이라고 해도 말입니다.[38]

그런데 지난 2세기 동안 지적·문화적 태도에 극적인 변화가 있었고 그리하여 오늘날과 같은 자본주의가 발달하게 되었습니다. 나는 오늘날 고전적 자유주의의 사상이 회복되어야 한다고 생각합니다. 그 핵심 사상이 대대적으로 우리 사회에 뿌리내려야 한다고 봅니다.

18세기 사람들이 경험한 권력과 권위의 원천은 우리가 오늘날 경험하는 것과는 사뭇 다릅니다. 그 당시는 봉건제도가 유지되고 있었고 교회와 절대왕정이 권위의 상징이었습니다. 18세기 사람들은 기업이라는 것은 보지도 못했습니다. 당시에는 그런 게 존재하지 않았으니까요. 고전적 자유주의 원칙을 오늘날의 상황에 적용해본다면 1930년대 후반 바르셀로나에서 실시되었던 무정부주의적 노동조합주의[자유의지론적 사회주의libertarian socialism의 한 형태로 1936년 에스파냐 내전 당시 카탈루냐 지역에서 잠시 시행되었는데 소련, 서구 열강, 파시스트들의 합동 작전에 의해 파괴되고 말았다] 원칙들과 상당히 근접하다는 것을 발견하게 됩니다.

그것은 자유론적 원칙들을 실현하는 데 있어서 인간이 가장 높이 성취했던 사례라고 생각합니다. 또 그것이 올바른 원칙들이었다고 봅니다. 무슨 말이냐 하면, 혁명 와중에 벌어진 일이 모두 옳다고 볼 수는 없어도 전반적인 정신과 특성, 새로운 사회를 건설하려는 아이디어 등은 올바른 것이었다고 생각한다는 말입니다. 조지 오웰의 위대한 책 《카탈로니아 찬가Homage to Catalonia》(에스파냐 내전을 몸소 체험한 오웰의 정치 르포이자 실천적 양심을 보여주는 소설─옮긴이)에 잘 묘사되어 있듯이 민중이 사회의 모든 기관을 민주적으로 통제하면서 운영하는 사회, 나는 우리가 앞으로 나아가야 할 방향이 바로 이것이라고 생각합니다.[39]

컴퓨터와 쇠막대

참조1 노엄, 인간 본성과 사회 변화에 대한 우리의 이해가 제한적일 수밖에 없다는 당신의 말을 감안할 때, 인간과 관련한 사회적 패턴에 개입할 때에는 극도로 조심해야 되는 게 아닐까요?

─ 그렇습니다. 인간 또는 인간 사회에 대한 과도한 개입은 매우 의심스러운 행동입니다. 가령 당신이 개인 컴퓨터를 가지고 있는데 그게 작동하지 않는다고 해봅시다. 그걸 고치겠다고 쇠막대로 컴퓨터를 때리는 건 좋지 않습니다. 우연하게 그 방법으로 컴퓨터가 고쳐졌다고 해도 대체로 보아 그건 좋은 전략이 아닙니다. 인간 사회는 컴퓨터보다 훨씬 더 복잡합니다. 그래서 당신은 실은 그 사회를 어떻게 해야 할지 잘 모릅니다. 필요하다면 그 사회의 구성원들이 직접 변화를 수행해야 합니다. 변화가 위에서 아래로 일방적으로 부과되는 것은 바람직하지 않습니다.
　에스파냐 혁명의 경우를 다시 한 번 살펴봅시다. 그것은 다소 덜 발달된 국가에서 딱 1년간 벌어진 일입니다(물론 그 나라에는 산업이 있었습니다). 그래

---

39 조지 오웰은 1936년 에스파냐로 건너가서 프란시스코 프랑코 장군의 파시스트 군대에 저항해 싸웠다. 그가 도착했을 때 바르셀로나에서는 민중혁명이 한창이었다. 이때의 추억을 그는 《카탈로니아 찬가》에 잘 묘사해놓았다.

서 미래의 모델이 되지 못할 겁니다. 하지만 그 과정에서 아주 흥미로운 일이 벌어졌는데 그게 난데없이 벌어진 건 결코 아닙니다. 거의 50년에 걸친 진지한 조직운동과 실험, 시도와 실패, 군부에 의한 조직 파괴 이후 다시 조직 건설 등을 되풀이한 끝에 이루어진 것입니다. 사람들은 그걸 갑자기 일어난 일이라고 했지만 실은 그렇지 않았습니다. 많은 경험과 생각과 작업이 꾸준히 다져진 결과였습니다. 혁명의 순간이 닥쳐오고 기존의 체제가 붕괴하자 이미 머릿속에 앞으로 어떻게 해야겠다는 그림을 갖고 있었고 그것을 전에 시도해본 적도 있었던 사람들이 그것을 대규모로 실천하려고 나선 것이었습니다. 그것은 다른 많은 방식으로 실천되었습니다. 단 하나의 패턴을 일방적으로 따라간 것이 아니라 여러 집단 공동체들이 서로 다른 조건 아래서 각자 실험을 하고서 무엇이 가장 잘 작동하는지 발견하려 했습니다.[40] 나는 이것이 건설적인 변화를 이끈 아주 좋은 사례라고 생각합니다.

반면에 오늘날, 하버드 대학의 경제학자가 동유럽 국가를 방문하여 '이렇게 하는 것이 경제 발전을 도모하는 방식'이라고 말한다면 그것은 컴퓨터를 쇠막대로 때리는 것이나 다름없습니다. 이 학자가 이해하지 못하는 무수한 사회적·문화적·경제적 요인들이 있을 뿐 아니라 사람들에게 일방적으로 커다란 변화를 강요하는 것은 그게 무엇이 되었든지 실패할 가능성이 매우 높기 때문입니다. 아니, 반드시 실패하고 맙니다. 그리고 그런 실패의 피해자들에게도 엄청난 재앙을 안겨주는 것입니다. 강제적 실험은 늘 시도하는 사람들에게만 좋은 조치였습니다. 영국은 인도에 식민지를 건설한 이래 지난 200년 동안 그런 조치들을 지속적으로 취해왔습니다. 그 조치들은 하나같이 피해자들에게 재앙이 되었고 실시한 자들에게만 이익이 되었습니다.[41] 사회 개혁에 관심이 있는 사람들이 볼 때, 이런 역사는 하나의 분명한 교훈을 남깁니다. 사회 개혁을 하고자 한다면 그 사회의 구성원들이 직접 개혁을 주도해야 하고, 그들의 통제 아래 한 번에 하나씩 수행해야 합니다. 바로 이것이 바르셀로나라는 곳에서 지역 규모로 수행되었는데, 나는 이것이 우리가 움직여야 할 방향이라고 생각합니다.

7

지식인의 책무와 사회 변화를 말하다

※ 1989년, 1993년, 1994년에 우즈홀, 로우, 매사추세츠에서 있었던 토론회를 바탕으로 엮었다.

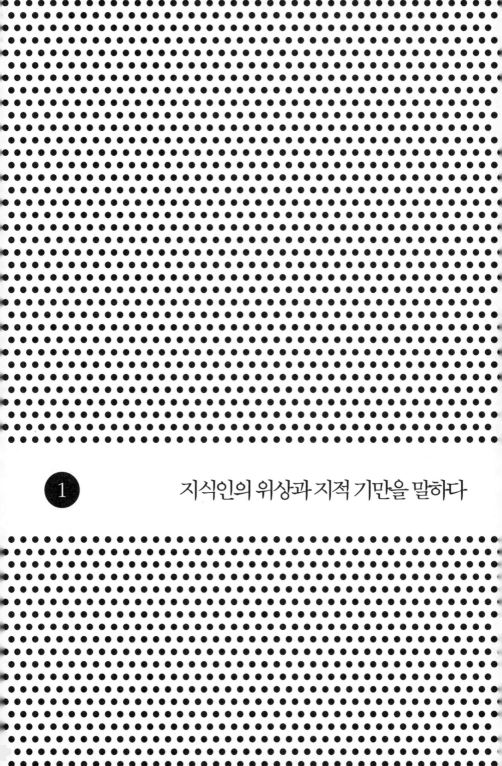

1 지식인의 위상과 지적 기만을 말하다

|

만약 모든 사람이 지식인들이 말하는 내용을 이해할 수 있다면
지식인들이 곤란해지겠지요. 그들을 특별한 존재로 만드는 것은 뭘까요?
바로 지식입니다. 정말 열심히 공부해야 겨우 이해할 수 있는 지식이 있는데
그들은 그걸 알고 있고, 다른 사람들은 알지 못하는 겁니다.
이런 지식이 그들에게 특혜와 권력을 안겨주는 기반이 되는 거지요.

|

레닌주의 · 자본주의 지식층

참조1 자유의지론적 사회주의(자유의지론적 사회주의는 역사적 필연을 강조하는 레닌주의적 사회주의와는 다르게 사회 구성원 각 개인의 의지와 자유를 강조하는 협동주의적 사회주의다.—옮긴이)에 대한 선생님의 비전은 매력적이라고 생각합니다. 그런데 사회는 왜 그 비전대로 변화하지 않았습니까? 무엇이 잘못되었습니까?

— 먼저 이렇게 말씀드리고 싶습니다. 어쩌면 잘못된 게 전혀 없을지 모릅니다. 아직 우리가 그럴 준비가 안 되어 있다고 주장하는 사람들도 있지만, 이렇게 한번 보십시오. 노예제도를 종식시킬 준비가 전혀 안 되어 있던 때도 있었습니다. 주관적인 상황을 비롯하여, 노예제가 존속하던 당시 상황은 노예제의 폐지가 불가능한 것처럼 보였습니다. 오늘날의 상황에 대해서도 같은 말을 할 수 있겠지요. 어느 정도의 계급제도와 지배 구조는 사회 운영상 불가피하고, 그래서 오로지 자신의 욕구를 충족시키기 위한 자본주의 기업 ―더 나아가 '프롤레타리아 독재' 또는 그와 같은 권위주의적 구조 ―등이 사회 내에서 허용되어야 한다고 사람들은 말합니다. 하지만 나는 그런 설명을 전혀 믿지 않습니다. 정말 중요한 점은, 어떤 권력 구조든 그

정당성이 증명되어야만 비로소 합법성을 주장할 수 있다는 겁니다. 그런데 앞에 예를 든 경우들은 그런 논의가 이루어진 적이 없습니다.

세계 각지에서 일어났던 다양한 자유의지론적 사회주의 운동에서 실제로 어떤 일이 벌어졌는지 한번 살펴보십시오. 무력과 폭력이 너무나 많이 개입되어 있어서 운동의 결과라는 게 뻔히 내다보일 정도였습니다. 그래서 공장을 통제하려 했던 협동조합 노동자들의 모든 노력은 초장에 박살 나고 말았습니다. 지난 수백 년 동안 이런 운동이 있긴 했으나, 문제는 그것이 언제나 분쇄되었다는 겁니다. 때때로 무력에 의해 진압되기도 했습니다.

볼셰비키[러시아혁명 때 권력을 잡았고 나중에 공산당이 된 정당]는 아주 좋은 사례입니다. 1917년 10월 볼셰비키 쿠데타가 일어나기까지 러시아에는 초창기 사회주의의 맹아적 제도들 —노동자위원회, 집단농장 등등 —이 있었습니다. [1917년 2월 처음으로 러시아 제정을 붕괴시킨] 민중혁명을 통해 이런 제도들이 시행된 것이지만 볼셰비키가 권력을 잡을 때까지만 시행되었을 뿐 그리 오래가지 못했습니다. 레닌과 트로츠키는 자신들의 권력을 강화하는 과정에서 그런 사회주의적 제도들을 없애버렸습니다. 이처럼 사회주의적 제도를 없애버린 것이 과연 정당한지 따져보아야 합니다. 아무튼 사회주의적 조치들은 볼셰비키 등장 이후 곧 사라져버렸습니다.

지금, 그러한 폐지 조치를 정당화하려는 사람들은 이렇게 말합니다. '볼셰비키는 그래야만 했다.' 이게 그들이 주로 들고 나오는 변명입니다. 레닌과 트로츠키는 내전 발발을 방지하고 생존하기 위해 그렇게 행동했다는 것이죠. 식량도 없었을 테고, 뭐도 없었을 테고, 이런저런 이유를 들이댑니다. 그러면 우리는 이렇게 물어야 합니다. 그게 사실인가? 이에 대답하려면 역사적 사실을 살펴보아야 합니다. 나는 그것이 사실이 아니라고 생각합니다. 사실은 뭐냐 하면, 정말 암울한 상황이 전개되기 전에 이미 막 시작된 러시아 사회주의 구조가 해체되었다는 것입니다. 자, 이제 당신은 가볍게 넘겨버릴 수 없는 어떤 문제와 직면했습니다. 바로 역사적 사실로, 당시의 사람들이 어떤 사람인지, 그들이 무엇을 생각했는지 등입니다. 이제 그 대답을 찾아야 하는데, 그냥 막연히 추측만 해서는 안 됩니다. 레닌과 트로츠키의 기록을 읽어보면, 두 사람은 자신들이 어떤 행동을 하는지 알고 있었고 또 그것을 분명하게 의식하고 또 당연시했습니다. 심지어 그런 행동의 배후에 도덕적 이론과 사회경제적 이론을 갖추고 있었습니다.[1]

무엇보다도 먼저, 정통 마르크스주의자인 그들은 러시아에서 사회주의 혁명이 실제로 가능하다고 보지 않았습니다. 왜냐하면 러시아는 정체된 농업사회였기 때문입니다. 그들에 따르면, 러시아는 사회주의 혁명을 기대할 수 있는 그런 선진 공업 사회가 아니었습니다. 그래서 볼셰비키가 권력을 잡았을 때 그들은 일종의 현상유지 작전을 쓰면서 '역사의 철칙', 즉 선진사회인 독일에서 혁명을 일으켜주기를 기다렸습니다. 독일은 역사적 필연성으로 인해 혁명이 일어날 만한 곳이었지요. 그러면 러시아는 계속 침체된 상태에 있다가 독일의 도움으로 발전하게 된다, 뭐 이렇게 본 것입니다.[2]

그런데 독일 상황은 그들의 예상대로 전개되지 않았습니다. 1919년 1월, 독일에서 혁명이 일어나기는 했지만 곧 진압되었고 독일 노동자계급은 억압당했습니다. 사태가 이렇게 돌아가자 레닌과 트로츠키는 고스란히 책임

---

1 "독일 혁명이 지체되는 상황에서 우리의 임무는 독일인들의 국가자본주의를 연구하는 데 매진하는 것, 그리고 그것을 모방하는 데 노력을 아끼지 않는 것, 또 그 모방을 촉진시키기 위하여 독재적 방식을 채택하는 것도 겁내지 않는 것입니다. 우리의 임무는 과거에 피터 대제가 서구를 철저히 모방했듯이 우리도 그렇게 철저해야 한다는 것입니다." Vladimir Lenin, "Left Wing's Childishness and Petty-Bourgeois Mentality"(초판은 1918년 5월 5일), in *Selected Works*, Cooperative Publishing Society of Foreign Workers in the U.S.S.R., 1935, Vol. VII, pp. 365-366.

을 뒤집어쓰게 되었지요. 그래서 그들은 본질적으로 농업 사회인 러시아를 폭력으로 통제하려 했습니다. 러시아가 제3세계 최빈국 사회 같았기 때문에 민중을 개발로 내몰아야 한다고 본 것입니다. 따라서 그들은 '최고 지도자'의 통제 아래 노동자를 이른바 '노동 군대'로 바꾸는 조치를 취했습니다. 최고 지도자들은 스스로 '국가자본주의state-capitalism'라고 부른 산업화로 러시아를 이끌어나갔습니다.³ 그러면서 이렇게 희망했습니다. '이런 식으로 끌고 나가면, 러시아는 자본주의와 산업화의 초기 단계에 올라서고, 마침내 스승이 예측한 대로 역사의 철칙에 따라 물질적 발전에 도달해 마침내 사회주의가 완성될 것이다'〔스승은 카를 마르크스를 가리키는데, 그는 "역사는 자연 '법칙'처럼 일정하게 발전하는데, 자본주의가 고도로 발전하면 반드시 사회주의가 도래한다"는 이론을 펼쳤다〕.

그래서 그들의 행동에는 그럴듯한 이론이 깔려 있었습니다. 다시 말해 당장은 이토록 무자비하게 행동하지만, 긴 안목으로 보면 사람들에게 커다란 혜택을 가져다줄 것이라는 얘기였습니다. 하지만 내가 볼 때는 결국 전체주의 시스템의 틀을 짜는 것에 지나지 않았고, 레닌을 뒤이은 스탈린이 그 시스템을 더욱 공고히 했습니다.

청중1 선생님은 볼셰비키의 독재적 행동을 명백한 실수an honest mistake 또는 '역사적 우연'이라고 보십니까? 아니면 오로지 소수만이 지도자가 될 만큼 총명하며 박식하고, 그들이 국정을 담당해야 한다고 주장하는 레닌주의적 세계관의 당연한 결과라고 보십니까?

— 내 생각에 문제의 핵심은 마르크스-레닌주의 자체입니다. 우선 '전위

당 'vanguard party' 사상을 한번 살펴봅시다. '여기에 어리석은 군중이 있다. 그리고 이들이 결코 이해하지 못하는 미래가 있다. 이 미래를 향해 군중을 이끌고 가려면 전위당이 필요하다. 이 당은 대중을 이끌고 갈 권리와 능력을 가질 수 있거나 가지고 있다', 뭐 이런 것이 전위당 사상입니다. 하지만 이 전위당 이론은 겉만 그럴듯할 뿐, 결국 까놓고 말하면 '나는 너희를 채찍으로 다스리겠다'는 것입니다. 지배 체제는 자신의 힘을 무한히 복제하려고 하는데 그것을 좋은 말로 둘러댄 것일 뿐입니다. 이것은 자명한 사회적 이치입니다.

되돌아보면, 사실 50년 전 바쿠닌이 예언한 그대로였습니다. 그는 바로 이런 일을 예견했던 것입니다[바쿠닌은 19세기 러시아의 무정부주의자였고 마르크스와 함께, 당시의 주요 사회주의 노동조직인 제1차 인터내셔널의 중요 인물이었다]. 바쿠닌이 마르크스의 주변 인물들에 대해 거론했을 때는 레닌이 태어나기 전이었습니다. 바쿠닌의 예언을 간략하게 정리하면 이렇습니다. 선진 산업 사회를 형성하는 지식층의 본질은 그들이 사회 관리자가 되려 한다는 점입니다. 그들이 무기나 자본을 많이 소유하고 있기 때문이 아닙니다. 이른바 '지식'을 통제·조직·지도할 수 있기 때문입니다. 또 정보를 가공하는 기술과 의사결정 과정에 지지 세력을 동원하는 기술 등을 확보하고 있기 때문입니다.

그런데 바쿠닌은 지식층을 두 부류로 나누어볼 수 있다고 했습니다. 한 부류는 '좌파' 지식인들로, 그들은 민중운동에 편승하여 권력을 잡으려 합니다. 권력 장악에 성공하면 그때는 민중을 복종시키고 통제하려 듭니다. 나머지 한 부류는 직접 권력을 잡을 수 없어서 오늘날 우리가 말하는 '국가 자본주의'(물론 바쿠닌이 이런 용어를 사용하지 않았습니다만 그 뜻을 깊이 살펴보면 그렇습니다)의 봉사자가 됩니다. 바쿠닌에 따르면 두 부류의 지식인 모두 결국에는 '민중의 지팡이로 민중을 때리는 자'라는 겁니다. 다시 말해, 민중을 대표하는 척하면서 민중의 지팡이를 들고 있지만 실은 그 지팡이로 민중을 때린다는 겁니다.**

바쿠닌은 이 얘기를 좀 더 상세하게 전개하지는 않았지만, 그의 분석을 계속 밀고 나가면, 두 부류의 지식인이 이쪽에서 저쪽으로 또는 저쪽에서 이쪽으로 옮겨가는 것은 무척 쉽습니다. 이른바 '실패한 신$^{God That Failed}$' 증후군을 겪는 것은 손바닥 뒤집듯이 쉽습니다. 당신은, 기본적으로 레닌주의자로 시작합니다. 바쿠닌이 이른바 '붉은 관료제$^{Red Bureaucracy}$'라 부른 제도의 일부가 되려는 사람으로 출발하는 겁니다. 하지만 당신은 곧 권력이 그런 식으로 존재하지 않는다는 것을 깨닫게 되고 그다음에는 순순히 우익 이념의 신봉자가 됩니다. 그래서 아직 빛을 보지 못한 예전 동지들의 죄상을 폭로하면서 권력이 현존하는 곳으로 이동하고 그런 식으로 평생을 살아갑니다. 어쩌면 당신은 아예 변신할 필요조차 없는지도 모릅니다. 다른 형태의 권력 구조를 받아들이고 그 아래서 활동하면 되는 것입니다. 사실, 우리는 바로 지금 그런 현상을 옛 소련 지역에서 목격하고 있습니다. 2년 전만 하더라도 공산주의 깡패, 스탈린주의 깡패였던 사람들이 지금 은행을 경영하고 있고 열광적인 자유시장 신봉자가 되어 미국을 찬양하고 있지 않습니까. 실은 이런 일이 지난 40년 동안 지속되어왔습니다. 정말 웃기는 일이지요.

바쿠닌은 이런 일을 예측하면서도 그것이 민중의 본성 때문이라고 말하지는 않았습니다. 그가 이 문제를 얼마나 깊이 생각했는지는 잘 모르겠습니다. 하지만 이 사실만큼은 분명합니다. 붉은 관료제나 국가자본주의를 추진하는 코미사르 따위가 권력을 잡게 된 것은 민중의 본성 때문이 아닙

바쿠닌에 따르면, 어떤 부류의 지식인도 결국에는
"민중의 지팡이로 민중을 때리는 자"라는 겁니다.
다시 말해, 민중을 대표자하는 척하면서 민중의 지팡이를 들고 있지만
실은 그 지팡이로 민중을 때린다는 겁니다.

니다. 무자비하게 권력을 잡을 생각이 없는 사람들은 곧 옆으로 밀려나고 권력을 좇는 자들만 결국 성공한 것일 뿐, 민중의 본성과는 무관합니다. 권력을 잡을 만큼 무자비하고 냉혹하며 폭력적인 사람들이 생존했고, 민중 조직과 협력하여 일반 민중이 서로 단체를 조직하도록 도와준 사람들은 권력이 집중된 상황에서 살아남지 못한 것일 뿐입니다.

마르크스 '이론'과 지적 기만

청중2 노엄, '전위당' 개념은 잘 알겠습니다. 하지만 왜 당신이 폭넓은 일반적 마르크스주의적 분석 ― '마르크스주의자'라고 자처하는 대학 강단의 사람들 등등 ― 을 그렇게 비판하는지 궁금합니다. 무척 불편하게 여기시는 것 같습니다.

― 내게 '마르크스주의'가 별 매력이 없는 것 하나는, 그 사상이 실제로 존재한다는 생각, 바로 그것입니다. 자연과학을 한번 보십시오. 거기에는 '마르크스주의' 같은 것은 없습니다. 예를 들어, 물리학은 어디에도 '아인슈타인주의'나 '플랑크주의' 같은 이름을 붙이지 않습니다. 무슨 주의, 무슨 이즘, 이런 명칭은 이치에 맞지 않습니다. 사람은 신이 아닙니다. 자연과학 분야의 사람들은 그저 사물을 발견하고, 또 잘못을 저지르기도 합니다. 대학원생들에게 잘못을 지적하면 그들은 그걸 참고하여 다음번에는 잘못을 저지르지 않으려고 애씁니다. 그들 주위에 신은 없습니다. 과학자들이 '뉴턴주의'와 '다윈주의'라는 용어를 사용하기는 하지만 아무도 그것을 충실

히 받들어야만 하는 교리라고 생각하지는 않습니다. 스승의 사상을 추측하려고 애쓰거나 스승이 이런 새로운 환경이라면 어떻게 말했을까 따위를 신경 쓰지도 않습니다. 그것은 비합리적인 영역에서나 가능한 얘기입니다. 합리적 존재라면 마땅히 피해야 합니다.

따라서 마르크스주의, 프로이트주의 등은 내가 보기에 비합리적인 숭배일 뿐입니다. 일종의 신학이고, 신학은 사람마다 해석이 제 각각입니다. 나는 그것을 별로 대수롭지 않게 생각합니다. 사실, 내 견해로는, 그것(신학)이 정확한 비유입니다. 마르크스주의와 프로이트주의 같은 개념은 종교의 역사에 속해야 할 성질의 것입니다.

그리하여 문제는 과연 그런 개념이 있느냐는 겁니다. 내게는 '마르크스주의' 같은 것을 논의하는 것조차 이미 잘못입니다. 가령 과학에서는 '플랑크주의'를 논의하지 않습니다. 왜 하지 않을까요? 논의하는 것 자체가 어리석기 때문이지요. 플랑크(독일의 물리학자)는 여러 주장을 했습니다. 그 가운데 어떤 것은 옳아서 나중에 과학으로 흡수되었고, 어떤 것은 틀렸기 때문에 개선되었습니다. 이렇게 말한다고 해서 플랑크가 위인이 아니라는 말은 아닙니다. 갖가지 위대한 발견을 했고 아주 똑똑하고 그러면서도 어떤 때는 잘못을 저지르고 했습니다. 이것이 정말로 우리가 살펴보아야 할 것입니다. 당신이 '마르크스주의'나 '프로이트주의' 따위를 생각하기 시작하자마자 이미 합리성을 포기하는 게 됩니다.

합리적인 사람이 던져야 할 질문은 이런 것입니다. '마르크스의 작업 중에서 어떤 것을 보존하며 수정하고, 또 어떤 것을 포기해야 할까?' 그래요, 일단 살펴보면 뭔가를 찾아낼 수 있습니다. 내 생각에, 마르크스는 19세기 역사를 흥미진진하게 설명했습니다. 그는 뛰어난 저널리스트였습니다. 그가 영국 통치 아래의 인도와 파리 코뮌[1871년 프랑스 노동자들이 일으킨 70일간의 혁명]을 설명한 부분, 《자본론 *Das Kapital*》에서 산업화된 런던을 거론한 부분 등은 상당히 재미있습니다. 후대의 학자들이 그것을 개선하고 바꾸었지만 흥미로운 진술임에는 틀림없습니다.[5]

그는 자본주의에 대하여 하나의 추상적 모델을 제시합니다. 솔직히 말해서 나는 그것이 얼마나 가치 있는지 확신이 서질 않습니다. 그것은 추상적 모델입니다. 그런 만큼 다른 추상적 모델과 마찬가지로, 사태를 아주 엄밀하고 자세하게 설명할 의도가 없었고 그보다는 어떤 결정적 특징을 추출하여 연구하려는 것이 주된 목적이었습니다. 추상적 모델의 경우에는 이런 질문을 던져야 합니다. '복잡한 현실을 얼마나 포착하고 있는가?' 마르크스의 경우는 미심쩍습니다. 무엇보다도, 19세기 자본주의를 얼마나 포착했는지 의문스럽고, 20세기 후반의 자본주의를 얼마나 파악했는지는 의문이 훨씬 더 많이 생깁니다.

마르크스는 역사와 경제에는 일정한 법칙이 있다고 말했습니다. 솔직히 말해서 나는 그 법칙을 잘 이해하지 못하겠습니다. 마르크스의 모델을 따르는 법칙이 내게는 보이지 않기 때문입니다. 물론 이렇게 말한다고 해서 내가 어떤 더 좋은 법칙을 안다는 뜻은 아닙니다. 단지 역사의 '법칙' 같은 것은 없다는 생각이 든다는 거지요.

마르크스에게는 사회주의 사상이 전혀 없었고 게다가 그는 사회주의 철학자가 아니었습니다. 마르크스 전집 안에 사회주의를 언급하는 문장은 약 다섯 개뿐입니다.[6] 그는 자본주의 이론가였습니다. 하지만 몇몇 흥미로운

---

5 마르크스 저서 중 관련 부분은, "The Civil War in France", 1871(파리 코뮌에 관하여), "On Imperialism in India", 1853(인도에 진출한 영국에 대하여), *Capital*, Vol. 1, 1867(산업화한 런던에 대하여) 등이다.

개념을 도입했습니다. 양식을 갖춘 사람이라면 누구나 알아야 할 개념인 계급, 생산관계 등이 그것이지요…….

<u>첼존2</u> 변증법은요?

— 변증법은 내가 이해하지 못한 개념입니다. 무슨 뜻인지 전혀 모르겠어요. 마르크스는 그 단어를 사용하지 않아요, 그 단어를 사용한 사람은 엥겔스입니다.[7] 누가 그 의미를 내게 설명해주면 좋겠습니다. 나는 '변증법'에 대해 설명하는 온갖 책을 다 읽었는데도 도무지 무슨 소린지 알지 못했으며 막연한 실마리조차 얻지 못했습니다. 그건 복잡성, 대안적 견해, 변화 등을 의미하는 것 같습니다. 하지만 여전히 변증법이 무엇이냐고 누가 묻는다면 내 대답은 잘 모르겠다는 겁니다.

솔직하게 진실을 털어놓죠. 나는 이런 문제에 부딪치면 약간 단순해집니다. 4음절의 단어를 들을 때마다 나는 의심이 듭니다. 왜냐하면 그런 것을 단음절로 말할 수 없는지 확인하고 싶어지기 때문입니다. 잊지 마세요, 지적 작업이라는 게 결국 지식인 계층을 위한 역할을 만들어낸다는 것을. 만약 모든 사람이 지식인들이 말하는 내용을 이해할 수 있다면 지식인들이 곤란해지겠지요. 그들을 특별한 존재로 만드는 것은 뭘까요? 바로 지식입니다. 정말 열심히 공부해야 겨우 이해할 수 있는 지식이 있는데 그걸 그들은 알고 있고, 다른 사람들은 알지 못하는 겁니다. 이런 지식이 그들에게 특혜와 권력을 안겨주는 기반이 되는 거지요.

자, 이른바 '문학 이론'이라는 것을 가지고 구체적으로 한번 살펴봅시다. 나는 문학 '이론' 같은 것은 없다고 생각합니다. 그것은 문화 '이론'이나 역사 '이론'이 없는 것과 같은 이치입니다. 어떤 사람이 책을 읽고 그 책에 대해 얘기하고 사람들에게 자신이 이해한 바를 전달해준다면, 그건 좋아요. 가령 에드먼드 윌슨 같은 사람은 그런 일을 잘했지요. 하지만 그에게 문학 이론 따위는 없었습니다. 그런데 저쪽 방에서 퀴크에 대해 얘기하는 물리학자와 어울리고 싶다면, 지식인은 아무도 이해할 수 없는 복잡한 이론을 아는 체합니다. '그는 아무도 이해할 수 없는 복잡한 이론을 알고 있는데, 왜 나는 그걸 모르는 거야?' 뭐 이렇게 생각이 돌아가는 거지요. 그래서 어떤 사람이 복잡한 역사 이론이라고 하면서 내놓는 것도 사정은 위의 경우와 별반 다르지 않습니다. 따지고 보면 그것은 자명한 이치이거나 아니면 재치 있는 아이디어에 불과합니다. 가령 어떤 사람이 '헌법의 배후에 있는 경제적 요인을 살펴보는 게 좋지 않을까?' 하고 말하는 것 따위가 그렇습니다. 하지만 그런 문제라고 해도 단음절로 설명하지 못할 게 없습니다.

사실, 자연과학을 제외한다면 웬만한 문제는 모두 한마디로 설명할 수 있는 것들입니다. 그렇지 않은 문제는 아주 희귀합니다. 때때로 흥미롭고도 단순한 아이디어들인데도 생각해내기 어렵고 풀기 어려울 때가 있습니다. 가령, '현대의 산업 경제는 어떻게 발전했는가' 하는 질문이 그런 것인데 이것에 대해 깊이 알고 싶다면 공부를 많이 해야 합니다. 하지만 이 문제도 적용할 '이론'은 별로 없습니다. 처음부터는, 잘 보이지 않는 원칙 같은 '이론'은 없는 겁니다. 그런 이론들을 실제 사회에서 발견하려고 한다면 여러분은 헛수고만 하게 될 겁니다.

그런데 말이지요, 내가 쓴 정치 관련 저서들은 좌익과 우익 양쪽으로부터 이론이 없다는 비난을 받고 있습니다. 하지만 이론만 놓고 따진다면 내 책들은 다른 사람들의 저서 못지않게 이론적입니다. 단지 나는 '이론적'이

대부분의 이론은 사기라고 봐도 무방합니다.
사람들이 이해할 수 있는 것이라면
그것은 간단히 설명될 수 있어야 합니다.

라는 말 대신에 '상식적'이라는 말을 사용할 뿐입니다. 내 저서들은 정말 상식에 바탕을 두고 있습니다. 물론 이렇게 말한다고 해서 '깊은 이론'을 갖추었다고 하는 어떤 사람들의 저서가 전혀 흥미롭지 않다는 얘기는 아닙니다. 그들은 때때로 흥미진진한 말을 할 때도 있습니다. 하지만 고등학생 수준에서는 다룰 수 없는 지식, 또는 고등학생이 도저히 이해할 수 없는 지식은 아닙니다. 고등학생이라도 충분한 시간을 갖고 약간의 훈련만 받는다면 얼마든지 이해할 수 있는 내용입니다.

지식인들이 투명하지 않은 어떤 사고의 틀을 만들어낼 때 우리는 심각하게 의심해야 합니다. 사실 삶의 대부분의 영역에서 우리가 알고 있는 지식의 양은 아주 적습니다. 어떤 분야, 가령 양자물리학 같은 분야는 사기가 아닙니다. 하지만 대부분의 이론은 사기라고 봐도 무방합니다. 사람들이 이해할 수 있는 것이라면 그것은 간단히 설명될 수 있어야 합니다. 그런데 '변증법'이나 '해석학' 등 이른바 심오하다고 생각되는 온갖 용어들이 난무한다면, 괴링처럼, "나는 권총을 빼들겠습니다".

청중1 '변증법'이라는 용어를 이해하지 못한다는 당신의 말씀은 큰 위안이 됩니다. 나도 그 용어에 의문을 갖고 있었는데 당신의 말씀은 그 의문의 정당성을 입증해주는 듯하군요.

— 그 용어가 무의미하다고 말하는 건 아닙니다. 사람들이 그 용어를 사용하는 것을 보면 그들은 뭔가 의사소통하는 것처럼 보입니다. 하지만 그건 터키어로 얘기하는 사람들을 지켜보는 것과 같지요. 뭔가 얘기가 오고 가지만 나는 그 얘기에 낄 수 없어요.

실제로 인터뷰하면서 가끔 나는 '변증법'을 모른다고 얘기한 적이 있습니다. 그러면 사람들로부터 장문의 편지가 날아옵니다. "그것을 이해하지 못하다니요? '변증법'은 이런 것입니다." 편지에는 이해할 수 없는 내용 아니면 상식적인 내용이 담겨 있습니다. 어쩌면 내게는 그걸 이해하는 유전자가 없는 것인지도 모릅니다. 음치가 음악을 알아들을 수 없는 것처럼 말입니다. 하지만 내가 정치와 경제 분야에서 만나는 현상들은 흥미롭기도 했지만 관찰하는 순간 거의 모두 이해할 수 있었습니다. 아마 당신도 처음부터는 잘 이해하지 못해 누가 알려줘야 했거나 아예 끝까지 이해하지 못했을 겁니다.

나는 의심이 많은 사람입니다. 뭔가를 이해하지 못할 때는 누구나 의심할 권리가 있다고 생각합니다. 가령 양자전자역학 책의 어떤 페이지를 볼 때 나는 한 대목도 이해하지 못합니다. 하지만 그걸 이해하려면 어떻게 해야 하는지 알고 있고, 그렇게 하면 이해할 수 있다고 확신합니다. 나는 다른 복잡한 것들을 이런 과정을 통해 이해했습니다. 내가 어떤 훈련을 받아야 하는지를 알아보고, 또 초기 자료와 후기 자료를 모두 공부하고 마침내 그것을 이해하는 수준까지 발전했습니다. 또는 물리학과의 동료 교수를 찾아가서 이렇게 말하기도 합니다. '왜 모든 사람들이 이 내용에 흥분하는지 내게 얘기해주세요.' 그러면 그들은 내 수준에 맞춰 그것을 어떻게 공부해야 하는지 알려줍니다. 이렇게 하면 나는 기존의 자료보다 더 깊이 이해한다거나 새로운 어떤 것을 발견한다거나 하는 일은 못하겠지만 적어도 그것을 이해는 하게 될 것입니다. 반면에 마르크스 철학을 다룬 책이나 문학 이론서를 한 페이지 들춰보면, 평생 동안 들여다보아도 그걸 절대 이해하지 못하리라는 생각이 듭니다. 더 깊이 이해하려면 어떻게 해야 할지 난감하고, 어떤 조치를 취해야 하는지조차 알 수 없습니다.

어쩌면 이 분야가 내 능력을 벗어난 것일 수도 있고 내가 그만큼 똑똑하지 못한 것일지도 모릅니다. 하지만 이런 결론은 좀 그렇군요. 이 분야의 사람들이 물리학과 수학 ─내가 이해할 수 있다고 생각하는 과목들─ 보다 더 복잡한 것을 만들어냈다는 얘기가 되니까요. 나는 솔직히 문학 이론가나 마르크스 철학 전공자가 지난 수백 년 동안의 힘겨운 지적 작업을 능가하는 수준까지 발전했다고는 믿지 않습니다.

청중1 선생님은 철학 전반에 대해서도 같은 생각을 가지고 계십니까?

─ 내가 이해한다고 생각하는 철학의 분야는 대부분 고전 철학입니다. 내가 이해하지 못하는 것들도 있는데 그것들은 내가 보기에 말이 되지 않기 때문입니다. 물론, 이것은 어려운 문제입니다. 무슨 말이냐 하면, 어떤 것이 말이 되지 않는다고 얘기하는 것이 비난만은 아니라는 뜻입니다. 알아듣기 쉽게 얘기하기가 어려운 주제들이 분명 있습니다. 하지만 나는 가령 러셀이나 분석철학 또는 비트겐슈타인 등을 읽으면 금방 이해할 수 있습니다. 때때로 그들의 말이 왜 틀렸는지도 알 수 있습니다. 하지만 데리다, 라캉, 알튀세르 또는 그 밖에 다른 사람을 읽으면 내용을 이해하지 못합니다. 단어들이 내 눈앞에서 흘러가버려요. 나는 그들의 주장을 따라갈 수도 없고 알아보지도 못해요. 사실을 기술했는데도 전혀 사실 같아 보이지 않아요. 어쩌면 내게는 그들을 이해하는 유전자가 없는지도 모르지요. 충분히 있을 수 있는 일이기도 하고요. 하지만 솔직히 말하건대, 모두 지적 사기라고 생각됩니다.

참조1 당신은 과학자들을 순수하다고 생각해 지나치게 칭찬하고 있는 게 아닌가요. 뉴턴 역학을 예로 들어봅시다. 아인슈타인이 등장하여 그것이 어디가 틀렸는지 밝혔습니다. 하지만 오랫동안 과학계는 그것을 '뉴턴' 물리학이라고 불렀어요.

— 흥미로운 경우입니다. 뉴턴 물리학은 아주 혁명적인 발전이었으므로 다소 성스러운 것으로 취급되었지요. 내 말은, 깊은 의미에서 사물을 설명한 것은 인류 역사상 뉴턴이 처음이었다는 뜻입니다. 그 결과가 너무 포괄적이고 단순하며 넓은 범위에 영향을 미쳤기 때문에 필연으로 보였던 것이지요. 오랫동안 그렇게 여겨진 것이 사실이고요. 그래서 칸트는 뉴턴 물리학에서 선험적 원칙을 끌어내는 것을 철학의 임무로 여겼고, 또 그것이 수학과 동등한 진리임을 보여주려고 했습니다. 그러다가 19세기 말과 20세기 초가 지나서야 뉴턴 역학의 개념적 오류가 아주 명확히 밝혀졌고, 그것을 깨닫자 '과학'이 무엇인지에 대한 우리의 개념이 진정으로 발전했습니다. 따라서 과학은 어느 기간 동안 약간 종교적인 성격을 지녔던 것인데, 이렇게 보면 당신 말이 옳습니다. 우리는 그런 상황에서 벗어나야 한다고 생각합니다. 이제는 더 이상 그런 일이 없을 것입니다.

2 교육과 통제, 길들여지는 사회를 말하다

|

지금 사회에 작용하는 외부 권력 구조가
학교에 입김을 불어넣고 있습니다. 그래서 학교의 제도적 기능은
일방적인 것이 되고 말았습니다. 그러니까 학생들을 복종과 순응으로 길들이고,
그들을 세뇌시켜 통제 가능한 시민으로 양성하는 것입니다.
학교는 이런 역할을 충실히 수행하는 한 제도권으로부터 후원을 받게 될 것입니다.

|

과학과 인문학의 이데올로기 통제

청훈1 이데올로기 통제라는 측면에서 볼 때, 과학이 인문학 및 사회과학과 근본적으로 다르다고 보십니까? 과학계에는 다른 분야, 가령 경제학이나 정치과학에는 분명 있는 연구 장벽이나 세뇌 작업 따위는 없는 것 같은데요.

— 글쎄요, 과학에도 과거에 이데올로기 통제 문제가 있었습니다. 물론 지금은 극복했지만 말입니다. 이를테면 갈릴레오가 그 문제에 직면했었습니다[이탈리아의 천문학자이자 과학자였던 갈릴레오는 1633년에 로마 가톨릭교회에 의해 체포되었고 지구가 태양을 돈다는 자신의 결론을 부인해야만 했다]. 2세기 전의 서양을 돌이켜보면 과학의 이데올로기 통제는 심각했습니다. 데카르트는 세계에 관한 그의 논문 마지막에서 인간의 정신을 다룬 부분을 찢어버렸다고 알려져 있습니다. 갈릴레오의 운명을 알고 있었기 때문입니다. 그것은 사형선고나 마찬가지였고, 종교재판소가 분명 그 역할을 했습니다. 그래요, 과학 분야의 이데올로기 통제는 적어도 서양에서는 지나간 일이지만 세계의 다른 지역에서는 그렇지 않습니다.

청훈1 하지만 왜 지나간 겁니까?

― 거기에는 몇 가지 이유가 있습니다. 하나는 민중이 몇 세기 동안 투쟁하여 얻은 자유와 계몽정신이 크게 늘어났기 때문입니다. 지금은 절대왕정 시대보다 훨씬 더 자유로운 사회가 되었습니다. 지식인이 종종 그 역할을 해냈고 이념적 장벽을 무너뜨렸습니다. 예를 들어 계몽주의 시대[18세기]에 들어와 훨씬 더 자유롭게 생각할 수 있는 여지가 확대되었습니다. 그것은 사람들의 용기를 북돋았고 투쟁을 불러일으켰으며 그리하여 그것이 오늘날까지 계속된 것입니다.

또 공리적 이유도 있습니다. 특히 19세기 중반 이후, 사람들은 근대과학을 통해 물리적 세계를 깊이 이해할 수 있는 능력을 얻었고 근대의 산업 발전을 비판하며 서로 교류했습니다. 과학의 발전은 물질적으로 개인의 이윤추구와 개인적 권리 향상에 기여했습니다. 따라서 과학적 탐구의 자유를 허용할 공리적 이유가 있었는데, 이것은 내가 과장하는 것이 아닙니다. 과학에서 일어난 일들은 다른 분야에서 자유를 얻은 과정과 흡사합니다. 노예제도의 철폐나 미국 역사상 150년이 지난 뒤에야[1920년에] 여성이 투표권을 얻은 사건 등이 그런 것이지요.

이것도 잊지 마십시오. 계몽주의 시대를 가져온 과학의 대혁명 이후 과학자들이 (다른 분야에서는 아주 효과적이었던) 교리적 통제를 따르며 과학을 하는 것은 불가능했습니다. 다시 말해, 뉴턴 이후에는 과학자가 이념적으로 광적인 신앙을 전파하려고 하면 과학계에서 곧장 퇴출되었다는 뜻입니다. 학문의 발전이 크게 이루어진 것이지요. 이 발전은 사회과학 및 인문학과는 사뭇 달랐습니다. 사회과학이나 인문학에서는 아무도 사기치는 것을 막지 못합니다. 헛소리를 지껄이지 못하게 하는 대자연이 없으니까요. 그 결과, 양쪽 학문의 문화가 정말 달라졌습니다.

따라서 자연과학 대학원에 들어간 학생은 곧 중요한 탐구를 하게 됩니다. 학문하는 기술을 제대로 배웁니다. 과학을 배우는 것이 아니라 뛰어난 학자들 밑에서 도제로 일하면서 연구의 실무를 깨치게 됩니다. 그들의 목표는 창조적으로 연구하는 방법을 배우고 모든 것에 도전하는 것입니다. 그건 인문학 및 사회과학의 연구 방식과 사뭇 다릅니다. 인문·사회과학 분야의 대학원생은 일정 분량의 지식을 흡수하고 그 안의 어떤 협소한 분야를 선택한 다음 평생 그것만 연구합니다.

그러니까 이런 식입니다. 가령 인문학에서 존경받는 학자가 되는 길은, 1720년대와 1790년대까지 영국 소설의 난해한 분야를 하나 골라내어 역사상 그 어떤 사람보다 정보를 많이 갖는 것입니다. 그래서 어떤 소설가가 어떤 단어를 여기저기에서 어떻게 사용했는지 따위를 알게 됩니다. 이 작업은 정말 머리를 쓸 필요 없는 일이지만 그래야 안다고 할 수 있는 것입니다. 진정한 지적 도전은 별로 없습니다. 이 분야에서는 콤마를 제자리에 찍지 않는 것도 잘못이고, 최악의 범죄로 여깁니다. 물론 내가 약간 과장해서 말하고 있기는 하지만 실제로 그런 식입니다. 하지만 자연과학 분야는 사뭇 다릅니다.

학교의 기능과 교육의 실종

청중 2 하지만 인문학과 사회과학에서 그런 이데올로기 통제 메커니즘이 어떻게 작용하는지 잘 모르겠습니다. 그러니까 학교가 정확히 어떻게 세뇌 시스템이 되는 겁니까? 그 과정을 더 자세히 설명해주시겠습니까?

— 내 생각에 요점은 유치원부터 대학원까지 전체 교육과정이 제도권의 적정한 역할을 수행할 때만 용인된다는 것입니다. 그럼, 대학을 예로 들어봅시다. 여러 가지 점에서, 대학의 기능은 언론기관의 기능과 별로 다르지 않습니다. 하지만 대학이 훨씬 더 시스템이 복잡하기 때문에 체계적으로 연구하기가 더 어렵습니다. 대학은 등록금만으로 운영자금을 충당하지 못해 외부의 후원이 필요한 기생적^{寄生的} 기관입니다. 즉 대학이 부유한 동창생들, 기업, 정부에 의존한다는 뜻인데 부자, 기업, 정부는 기본적 관심사가 같습니다. 그러니 대학이 이들의 관심사를 충족시킨다면 그들이 자금을 댈 것입니다. 반대로 그러다 그들의 관심사를 충족시키지 못하게 되면 문제에 직면하게 될 겁니다.

예를 들어 1960년대 말, 대학들이 그 서비스를 적절하게 수행하지 않는 경향이 나타나기 시작했습니다. 학생들은 질문을 던지고 독립적으로 생각했으며 기존 체제의 많은 가치 체계를 거부했고 온갖 것에 도전했습니다. 기업계는 그 행동을 주시하면서 갖가지 방법으로 대응 전략을 짜기 시작했습니다. 한 가지 예를 든다면, 기업은 대안 프로그램을 개발하기 시작했는데 IBM은 자체적으로 엔지니어를 양성하는 직업 훈련 프로그램을 만들기 시작했습니다. 만약 MIT가 기업이 원하는 방식으로 도와주지 않는다면, 기업이 직접 나서겠다는 것이었지요. 이렇게 된다면 MIT는 자금을 받지 못하게 됩니다. 그런데 1960년대에는 걷잡을 수 없을 정도로 빗나가지는 않았고 그 움직임이 아주 제한적이었습니다. 그렇지만 대학에 갖가지 압력이 들어왔던 것은 맞습니다.[8]

사실 여러분은 바로 지금 이런 비슷한 상황을 목격할 수 있습니다. 앨런 블룸과, 모든 사람들의 입에 오르내린 블룸의 책, 《미국 정신의 종말》[9]을 구체적 사례로 들어봅시다. 이 책은 엄청난 베스트셀러가 되었는데 여러분도 읽어보았는지 모르겠군요. 아무튼 이 책은 믿기 어려울 만큼 재미가 없습니다. 이런 말은 차마 하기가 그런데…… 나는 아내가 슈퍼마켓에서 장볼 때 선 채로 이 따분한 책을 읽었어요. 약 15분이 걸렸지요.

_{청중1} 그럼 1분에 2,000단어를 읽었다는 말씀입니까?

— 내 말은 그냥 '읽었다'는 거지요. 책장을 넘기면서 좀 재미있는 대목이 있는지 알아보았다는 겁니다. 책의 요점은 교육을 일종의 해병대식으로 해야 한다는 것입니다. 그러니까 모든 학생을 위해 미리 선정한 '위대한 사상'의 목록을 읽으라고 일방적으로 강요하는 겁니다. 그리고 이렇게 말하는 것입니다. '여기 위대한 사상이 있습니다. 서양 문명의 위대한 사상이 이 전집 속에 결집되어 있습니다. 학생들은 여기에 앉아 그것을 배우고, 그것을 읽고, 그것을 반복하기만 하면 됩니다.' 바로 이것이 블룸이 요구하는 해병대식 교육 모델입니다.

지금까지 교육을 생각해본 적이 있거나 교육에 관계된 사람이나 학교를 다닌 적이 있는 사람들은, 그런 교육을 실시하면 결국 학생들이 아무것도 모르는 상태로 학교를 졸업하게 된다는 것을 알고 있습니다. 어떤 사상이 얼마나 위대한지는 별로 중요하지 않습니다. 그 사상이 일방적으로 부과되고, 학생들이 그것을 단계적으로 암기해 시험을 치르고, 그다음에 그것을 까맣게 잊어버린다면 그건 아무런 의미도 없는 교육이 되고 맙니다. 여

9 Allan Bloom, *The Closing of the American Mind: How Higher Education Has Failed Democracy and Impoverished the Souls of Today's Students*, Simon and Schuster, 1987.

러분은 학교 다닐 때 많은 강의를 이수했고 숙제를 하고 시험을 보고 어쩌면 'A' 학점을 받기도 했을 겁니다. 그러나 시험 보고 일주일만 지나면 무엇을 배웠는지 까맣게 잊어버린 경험이 분명 있을 겁니다. 이것은 진정한 교육이 아닙니다. 학습에 어떤 목적이 있고, 또 학습자가 스스로 동기부여가 될 때 비로소 학생은 사물에 대해 배우게 되고 생각하는 방법을 배우게 됩니다. 학생에게 학습 의욕을 북돋아주는 것, 그게 최고입니다. 사실, 교육의 모든 방법론은 실제로 그 이상도 그 이하도 아닙니다. 학생은 먼저 배우고 싶은 마음이 있어야 학업을 성취합니다.

그런데 블룸과 다른 모든 사람들이 요구하는 학습 모델은 학교에 엄격한 기강을 정립하고, 학생들이 스스로 생각하는 것을 막으려는 방법론의 일부일 뿐입니다. 이 학습 모델은 학생들에게 이른바 '양서良書'라 할 정전^{canon}을 강요하여 암기하게 만드는데, 이러면 수준 높은 교육 효과가 저절로 나타나리라고 안일하게 생각하는 것입니다. 정말 어리석은 교육 형태입니다. 하지만 이것이 이 교육 형태가 선택되고 후원된 이유였습니다. 과거에 이 교육 방법에 의문이 제기되었을 때 교육 당국자들이 심한 히스테리를 보였던 이유도 바로 이것 때문이었지요. 적어도 그들은 이런 방식으로 학생을 훈련하고 단련시키는 것이 아주 효과적이라고 생각했던 것입니다. 내 생각에, 블룸 책이 베스트셀러가 된 것은 주로 1960년대의 학생운동과 학교와 대학에 대한 도전이 가져온 해방 효과에 맞불을 놓은 결과로 보입니다.

^{청중2} 앨런 블룸이 열거한 '위대한 사상'은 모두 엘리트 백인 남성들의 것이었습니다.

— 예, 그렇습니다. 하지만 설사 그가 자료를 다르게 배치했더라도 큰 차이가 없었을 겁니다. 그런 식으로 '위대한 사상'을 배치해놓고서, 똑똑한 우리가 선택해놓았으니 어리석은 당신들은 우리한테서 이것들을 배워라, 또는 배울 능력이 안 되면 암기하라, 라고 말하는 것은 정말 웃기는 얘기입니다. 만약 당신이 플라톤[10]의 저서를 읽어보겠다고 생각한다면, 플라톤을 읽는 것은 좋습니다. 하지만 당신은 스스로 플라톤 책의 어떤 점이 옳고 그른지, 그 책을 어떻게 읽어야 더 좋은지, 플라톤이 왜 이렇게 말하고 있는지, 여기에서 왜 이런 엉뚱한 주장을 하는지 따위를 생각해가며 읽어야 합니다. 학문하는 방법도 마찬가지지만, 이것이야말로 위대한 작품을 제대로 읽는 방법입니다. 하지만 미국 학생들은 이런 비판적인 독서 방법을 배우지 않습니다. 절대 진리이기 때문에, 또는 위대한 사상이나 뭐 그런 것이기 때문에 기계적으로 읽도록 강요당하고 있습니다. 이것은 교리를 무조건 외우라고 하는 최악의 신학과 다를 바 없습니다.

요점은, 무엇을 읽느냐가 아니라, 그것을 어떻게 읽느냐가 중요하다는 것입니다. 물론 나는 만화책 얘기를 하는 게 아닙니다. 저기 저 밖의 세상에는 문화적 부가 풍부합니다. 문화적 의미가 풍부한 지식을 배우고자 할 때 탐구해야 할 영역은 거의 제한이 없습니다. 진실과 이해의 바탕을 독점하는 고정된 영역 따위는 있을 수 없습니다. 그러니까 이른바 '양서'를 읽고 그 내용을 암기했다가 일주일이 지나면 잊어버리는 것, 이게 진실과 이해의 바탕이 될 수는 없습니다. 만약 그런 책들이 당신에게 개인적으로 아무런 의미가 없다면, 그걸 꼭 읽어야 할 필요도 없습니다. 어떤 책이 한 사

10　블룸은 끊임없이 플라톤을 인용한다. 가령 다음 문장이 그러하다. "인간은 그 어느 때보다 오늘날, 플라톤과 셰익스피어를 읽으면 더 진실하고 더 풍성하게 살 수 있다." (p. 380)

람에게 어떤 의미를 줄지 미리 알기는 매우 어렵습니다. 세상에는 멋진 문학이 풍부합니다. 고대 그리스 작가와 단테 등을 읽지 않으면 뭔가 놓칠지도 모른다는 생각은 근거가 없습니다. 내 말은, 고전 문학을 놓친 대신 다른 문화적 전통에 관해 알게 되었다면 걱정할 필요가 없다는 것입니다.

예컨대 철학을 살펴봅시다. 이 분야는 내가 좀 알기 때문에 자신 있게 말할 수 있습니다. 현대 철학계에서 최고로 활동하는 철학가 중에는 철학 분야에서 상당한 영향을 끼친 플라톤과 아리스토텔레스의 사상적 차이를 명확하게 알지 못하는 사람들이 있습니다. 그들이 예전에 교양학부를 수강할 때 암기한 내용을 제외한다면 말입니다. 자, 그렇다고 플라톤과 아리스토텔레스를 읽지 않아도 된다는 얘기는 아닙니다. 정말 읽어야 할 책들은 엄청나게 많습니다. 그런데 사람들이 알고 싶어 하는 것에 비하면 실제 독서는 아주 작은 부분에 지나지 않습니다. 그리고 작은 부분이라도 그냥 읽어서는 별로 유익하지도 않습니다. 그 내용이 자신만의 창조적 과정에 녹아들어 뭔가 도움을 줄 때 비로소 당신은 배울 수 있는 겁니다. 그렇지 못하면 독서한 내용은 당신의 마음을 스치고 사라집니다. 이런 독서는 가치가 없습니다. 교리문답을 외우거나 헌법이나 그 비슷한 문서를 암기하는 것에 지나지 않습니다.

진정한 교육은 사람들로 하여금 스스로 생각하게 만드는 것입니다. 얼마나 교육이 잘됐는지 측정하기는 까다롭지만, 당신이 무엇을 가르치든 사람들의 관심을 끌어야 하고 그들로 하여금 생각하게 만들고, 추구하고 탐구하고 싶은 마음이 일어나게 해야 합니다. 따라서 '양서'를 암기시키는 것은 완전 최악의 방법이고, 그 방법은 사람들을 자동인형으로 만들 뿐입니다. 이것을 교육이라고 명명할 수도 있겠지만, 진정한 교육과는 정반대되는 것입니다. 윌리엄 베네트[레이건 행정부 시대의 교육부 장관]와 앨런 블룸 같은 사람들이나 좋아하는 방식입니다.

청중2 선생님은 대학과 학교의 진정한 목적이 사람들을 세뇌하는 것 외에 다른 것은 없다고 말씀하시는 겁니까?

— 꼭 그렇게 말하는 건 아닙니다. 학교에서 의미 있는 일이 전혀 일어나지 않는다, 학교는 기업이나 기타 기관들에게 인적 자원을 공급하기 위해서만 존재한다, 뭐 이렇게 말하는 건 아닙니다. 따지고 보면 학교는 아주 복잡한 시스템이기 때문입니다. 하지만 제도권 내에서 학교가 수행하는 역할과 기능(이 때문에 학교들이 후원을 받는데)은 분명히 이념적 서비스를 제공하는 것입니다. 즉, 학생들로 하여금 복종과 순응을 선택하도록 유도하는 것입니다. 내 생각에, 이 과정은 실제로 유치원부터 시작합니다.

개인적인 이야기를 하나 해보겠습니다. 내 오랜 친구는 열다섯 살 때 히틀러 치하의 라트비아를 떠나 미국으로 도피해온 사람입니다. 부모와 함께 뉴욕으로 왔고 조지워싱턴 고등학교에 다녔습니다. 당시 그 학교는 뉴욕 시의 똑똑한 유대계 학생들이 다니는 것으로 유명했습니다. 그가 한번은 내게 이런 얘기를 했습니다. 미국 학교에 대한 그의 첫 번째 인상은, 그가 한 과목을 C 학점 받는 것은 아무도 신경 쓰지 않았지만 3분만 지각하면 교장실로 불려간다는 사실이었습니다. 아주 일반적인 일이었어요. 그때 내 친구는 그것이 무엇을 의미하는지 분명하게 깨달았습니다. 여기 미국에서 소중하게 여기는 것은 개개인의 걸출한 능력이 아니라, 조립 라인(그것이 지적 조립 라인이라 하더라도)에 순응하면서 일하는 능력이었습니다. 중요한 것은 명령에 고분고분 복종하고, 지시받은 대로 일하면서 본분을 지킬 줄 아는 능력이었습니다. 그들의 가치관은 '당신이 앞으로 어딘가에서 공장 노동자가 된다면 — 어쩌면 그들은 그 공장을 대학교라고 부를지도 모릅니다 — 당신은 누군가의 명령에 따라야 하고, 정해진 대로 일해야 한다'는 것이었습니다. '중요한 것은 질서일 뿐, 스스로 생각하거나 자기 관심사를 알아내는 것이 아니다. 그런 것은 하찮은 것이다. 공장의 요구 사항을 충족시키는 것, 이게 제일 중요하다', 뭐 이렇게 가르치는 것입니다.

내 생각에 학교는 이와 같이 운영되어왔습니다. 학교는 절제와 복종을 포상하고 독립적인 정신을 처벌합니다. 만약 어떤 학생이 창의적인 생각을 하거나 혹은 재미있는 책이나 뭐 그런 것을 읽다가 등교를 안 한다면 그건 비극이고 범죄입니다. 왜냐하면 학생은 독립적인 생각을 해서는 안 되고, 명령에 복종해야 하고, 학교가 요구하는 건 무엇이든 충실히 이행해야 하기 때문입니다.

사실, 교육과정을 마치고 일류 대학교로 진학하는 사람들 대부분은 그런 요구 사항을 잘 이행합니다. 몇 년에 걸쳐 수많은 그런 어리석은 명령에 복종하면서 성장한 결과이지요. 이를테면, 내가 걸어온 길이 그렇습니다. 마찬가지로 여러분도 어떤 어리석은 교사로부터 이런 말을 들은 적이 있었을 겁니다. '이렇게 해.' 당신은 엉터리라는 것을 알지만 그 말을 따릅니다. 그렇게 행동함으로써 다음 단계로 올라가고, 거기서도 명령에 복종하면서 애써 전진하여 결국 학교로부터 졸업장을 받게 됩니다. 대부분의 교육이 이런 식입니다.

어떤 사람들은 '좋아, 나는 저 지겨운 녀석이 지시하는 어리석은 행동을 따를 테야. 왜냐하면 출세하고 싶으니까'라고 생각하며 따라갑니다. 또 다른 어떤 사람들은 이미 그 가치가 내면화되어 따라갑니다. 얼마 지나면 이 두 가지 태도는 그 경계가 불분명해지게 됩니다. 아무튼 어떤 생각을 하든 시키는 대로 안 하면 쫓겨나는 것은 마찬가집니다. 의문을 많이 제기하는 학생은 당연히 곤란한 일을 당합니다.

그렇지만 따라가지 않는 학생들도 있습니다. 그들은 '행동 장애', '동기 부족'이라는 말을 듣습니다. 마음에 안 드는 학생이 있으면 길게 설명할 것 없이 '그 학생은 행동 장애가 있어!'라고 해버리면 그만입니다. 하지만 그런 학생은 따지고 보면 독립적 성향이 있거나, 순응하는 걸 싫어하거나, 자기 길을 가려는 것일 뿐입니다. 이런 학생들은 시작하자마자부터 문제아가 되고 으레 제거됩니다. 나도 어린 학생들을 가르쳐봤는데, 선생 말을 액면 그대로 받아들이지 않는 학생은 늘 있었습니다. 그리고 아주 유감스럽게도 사람들은 그들을 복종시키려고 애를 쓰는 경향이 있습니다. 눈엣가시를 도저히 용납할 수 없다면서 말입니다. 하지만 그렇게 하면 안 됩니다. 오히려 그들의 용기를 북돋아주어야 합니다. 그렇습니다. 왜 선생의 말을 곧이곧대로 들어야 합니까? 도대체 선생이 뭔데요? 스스로 생각하여 알아내라. 그렇게 가르치는 것이야말로 참된 교육의 핵심입니다.

실제로 나 자신은, 다행히도 한 살 반 무렵부터 열두 살까지 듀이[미국의 철학자이자 교육개혁가] 실험학교에 다녔습니다. 그 학교는 모든 일에 도전하도록 어린이들의 용기를 북돋았고, 학생들은 스스로 공부했으며 혼자 힘으로 사물을 생각하도록 격려받았습니다. 그것은 진정한 실험이었지요. 실험학교를 마치고 시내의 고등학교로 진학한 나는 정말 놀라운 변화를 겪었습니다. 그야말로 충격이었습니다. 이른바 일류 학교였고 도시 학교 시스템의 자랑거리였습니다. 필라델피아에서 학문을 지향하는 어린이들만 뽑아

미국에서 소중하게 여기는 것은
개개인의 걸출한 능력이 아니라
'조립 라인'에 순응하면서 일하는 능력,
본분을 지킬 줄 아는 능력이었습니다.

놓고 가르치는 학교였는데, 내가 그때까지 다녀본 곳 중에서 가장 어리석고 우스꽝스러운 곳이었습니다. 나는 마치 블랙홀에 빠진 것 같았습니다.

한 가지 구체적 사례를 들면, 그 학교는 경쟁이 너무 심했습니다. 왜 학생들 사이에서 경쟁을 부추겼을까요? 바로 그것이 사람을 통제하는 최선의 방법이었기 때문입니다. 따라서 모든 학생들에게 등급을 매겼고 학생들은 늘 자신의 순위를 정확히 의식했습니다. '넌 반에서 3등이지? 어쩌면 이번 시험에서 4등으로 미끄러졌을지 몰라.' 뭐 이런 식이었습니다. 학교는 이 모든 것들을 다양한 방법을 동원하여 학생들의 머릿속에 심었습니다. 학생은 동료 학생들을 따돌려야 했고, 자신만을 소중히 여겨야 경쟁에서 이길 수 있었습니다. 모든 교육과정이 경쟁 위주로 편성되어 있었습니다.

하지만 요점은, 교육에서 그런 경쟁이 결코 필연적 요소는 아니라는 겁니다. 나는 대안학교를 다녔기 때문에 그것을 확실히 알고 있습니다. 경쟁을 배제한 교육이 얼마든지 가능합니다. 하지만 지금 사회에 작용하는 외부 권력 구조가 학교에 입김을 불어넣고 있습니다. 그래서 학교의 제도적 기능은 일방적인 것이 되고 말았습니다. 그러니까 학생들을 복종과 순응으로 길들이고, 그들을 세뇌시켜 통제 가능한 시민으로 양성하는 것입니다. 학교는 이런 역할을 충실히 수행하는 한 제도권으로부터 후원을 받게 될 것입니다.

지금은 물론 100퍼센트 이런 식으로 학교가 운영되는 건 아닙니다. 그래서 끝내 순응하지 않는 학생들도 생겨나고 있습니다. 또 내가 앞에서 얘기했다시피, 적어도 과학 분야에서는 창조성과 불복종을 학생들에게 가르쳐야 합니다. 이런 태도가 없으면 과학을 할 수가 없으니까요. 하지만 인문학, 사회과학, 언론, 경제학 따위의 분야에서는 예외가 인정되지 않습니다.

장래에 관리자나 지배자가 될 테니, 당연히 현재의 상황을 받아들여 적응해야 하고 지나친 의문을 제기해서는 안 됩니다. 따라서 이 분야의 학생들은 정말 사뭇 다른 교육을 받습니다. 노선을 벗어난 학생들은 제거되거나 온갖 방법으로 밀려나게 되어 있습니다.

이건 결코 추상적인 얘기가 아닙니다. 다시 말해, 당신이 대학생이거나, 언론계에 종사하거나, 초등학교 4학년생이거나 상관 없이 지나치게 독립적인 정신을 품고 있다면, 당신의 잘못된 태도를 다스리는 데 온갖 도구들이 동원될 겁니다. 이렇게 해서도 당신을 통제할 수 없다면, 당신을 사회 주류에서 소외시키거나 아예 제거할 것입니다. 만약 당신이 초등학교 4학년 학생이라면 '행동 장애자'로 낙인찍힙니다. 스무 살의 대학생이라면 '무책임하거나', '엉뚱하며' 혹은 '품행이 단정하지 않은 학생'으로 매도됩니다. 만약 천신만고 끝에 교수가 되어 교수 사회에서도 그런 태도를 견지한다면, 당신은 동료 교수들과 사이좋게 어울리는 '협력 관계'를 유지하지 못할 것입니다. 만약 당신이 상사들이 좋아하는 기사를 알아서 혹은 노골적으로 취재하지 못하는 젊은 기자라면, 결국에는 경찰서를 출입하는 한직으로 쫓겨나고 '적절한 객관적 기준'을 갖추지 못한 기자라는 평가를 받게 됩니다. 이처럼 뻐딱한 자들을 다스리는 기술은 아주 다양합니다.

이제 우리는 자유로운 사회에 살고 있으므로 가스실로 끌려갈 일도, 암살단에게 살해당할 일도 없습니다. 하지만 미국에서 별로 멀지 않은 멕시코 같은 나라에서는 아직도 이런 제거 기술이 사용되지만 말입니다.[1] 대신 미국에서는 기존 교리의 타당성에 큰 손상을 주지 않는 선에서 은근하면서도 극단적인 방식으로 상당한 성공을 거두고 있는 것입니다.

은근한 통제 방법

먼저 은근한 통제 방법과 관련하여 구체적 사례를 하나 들겠습니다. 대학을 졸업한 뒤, 나는 하버드 대학교의 '특별연구원 Society of Fellows'에 들어갔습니다. 엘리트들을 위한 마지막 교양 코스 같은 것이었습니다. 하버드나 예일 대학교 교수가 되는 방법, 와인을 올바르게 마시는 방법, 올바로 얘기하는 방법 등을 가르칩니다. 회원은 하버드의 모든 자원을 사용할 수 있는 대신에 일주일에 한 번씩 저녁식사에 참석해야 했습니다. 연구하려는 학자들에게는 아주 멋진 혜택입니다. 하지만 그 프로그램의 핵심은 연구 지원이 아니라 사회 적응, 즉 장래의 대학 교수들에게 '올바른' 가치를 가르치는 것이었습니다.

이를테면, 당시 하버드 대학교에서 성행했던 영국 편애 현상이 기억납니다. 회원은 영국식 복장을 입도록 되어 있었고, 일부러 영국인 억양으로 발음했습니다. 실제로 내가 영국인이라고 생각했던 사람이 있었는데 알고 보니 그는 한번도 미국 땅에서 나간 적이 없었습니다. 만약 여러분 가운데 문학이나 역사 등을 연구하는 학자가 있다면 알고 있을 거고, 비슷한 곳에서 그런 경험을 했을 겁니다. 어떻게 그렇게 해낼 수 있었는지 잘 모르지만 아무튼 나는 견뎌냈고 대부분의 사람들은 견뎌내지 못했습니다. 또 나는 진정한 엘리트 교육기관의 교육과정 대부분이 사회적 품위를 가르치면서 세련된 태도를 주입시키는 것임을 알게 되었습니다. 어떤 종류의 옷을 입어야 하는지, 어떤 태도로 술을 마셔야 하는지, 심각한 화제를 꺼내지 않고 정중하게 대화하려면 어떻게 해야 하는지 따위를 가르칩니다. 물론 상대방이 원한다면 심각한 화제도 얼마든지 논의할 수 있지만 이런 세련된 자리에 어울리지 않는 대화를 슬쩍 마다하는 요령까지도 가르쳐줍니다. 나는 그것이 특별연구원 프로그램의 핵심이었다고 생각합니다.

실제로, 이보다 훨씬 더 중요한 사례도 있습니다. 엘리트 학교의 역할을 아주 극명하게 보여주는 것입니다. 이를테면 1930년대는 미국의 주요한 노동쟁의와 노동 투쟁이 일어났던 기간입니다. 이 운동들 때문에 미국 기업 전체가 벌벌 떨었습니다. 왜냐하면 노동자는 결국 노조를 조직할 수 있는 권리를 얻었고 다른 법적인 승리 또한 확보했기 때문입니다. 이 운동들을 넘어서려는 많은 시도가 있었는데 그 가운데 하나는 하버드 대학교가 '노동조합 프로그램'을 도입한 것입니다.

이 프로그램은 젊은 노동운동가들을 양성하는 것입니다. 가령 다음 해에 노동조합 지부장이 될 것 같은 인재들 말입니다. 그들을 경영대학원 기숙사에 묵게 하고, 사회화 과정을 거치게 하고, 일정한 가치와 엘리트 의식을 공유하도록 도와주면서 이런 가치를 주입합니다. '우리가 할 일은 협력이다. 우리 모두는 이렇게 함께 뭉친다.' 그런데 이런 프로그램에 늘 두 가지 노선이 있었습니다. 첫째, 공개적인 노선입니다. '우리는 모두 이렇게 뭉친다, 노사勞使는 협력한다, 기업 화합, 조화' 따위를 크게 떠들어대는 것입니다. 둘째, 겉으로는 그렇게 외치면서 안으로는 기업들의 악랄한 계급투쟁을 지원하는 겁니다. 노동조합 활동을 무력화시키고 흡수하려는 그런 노력들 말입니다. 나는 그 노조 탄압이 성공했는지 구체적으로 살펴본 적이 없었지만 그래도 매우 성공적이었다고 확신합니다. 게다가 그런 과정은 내가 하버드 교육과정에서 직접 경험하고 본 것과 흡사했습니다.

약 20년 전에 하버드 법학 대학원에 입학한 흑인 민권운동가에게 들은 이야기를 한번 해보겠습니다. 주변의 압력이 어땠는지 생생하게 알 수 있습니다. 이 사람은 머리를 기르고 배낭을 멘 하버드 법학 대학원 신입생들이 어떻게 사회적 이념으로 무장하기 시작했는지 설명했습니다. 그들 모두 공공복지법이 세상을 변화시킬 거라고 굳게 믿었습니다. 하지만 그건 어디까지나 첫 해의 일입니다. 봄철이 되면, 월스트리트 법률 회사의 구인 전문가들이 이들 신입생들을 찾아와 여름방학에 할 만한 부업을 권하는데 그때 신입생들은 이렇게 생각합니다. '난 돈이 필요해. 그러니 정장을 입고 넥타이를 매고 주간 근무를 위해 면도하는 게 뭐 그리 대수야? 그러면 안 된다는 법이라도 있나?' 따라서 그들은 그 하루를 위해 넥타이를 매고 정장을 입고서 일을 얻고는 여름 내내 그렇게 지냅니다. 가을 신학기에 그들이 캠퍼스로 돌아왔을 때, 넥타이, 정장, 순응, 이제는 이념의 변화까지 보입니다. 학생들이 이렇게 변하는 데에는 1년밖에 걸리지 않습니다. 가끔은 2년이 걸리기도 합니다.

물론 그 흑인 운동가가 다소 과장했지만, 주변 환경이 강한 영향력을 갖고 있다는 사실은 무시할 수 없습니다. 무슨 말인가 하면, 나 자신도 평생 동안 느꼈다는 겁니다. 지배 문화에 흡수되는 건 아주 쉽고 또 매력적입니다. 보상이 많기 때문이죠. 게다가 여러분이 만나는 사람들은 악인처럼 보이지는 않습니다. 여러분은 마주보고 앉아서는 그들을 모욕하고 싶지 않습니다. 어쩌면 그들은 예의범절이 바른 사람일지 모릅니다. 그리하여 여러분은 친구가 되려고 애쓰고, 실제로 친구가 될지도 모릅니다. 이렇게 여러분이 그들에게 순응하기 시작하고, 적응하기 시작하면, 날이 선 모서리가 서서히 무뎌지게 됩니다. 그리고 곧 언제 그런 일이 있었나 싶게 그 분위기에 완전히 물들어버립니다. 하버드 같은 기관은 이런 교육을 잘하는데, 그것도 아주 두드러지게 잘합니다.

물론, 이데올로기 통제에 동원되는 다른 치밀한 메커니즘도 많습니다. 대학이 학생들로 하여금 무해하고 엉뚱한 일에 전념하도록 부추기고 후원하는 것도 그런 메커니즘의 하나입니다.

이와 관련하여, 대학교에서 특정 주제를 연구하지 않는다는 사실도 생각해볼 만합니다. 그 주제가 어떤 학과에도 소속되지 않는다는 이유를 대면서 말입니다. 대학의 학과는 지나칠 정도로 세분화되어 있어서 그런 주제를 연구하기가 불가능합니다. 아주 중요한 주제인데도 도외시되는 겁니다. 가령 해를 거듭할수록 미국에서 아주 우려되는 문제, 보다 구체적으로 일본의 경제적 경쟁력을 한번 살펴봅시다. 나는 '미국의 몰락'과 '1등 일본'에 관한 얘기가 지나치게 부풀려졌다고 늘 생각했습니다. 나중에 나온 '일본의 몰락'이라는 얘기도 그런 측면이 있기는 마찬가지고요.

사실 일본은 제조업, 특히 첨단기술의 중요한 분야에서 현저하게 선두를 달리고 있습니다. 거품이 꺼진 주식시장과 부동산 경기 때문에 문제를 안고 있지만, 그래도 진지한 경제학자들은 일본이 정말 이런 분야들에서 경쟁력을 잃었다고 생각하지 않습니다.[12]

그런데 일본은 어떻게 그런 경제적 경쟁력을 확보하게 된 걸까요? 여러 이유가 있지만 주된 근거는 명백합니다. 일본과 미국(실제로는 세계의 모든 공업국가)은 근본적으로 국가 협력 경제state-coordinated economy를 유지하고 있는데, 미국의 국가 협력 체제는 일본보다 효율성이 떨어진다는 겁니다.

'자유무역'이 신문 논설에 단골 메뉴로 등장하지만 누구도 그것을 현실에 적용하지 않는다는 점을 유념하세요. 현대 경제는 납세자가 사기업에게

---

12 일본이 제조업에서 선두를 달린다는 것, 또 1990년대에 들어와 '일본 경제가 추락했다'는 신화에 대해서는, 다음을 참조할 것. Eamonn Fingleton, "The forgotten merits of manufacturing", *Challenge*, Volume 43, Issue 2, March 1, 2000, pp. 67-85.

보조금을 지급하고, 그래서 이윤이 발생하면 기업이 가집니다. 그런데 이런 보조금은 각국마다 다릅니다. 그럼, 미국의 경쟁력 있는 경제 분야를 살펴봅시다. 국제무역에서 성공적인 부문들은 모두 국가보조금을 받고 있습니다. 자본 집약적인 농업이 가장 대표적 경우입니다. 자본 집약적인 미국의 농업은 국제경쟁력이 있는데, 그 주된 이유는 국가가 잉여 농산물을 구매·저장해주고 투입된 에너지에 보조금을 지급하기 때문입니다.

이제 첨단기술 산업을 살펴봅시다. 첨단기술 연구 개발에는 천문학적인 비용이 투입되고, 기업은 여기에서 직접적인 이윤을 얻지는 못합니다. 따라서 납세자가 그 비용을 도와주는 구조로 되어 있습니다. 미국에서는 첨단기술 산업의 연구가 전통적으로 펜타곤 시스템을 통해 이루어져왔습니다. 펜타곤이 첨단기술 연구 개발에 자금을 대고, 그 연구에서 시장성 있는 제품이 나오면 그것이 민간기업에게 넘어가고, 그리하여 민간기업은 이윤을 올리게 됩니다. 연구 품목은 주로 무기가 아니라 컴퓨터 같은 것입니다. 컴퓨터는 현대 산업 경제의 중심인데 미국의 펜타곤 시스템을 통해 개발되었습니다. 사실, 거의 모든 첨단기술은 이와 똑같은 과정을 거치고 있습니다. 게다가 또 다른 중요한 보조금이 있습니다. 펜타곤 당국은 첨단기술 산업 제품을 구매하고, 폐기물 구입을 보장하는 시장의 역할을 합니다. 그것이 바로 무기 개발 시스템과의 계약입니다. 무슨 말인가 하면, 돈 주고 사들인 무기를 실제로 사용하지 않고 있다가, 2, 3년 만에 그 무기를 폐기한 다음, 역시 불필요한 신형 무기로 교체하여 훨씬 더 향상된 무기를 갖춘다는 것입니다. 이 모든 것이 납세자가 첨단기술에 끊임없이 보조금을 쏟아붓게 하는 완벽한 과정입니다. 이 엄청난 보조금 덕분에 미국의 첨단기술 산업은 국제경쟁력을 갖추었습니다.

그런데 일본은 우리와 아주 비슷하게 경제를 운영했지만 한 가지 중요한 차이가 있습니다. 군수 시스템을 이용하지 않는 일본은 공적 보조금 관리를 행정부의 일개 부서인 통산성(Ministry of International Trade and Industry)에 전담시킵니다. 통산성은 대기업, 복합기업, 금융업계와 함께 회의를 열어 2개년 경제계획을 세웁니다. 그들은 소비가 얼마나 많이 이루어질지, 얼마나 투자할지, 어느 부문에 투자할지 등등을 계획합니다. 확실히 더 효율적입니다. 일본은 문화적으로 상명하복의 기강이 엄정하고 순종적인 사회여서 사람들은 시킨 대로 따를 뿐 아무도 그 계획에 의문을 제기하지 않습니다.

　그래요, 이 차이가 해를 거듭할수록 어떻게 전개되었는지 알아보아야 하는데, 보다 구체적으로 '스타워즈'를 한번 살펴봅시다. 스타워즈(전략 방위 구상)는 펜타곤 시스템을 통해 엄청난 연구 개발 비용을 쓰기 위한 핑계일 뿐입니다. 그것은 새로운 세대의 컴퓨터 기술, 레이저, 새로운 소프트웨어 등등의 연구 자금을 조달하는 미국의 방식입니다. 스타워즈에 지출된 비용을 살펴보면, 그것은 동일한 기간에 정부가 주도한 경제 시스템을 통해 지금 배분이 이루어진 일본과 사실상 똑같습니다. 같은 기간에 일본 통산성은 자원을 어떻게 배분할지에 대해 우리와 똑같은 판단을 내렸고, 그 결과 레이저에 비슷한 비중의 자금을 지출했고 소프트웨어에도 유사한 비중으로 투자했습니다.[13] 양국의 입안자들이 신기술에 대한 판단을 대충 엇비슷하게 내렸기 때문입니다.

　그럼, 왜 일본은 형편이 몹시 어려운데도 불구하고 미국보다 더 경제적 경쟁력을 갖추게 되었을까요? 이유가 많지만 주된 이유는, 그들이 공적 보조금을 상업 시장에 직접 쏟아부었다는 것입니다. 그래서 가령 레이저를 연구한다면 일본은 상업 시장을 위해 레이저를 생산하는 문제에 집중하고,

또 상당히 잘합니다. 하지만 미국은 상업 시장을 위해 레이저를 개발하고 싶을 때 어떻게 할까요? 펜타곤에 돈을 쏟아붓습니다. 그러면 펜타곤은 레이저를 사용하여 1만 마일 밖에 떨어져 있는 미사일을 격추하는 문제에 집중합니다. 잘만 할 수 있으면 상업적인 파생상품도 생길 거라고 기대합니다. 그래요, 분명 효율성이 떨어집니다. 일본이 미국보다 더 어리석지 않고 미국에 비해 효율적인 국가 협력 체제를 갖추고 있기 때문에, 해를 거듭할수록 경제적 경쟁력에서 앞서 나갔습니다.

바로 이것이 현대 생활의 주요 현상입니다. 하지만 대학이나 학계에서 이런 것을 연구하려면 어디로 갑니까? 이것은 아주 흥미로운 질문입니다. 경제학과에 가면 안 되는데, 왜냐하면 이들은 그런 문제를 다루지 않기 때문입니다. 명문 대학의 경제학과에서는 순수 자유기업 경제가 작동하는 추상적 모델에 관심이 있습니다. 누구나 알다시피 그들은 현실에 있지도 않은 자유시장 시스템을 10차원 공간으로 일반화하여 열심히 연구하고 있습니다. 정치학과에 가서도 안 되는데, 그들은 선거 전략, 투표 유형, 미시微視 관료 체제 — 어떤 정부 관료가 또 다른 관료에게 자세히 얘기하는 방식 등 — 에 관심을 두고 있기 때문입니다. 인류학과에 가서도 안 되는데, 그들은 뉴기니 산악 부족을 연구하기 때문이지요. 사회학과에 가서도 안 되는데, 그들은 빈민가의 범죄를 연구하기 때문입니다. 사실, 이 중요 이슈는 대학의 어느 학과에서도 해결을 보지 못합니다. 다루는 학과가 없기 때문입니다. 심지어 이 쟁점을 다루는 학술지도 없습니다. 사실, 현대사회의 중심 문제에 관심을 가지는 학문 분야는 없습니다. 당장 경영 대학원에 가면 이 문제를 거론할 수 있습니다. 이 사람들은 현실 세계에 있기 때문입니다. 하지만 학과는 아닙니다. 그 누구도 세상에서 실제로 일어난 문제를 학생들

에게 말해주지 않습니다.[14]

이런 문제를 연구하는 전공이 없다는 것은 시사하는 바가 큽니다. 만약 이런 분야가 있다면 사람들은 많은 것을 속속들이 이해하게 될 것이고, 우리처럼 비교적 자유로운 사회에서 이런 인식을 바탕으로 뭔가 행동에 나설 것입니다. 그런데 어떤 기관도 이것을 격려하지 않습니다. 지금까지 내가 말한 것 중에 중학생에게 설명할 수 없을 정도로 어려운 내용은 없습니다. 설명도 간단합니다. 하지만 중학교 공민학Civics(시민사회의 시민으로서의 자질을 가르치는 미국의 교육과정—옮긴이) 수업에서는 이런 내용을 배우지 않습니다. 학생들이 중학교에서 배우는 내용은, 기존의 정부 시스템이 아주 잘 굴러가고 있다는 프로파간다뿐입니다.

말이 나온 김에 덧붙이자면, 고등 교육 시스템의 이러한 양상은 심각한 부작용을 일으킵니다. 이 시스템은 정상적으로 연구 활동을 하려는 학생들에게 전혀 엉뚱한 생각을 심어줄 수 있습니다. 구체적인 예를 들면 이렇습니다. 대학원에 진학하는 몇몇 젊은이들은 스스로에게 이렇게 말합니다. '자, 나는 여기서 진정한 급진주의자가 될 거야.' 그 학생들은 그렇게 될 수 있습니다. 하지만 여기에는 조건이 있습니다. 그들은 먼저 대학원이 쳐놓은 울타리에 적응해야 합니다. 울타리를 지키려면 올바른 질문은 던져서는 안 되고 올바른 의문은 가져서는 안 되는 것입니다. 비유적으로 말하자면 찻잔 속의 태풍 같은 것입니다. 그들은 자신이 태풍처럼 과격하다고 생각하지만 실은 찻잔 속에서 바글거리는 몇 방울의 물에 지나지 않는 겁니다. 아무튼 태풍은 태풍이니까 그들은 초심初心을 잃었다는 느낌이 들지 않습니다. 적어도 '나는 지배계급을 위해 일하고 있다'고 말할 이유는 없으니까요. 아무튼 자신이 마르크스주의 경제학자 또는 뭐 그와 비슷한 존재라고 생각하니까 초심을 잃은 것은 아니지요. 하지만 그들은 이미 울타리에 갇혀버린 어중간한 존재에 지나지 않는 것입니다.

그래요, 이 모든 것은 치밀한 형태의 통제이고, 사회에서 권력이 사용되는 과정을 꿰뚫어보는 진지한 노력을 가로막습니다. 권력을 유지하기 위해 교육 시스템을 이런 식으로 정립하는 것도 일리가 있지요. 막강한 제도권은 분명히 조사받기를 바라지 않습니다. 왜 바라겠습니까? 그들은 권력 구조를 일반 대중에게 알리고 싶어 하지 않습니다. 권력 내부에 있는 자들은 권력이 어떻게 작용하는지 이해하지만 그것을 다른 사람들에게 까발리고 싶어 하지 않습니다. 자신들의 권력이 위태로워지고 자칫하면 붕괴될 것이기 때문입니다. 따라서 제도권은 그들 스스로를 보호하는 쪽으로 기능한다고 봐야 합니다. 그리고 위에서 언급한 다양하고 치밀한 이데올로기 통제의 기술은, 그들이 스스로를 보호하는 방법들 가운데 일부입니다.

노골적인 통제 방법

그런데 이 모든 것 외에, 노골적인 통제 방법도 있습니다. 그래서 만약 어떤 젊은 정치학자나 경제학자가 권력에 도전하는 질문을 던지려고 하면, 아마 그들은 어떤 방식으로든 주변으로 밀려나게 될 것이고 아니면 제도권에서 제거될 것입니다. 아주 극단적인 방식도 있는데 일부 미국 대학에서는 그런 교수들을 반복적으로 숙청했습니다. 이를테면, 1950년대 대학에서는 반체제 사상을 가진 학자들이 쫓겨났습니다. 온갖 구실로 해고되었고 강단에 설 수 없었습니다. 그것은 정말 일벌백계의 효과가 있었습니다. 그

뒤로는 교수들이 겁을 먹고 제대로 발언하지 못했습니다.

1960년대 후반, 정치적 소요가 한창일 때 숙청이 재개되었습니다. 때때로 정말 정치적인 판단으로 해고했는데 그 사실을 감추려고 하지도 않았습니다.[15] 예를 들어, 아시아를 연구하는 미국 출신의 많은 일류 학자들이 지금은 오스트레일리아와 일본에서 가르치고 있습니다. 그들은 미국에서 직장을 얻을 수 없었는데, 이른바 그들의 사상이 나빴기 때문입니다. 오스트레일리아에는 동남아를 연구하는 세계 최고의 학자들이 있는데 주로 1960년대에 학문을 시작한 미국인들입니다. 그들은 미국 학계에서 성공할 수 없었습니다. 정부와 다른 사상을 가진 탓이었습니다. 따라서 만약 당신이 미국의 일류 학자와 함께 캄보디아를 연구하고 싶다면 반드시 오스트레일리아로 가야 합니다.[16] 세계 최고의 일본 역사학자 가운데 한 사람인 허버트 빅스는 일본 대학에서 가르칩니다. 그는 미국인이지만 미국에서 직장을 구할 수 없었습니다.

자, 이제 제가 근무하는 MIT에 관해 얘기해봅시다. 시사점이 상당히 있습니다. 어떤 젊은 정치학 교수 ─정상급 학자 가운데 한 명인 토머스 퍼거슨─는 프린스턴 대학교에서 철학 박사 학위를 받은 직후에 MIT의 부교수로 발령받았습니다. 그는 아주 급진적이었지만 무척 똑똑했고 그래서 MIT 정치학과는 그를 필요로 했습니다. 그런데 어느 날 그가 속된 말로 머리에 뚜껑이 열린 채 내 사무실로 찾아왔습니다. 그의 얘기에 따르면, 학과장이 방금 사무실로 찾아와 단도직입적으로 이렇게 말했다는 것입니다. "만약 당신이 언젠가 이 학과의 종신재직권(테뉴어)을 얻고 싶다면, 뉴딜 정

---

16 촘스키는 캄보디아 연구 학자들의 상황이 근년에 들어와 다소 바뀌었다는 사실을 주목한다.

책 이후의 정치 주제는 어떤 것도 다루지 마세요. 뉴딜 시대 이전까지는 당신의 급진적인 사상을 개진해도 무방하지만 만약 뉴딜 정책 이후의 기간을 연구하거나 논문을 발표한다면 결코 이 학과의 종신재직권을 얻지 못할 것입니다."[17] 아예 까놓고 경고한 것이었습니다. 통상적으로는 교수들에게 이렇게 노골적으로 주문하지 않습니다. 그래도 이심전심으로 다 알아듣는 거지요. 학교 당국의 반응을 보고서 말입니다.

이런 한심한 일이 대학원생에게도 발생합니다. 나는 이른바 MIT의 '인스티튜트 프로페서$^{Institute\ Professor}$'(독립적인 학문기관으로 대우하는 교수—옮긴이)인데, 대학의 어떤 학과에서도 강의할 수 있다는 뜻입니다. 나는 수년간 여러 학과에서 가르쳤지만 정치학과는 예외였습니다. 내가 정치학과에 가까이 가기만 해도 험악한 분위기를 느낄 수 있습니다. 나는 다른 학과 대학원생의 박사 학위 논문위원회에 초청받는 경우가 흔했습니다. 하지만 정치학과에서는 사실상 그런 일이 없었고, 몇 번 있었는데 늘 제3세계의 여학생들이었습니다. 그럴 만한 까닭이 있기도 했습니다. 제3세계 여학생들은 운신의 폭이 조금 있습니다. 정치학과는 너무 공공연하게 인종차별주의자 또는 성차별주의자로 보이고 싶지 않기 때문입니다. 그래서 제3세계 여학생들은 다른 학생들이 할 수 없는 것을 몇 가지 할 수 있습니다.

몇 년 전, 정치학과 대학원의 아주 똑똑한 여학생이 남아프리카 언론에 대한 학위 논문을 제출하려 했는데, 박사 논문위원회 위원으로 나를 지명했습니다. 그건 내가 관심이 있는 주제였고 정치학과의 그 어떤 교수보다도 오랫동안 연구해온 분야였습니다. 정치학과 교수들은 내가 참여하는 것에 동의할 수밖에 없었습니다. 그리하여 통상적인 절차가 시작되었습니다. 박사과정의 첫 단계는, 학위 신청자가 두 명의 교수와 만나 제안서를 제출하는 것입니다. 으레 두 명의 교수가 출석하는 게 상례입니다. 그런데 이번만은 달랐습니다. 그들은 학과에 공지사항을 회람시키고 모든 정치학과 교수들이 참석해야 한다고 알렸습니다. 내가 참석하니까, 이 해로운 영향과 싸워야 했기 때문에 교수 전원이 출석했습니다.

여학생이 학위 제안서를 설명하자 교수들의 안색은 창백해지기 시작했습니다. 한 교수가 그녀에게 질문을 던졌습니다. "가설은 무엇입니까?" 학위 논문을 쓰려면 먼저 그럴듯한 가설을 제시해야 합니다. 그녀는 "기업의 이해관계가 남아프리카의 언론 취재 범위에 영향을 미친다"는 가설을 내놓았습니다. 그러자 교수들은 거의 졸도할 지경, 아니 일부는 숨이 막혀 창문으로 달려갈 기세였습니다. 다음에는 비판적인 분석이 시작되었습니다. "방법론은 어떤 것입니까? 당신은 어떤 실험을 할 예정입니까?" 점점 그녀를 압박하는 수위가 높아졌고, 사회과학 분야에서 거의 충족시킬 수 없는 그런 수준이었습니다. 그것은 '남아프리카 신문의 논설을 읽고 그들이 얘기하는 것을 알아내겠습니다'가 아니었습니다. 그녀는 논설의 단어 수를 계산하고, 무의미한 온갖 통계를 수집하는 일 따위를 해야 했습니다. 하지만 그녀는 끝까지 싸웠고 싸움을 멈추지 않았습니다. 그들이 그녀의 학위 논문에 수많은 허섭스레기, 무관한 많은 사회학적 이론들, 숫자, 도표, 무의미한 자료 따위를 요구한 탓에 그녀의 주장은 방법론의 늪에 빠져서 제대로 알아보기가 어려운 상태가 되었습니다. 하지만 그녀는 끝까지 싸울 의지가 있었고, 결국 해냈습니다. 자, 분명 여러분도 해낼 수 있지만 정말 힘든 일입니다. 어떤 사람들은 그런 압력을 이기지 못해 죽기도 했습니다.

3

정직한 지식인의 운명과
노동계급의 태동을 말하다

나는 그에게 경고도 했습니다.

'팔레스타인 주민을 쫓아내는 행위의 도덕적 기반이
실은 엉터리라고 폭로하는 것은 미국 지식인 사회에 중대한 파장을 몰고 올 겁니다.
이 주장을 펴다가 어떤 끔찍한 일을 당할지 모릅니다.
많은 사람들의 밥줄과 생명이 걸려 있는 문제니까요. 당신의 생명도 걸려 있습니다.
만약 이것을 끝까지 추적한다면 당신 경력이 망가지고 말 것입니다.'

대강 이런 내용이었습니다.

정직한 지식인의 운명

마지막으로 또 다른 얘기를 하겠습니다. 이런 일은 많습니다. 정말 비극적인 이야기입니다. 혹시 조앤 피터스와 그녀가 저술한 책에 대해 알고 있습니까? 몇 년 전[1984년]에 이 베스트셀러는 약 10쇄까지 찍었는데 조앤 피터스가 저자이고 ─ 또는 적어도 조앤 피터스라는 이름으로 나왔고 ─ 제목은 《태곳적부터*From Time Immemorial*》였습니다.[18] 주석이 많이 달린, 대단히 학구적인 서적으로 팔레스타인의 모든 사람들이 최근에 팔레스타인으로 이민[영국이 위임 통치하던 1920년대부터 1948년 사이에 예전 팔레스타인의 유대인 정착 지역으로 이민]한 것이라고 주장했습니다. 이 책은 인기가 대단히 높았습니다. 문자 그대로 수백 건의 호평을 받았고 부정적인 서평은 단 하나도 없었습니다. 《워싱턴포스트》와 《뉴욕타임스》는 물론 모든 사람이 이 책을 격찬했습니다.[19] 팔레스타인 사람들이 정말로 실존하지 않는다는 것을 증명한 이런 책이 있다니!

이 책의 함축적인 메시지는, 설사 이스라엘이 팔레스타인 사람들을 전부

---

19 페이퍼백에 함께 실린 서평 일부를 소개하면 다음과 같다. "피터스 부인의 엄청난 조사 작업은 헤라클레스라도 좌절시켰을 것이다. 그녀는 오토만 제국의 자료, 서방 국가 영사들의 보고, 관찰력 있는 여행자의 자료, 기타 온갖 자료를 모조리 섭렵했다."(*New York Times Book Review*) "아주 놀라운 문서다. …… 난민들은 문제가 아니라 평계일 뿐이었다."(*Washington Post Book World*).

쫓아내더라도 도덕적 문제가 없다는 것이었습니다. 왜냐하면 그들은 유대인이 국가를 세운 덕분에 최근에 이민 온 사람들이기 때문입니다. 이 책에는 온갖 인구통계 분석이 실렸고 시카고 대학교 교수이며 인구통계학의 대가인 필립 하우저가 그 신빙성을 증명해주었습니다.[20] 이 책은 대박을 터뜨린 그해의 인문 교양서였습니다. 솔 벨로, 바바라 터크먼 등 모든 사람들이 이 책을 가리켜 초콜릿 케이크의 발명[21] 이래로 가장 멋진 사건이라고 떠벌렸습니다.

그런데, 프린스턴의 대학원생 노먼 핑클스타인이라는 청년이 이 책을 읽기 시작했습니다. 시오니즘 역사에 관심을 기울여온 젊은 연구자인 그는 책을 읽으면서 그 내용에 약간 놀랐습니다. 아주 신중한 학생 핑클스타인은 책의 내용을 확인하기 시작했습니다. 그랬더니 전체가 날조라는 게 판명되었습니다. 이 책은 완전히 가짜였습니다. 아마도 정보기관이나 그 비슷한 단체가 내용을 짜깁기한 것이었을 겁니다. 핑클스타인은 처음 찾아낸 내용을 약 25페이지 정도로 간단히 요약했습니다. 그는 이 문제에 관심이 있을 듯한 학자 30명 정도에게 그 요약문을 보냈습니다. '내가 이 책에서 발견한 내용이 여기에 있습니다. 당신은 계속 연구할 가치가 있다고 보십니까?'

그는 답장을 딱 하나 받았는데 내가 보낸 편지였습니다. 나는 그것이 흥미로운 주제라고 생각한다고 먼저 밝혔습니다. 하지만 그에게 경고도 했습니다. 만약 당신이 이것을 추적한다면 문제에 부딪칠 것입니다. 당신은 미국의 지식인 공동체가 사기꾼 집단임을 폭로하게 될 것이고 그러면 그들은 당신을 미워하여 파멸시키려 들 것입니다. 그래서 나는 이렇게 썼습니다. '만약 당신이 그 일을 하고 싶다면 추진하세요, 하지만 어떤 일이 벌어질지

권력의 야만을 들춰내고 사기극을
폭로하는 정직한 지식인이
그 사회의 제도권 안에서 설 자리는 없습니다.
철저하게 조직적인 따돌림을 받게 되는 것입니다.

미리 알고 있어야 합니다. 그건 중요한 이슈입니다. 팔레스타인 주민을 쫓아내는 행위의 도덕적 기반이 실은 엉터리라고 폭로하는 것은 미국 지식인 사회에 중대한 파장을 몰고 올 겁니다. 이 주장을 펴다가 어떤 끔찍한 일을 당할지 모릅니다. 많은 사람들의 밥줄과 생명이 걸려 있는 문제니까요. 당신의 생명도 걸려 있습니다. 만약 이것을 끝까지 추적한다면 당신 경력이 망가지고 말 것입니다.' 대강 이런 내용이었습니다.

그는 내 말을 믿지 않았습니다. 우리는 그 후 절친한 친구가 되었는데, 그 요약문을 받기 전까지 나는 그를 알지 못했습니다. 그는 일을 진행했고 글을 쓴 다음, 일간 신문에 보내기 시작했습니다. 당연히 아무런 반응이 없었고 신문사들은 답장조차 하지 않았습니다. 나는 결국《인 디즈 타임스*In These Times*》에 요약한 일부가 게재되게 했습니다. 이 신문은 일리노이에서 발간되는 작은 좌파 신문입니다. 여러분 중에 그것을 본 사람이 있는지 모르겠습니다.[22] 다른 신문에서는 아무런 반응도 없었습니다. 한편 그의 교수들— 이른바 명문 대학인 프린스턴 대학교의 선생들—은 이제 그와는 말도 하지 않으려 했습니다. 교수들은 만나주지도 않았고, 그가 쓴 논문을 읽어주지도 않았고, 그는 사실상 학위 취득 프로그램을 그만두어야 했습니다.

이 무렵, 그는 상당히 절망적인 상태가 되었고 어떻게 해야 할지 내게 물어왔습니다. 나는 선의善意의 충고를 해주었지만 결국은 나쁜 충고가 되고 말았습니다. 그 대학의 다른 학과로 옮기면 어떻겠냐고 제안했던 겁니다. 다른 학과에는 내가 아는 사람들이 좀 있었고 적어도 그를 너그럽게 대해줄 것 같았습니다. 그런데 그것은 잘못된 판단이었습니다. 그는 학과를 옮겼지만 학위 논문을 써야 할 때 사실상 논문 지도 교수를 찾을 수 없었고, 논문 심사위원회에 교수들을 참석시킬 수 없었습니다. 곤란한 나머지 교수들은 결국 박사학위를 그에게 수여했습니다. 말이 나온 김에 덧붙이자면, 그는 무척 똑똑했지만 선생들은 그가 프린스턴 대학교의 우수한 학생이라고 얘기하는 추천서조차 써주지 않았습니다. 물론 가끔은 너무나 신통치 않아서 추천서를 써주기 어려운 학생들이 분명 있습니다. 그래도 담당 교수는 뭔가 써주는데 여러 방식이 있습니다. 이 학생은 아주 뛰어났지만 글자 그대로 추천서 한 장 받을 수 없었습니다.

그는 지금 뉴욕 시의 작은 아파트에서 살면서, 10대 퇴학생들을 상대로 하는 시간제 사회복지사로 근무하고 있습니다. 유망한 학자였던 그가 교수들의 말을 고분고분 따랐다면, 계속 연구하여 지금쯤 어느 명문 대학교에서 교수가 되었을 것입니다. 그런 그가 현재, 연봉 2,000달러에 10대 정서 장애자들을 상대로 시간제 근무를 하고 있습니다.[23] 물론 반체제 발언을 하다가 사형을 당하는 것보다는 그런 식으로라도 살아가는 게 더 나을지 모릅니다. 하지만 그가 이룩했을지도 모를 학문적 성취를 생각하면 그것은 분명 대참사입니다. 아무튼 이런 교묘한 사회적 통제 기술이 널려 있는 실정입니다.

자, 이제 조앤 피터스 이야기를 계속합시다. 핑클스타인은 아주 끈질겼습니다. 그는 여름 내내 뉴욕 공립 도서관에 다녔습니다. 그는 조앤 피터스의 책이 참고한 모든 대목을 샅샅이 조사했고, 믿을 수 없게도 많은 날조 기록을 찾아냈습니다. 뉴욕의 지식인 사회는 빤한 동네입니다. 이내 모든 사람들이 이 사실을 알게 되었고 이 책이 가짜라는 것을 알았으며 조만간 그 정체가 폭로될 운명이었습니다. 현명하게 반응한 잡지는 《뉴욕리뷰오브북스 *New York Review of Books*》뿐이었습니다. 그들은 이것이 속임수라는 것을 알았지만 편집자는 친구들을 공격하고 싶지 않았고, 그래서 서평을 아예 싣지 않았습니다. 서평을 싣지 않은 유일한 잡지였습니다.

한편, 핑클스타인은 그 분야의 대교수에게 불려가 이런 말을 들었습니다. '이보게, 그런 명분 없는 운동을 중단하게나. 그만둔다면 우리가 자네를 돌볼 것이고 자네에게 확실한 일자리를 주겠네.' 하지만 그는 꾸준히 연구했고, 계속 추적했습니다. 책에 대한 호평이 나올 때마다 그는 편집자에게 편지를 썼지만 편집자는 싣지 않았습니다. 그는 있는 힘을 다해 양심적으로 행동했습니다. 우리는 출판사와 접촉하여 핑클스타인의 편지에 응답할 것인지 물었고, 그들은 안 된다고 대답했습니다. 그들이 옳았습니다. 그들이 반응해야 할 이유가 어디 있겠습니까? 그들의 전체주의적 시스템은 입을 꾹 다물었고, 미국에서는 결코 조앤 피터스의 책을 비판하려 들지 않았습니다. 하지만 그들은 기술적인 잘못을 저질렀습니다. 영국에서 책이 출판되도록 허락한 것입니다. 영국의 지식인 사회는 그들이 쉽사리 통제할 수 없었습니다.

조앤 피터스의 책이 영국에서 출판될 거라는 소식을 듣자마자 나는 곧 핑클스타인의 저작물 몇 부를, 서남아시아에 관심 있는 영국 학자들과 언론인에게 보냈습니다. 그들은 준비가 되어 있었습니다. 조앤 피터스의 책은 출판되자마자 곧바로 십자포화를 맞았고 단단히 혼났습니다. 《타임스 리터러리서플리먼트 _The Times Literary Supplement_》, 《런던리뷰 _The London Review_》, 《옵저버 _The Observer_》 등 주요 신문을 비롯하여 모든 언론은 일제히 악평을 실었습니다. 이 책은 헛소리나 바보 수준에도 미치지 못한다고 말입니다. 많은 비판들은 핑클스타인의 저작물을 바탕으로 한 것이었는데 정작 핑클스타인에게는 인용 허락을 받지 않았습니다. 아무튼 조앤 피터스의 책에 관한 가장 친절한 단어가 "웃기는" 또는 "앞뒤가 맞지 않는"일 정도로 그녀의 책은 최악의

평가를 받았습니다.[24]

미국인들은 《타임스리터러리서플리먼트》와 《런던리뷰》를 즐겨 읽는데 영국의 서평을 읽고 약간 당황하기 시작했습니다. 그들은 한 발짝 물러서면서 '음, 저런, 나는 사실 그 책이 좋다고 하지는 않았고 다만 흥미로운 주제라고 말했을 뿐이에요.' 따위의 변명을 늘어놓기 시작했습니다. 당시 《뉴욕리뷰오브북스》는 행동에 돌입했고, 늘 해오던 관례를 따랐습니다. 위기가 발생할 때마다 써먹는 일상적 절차 같은 것입니다. 만약 어떤 책이 미국인들이 즐겨 읽는 영국 신문이나 잡지에서 비판받는다면 또는 어떤 책이 영국인의 찬사를 받는다면, 미국 언론은 즉각 반응합니다. 만약 이스라엘에 관한 책이라면 관례적인 방법은 이렇습니다. 이스라엘 학자에게 서평을 쓰게 하는 것입니다. 이른바 '안전빵'입니다. 왜냐하면 이스라엘 학자의 발언은 미국 언론에게 안전판을 제공하기 때문입니다. 아무도 그 신문이 반유대적이라거나 하며 어떤 시비도 걸 수가 없지요. 이스라엘 사람이 쓴 글이니까.

따라서 피터스의 책이 영국에서 혼난 뒤, 《뉴욕리뷰오브북스》는 실제로 뛰어난 인물, 팔레스타인 민족주의에 대한 이스라엘의 손꼽히는 전문가, 예호수아 포라트에게 서평을 맡겼습니다. 그는 그 주제에 정통한 인물입니다. 그가 서평을 썼는데 곧바로는 게재되지 않았고 약 1년이 지나서야 실렸습니다. 속사정이야 정확히 알지 못하지만 서평을 게재하지 말라는 압력이 거셌을 것이라고 짐작됩니다. 결국, 이 서평이 게재되지 않을 거라는 기사

---

24 옥스퍼드 대학교 사학과 교수 앨버트 후라니의 리뷰는 다음과 같다. "이 책은 사실을 왜곡했을 뿐 아니라 논리도 엉성하기 짝이 없다. 같은 얘기를 거칠게 반복적으로 해대고 있다. 정말 우스꽝스러운 쓰레기 같은 책이다. 이 책에서 관심 가는 부분은 어떻게 이런 책이 잘 알려진 두 명의 미국 작가(솔 벨로와 바버라 터크먼)로부터 칭찬을 받았는가 하는 것이다." Albert Hourani, "An ancient war", *Observer*, March 3, 1985, p. 27.

까지 《뉴욕타임스》에 실렸는데 약간 수정된 채 실리게 되었습니다.[25] 그것은 비판적이었고 피터스의 책이 헛소리라는 내용이었지만 모난 부분을 상당히 다듬어서 서평자 자신이 알고 있는 것을 제대로 얘기하지 않은 것이었습니다.[26]

실제로 이스라엘 비평가들은 전반적으로 피터스의 책에 대하여 극히 비판적이었습니다. 이스라엘 언론은 피터스의 책이 널리 읽히지 않기를 바랐습니다. 결국 유대인에게 해로울 게 뻔하니까요. 조만간 그 책의 사기성이 폭로될 것이고 그러면 기만과 날조가 드러나 이스라엘에게 악영향을 미칠 것이 너무나 명백했지요.[27] 하지만 내 생각에, 그들이 미국 지식인 사회의 은폐 능력을 과소평가한 것 같습니다.

아무튼, 미국의 지식계가 피터스의 책이 뜨거운 감자라는 것을 깨달았을 무렵, 그 책은 자취를 감추었고 이제는 아무도 그 책을 얘기하지 않습니다. 아직도 공항의 가판대 같은 데서 볼 수 있지만 가장 똑똑한 사람들은 더 이상 그 책을 아는 체해서는 안 된다는 것을 알고 있습니다. 책의 사기성이 폭로되었고 따라서 그들의 정체도 폭로되었기 때문입니다.

요점을 말씀드리자면, 핑클스타인 사건은 정직한 비평가에게 언제든지 있을 수 있는 재난입니다. 앞으로도 거듭하여 발생할 가능성이 있습니다.〔핑클스타인은 그 후 독립 출판사에서 여러 권의 책을 출판했다.—편집자〕

그래도 대학교나 다른 제도권 기관에 여전히 남아 있는 반체제 인사들을 발견할 수 있습니다. 그들은 이런저런 형태로 살아남을 수 있는데, 특히 공동체 후원을 받을 때 생존 가능성이 높아집니다. 하지만 만약 그들이 지나치게 분열을 일으키거나 소란을 피운다면 —또는 너무 효율적이라면— 그들은 쫓겨날 것입니다. 제도권 안에서 성공하지 못할 것이고, 특히 젊다면 성공 가능성이 더욱 낮아집니다. 그들은 언젠가, 어디에선가 제거될 것입니다. 따라서 많은 경우, 제도권 내에서 성공하고 생존하는 사람들은 이른바 올바른 신념을 자기 내부 깊숙이 받아들여 내면화했습니다. 순종할까 말까 고민하는 게 아니라 이미 순종 그 자체가 되어 있는 것입니다. 그리하여 이데올로기 통제 시스템은 학교에서 영구화되는데 나는 이것이 학교가 운영되는 기본 줄거리라고 생각합니다.

노동계급 문화의 형성

^{청중1} 노엄, 나는 잠깐 학교라는 이데올로기 통제 시스템을 겪지 않은 사람들에게로 시선을 돌려보고 싶습니다. 현대인이 어떤 종류의 독립 정신을 가져야 하는지 알아보고 싶어서요. 내가 자주 듣는 말인데, 당신은 1820년대의 산업혁명 초에 미국의 초기 노동운동을 이끌었던 노동자 정신을 즐겨 언급했습니다. 당신은 오늘날의 사회운동이 그런 정신을 회복해야 한다고 말하기도 했습니다. 나의 질문은, 그들이 정확히 누구였는가 하는 것입니다. 주로 유럽에서 온 이민자들이었나요?

— 아닙니다. 당시 '로웰 여공^{Lowell mill-girls}'이라고 불렸는데 농촌을 떠나 공장에서 일하던 젊은 여성들이었습니다. 사실, 19세기 미국의 꽤 많은 노동조직들은 여성이 만들었습니다. 오늘날의 제3세계처럼, 온순하고 다루기 쉬운 노동력은 여성들이었던 거지요. 그래서 여성들이 가장 많이 착취당했던 겁니다.

여기서 초기의 산업혁명이 섬유산업을 바탕으로 이루어졌다는 사실에 유념할 필요가 있습니다. 혁명은 이곳 주변 — 로웰과 로렌스[매사추세츠] —에서 일어났습니다. 노동 인구는 주로 여성으로 이루어져 있었습니다. 사실, 당시 중요한 노동 잡지는 여성들이 편집을 맡았는데 주로 젊은 여성들이었습니다. 그들은 읽고, 배우고, 공부하고 싶어 했는데 되돌아보면, 그건 노동자의 당연한 권리였습니다. 여공들은 자유로운 생활을 원했습니다. 사실, 그들 가운데 많은 사람들은 공장에서 아주 오래 일하지는 않았습니다. 2년 정도 일하다가 다른 생활로 돌아갔습니다. 하지만 미국 노동운동의 초기 단계에서 로웰 여공이나 이농민離農民들은 노동계급 문화를 형성한 개척자들입니다.

그런데 유럽 이민자들이 미국으로 물밀듯이 몰려들기 시작하면서 사정이 크게 달라지기 시작했습니다. 알다시피, 미국으로의 이민은 19세기 중반부터 급증했고 미국에 도착한 이민자들은 유럽의 극빈 지역, 가령 아일랜드 같은 곳에서 피난 온 사람들이었습니다. 그 당시는 아일랜드 대기근[1846~1851년]의 시기였고 아일랜드는 철저하게 황폐화되었습니다. 그래서 많은 사람들이 되도록 북아메리카로 탈출하기를 원했고 실제로 그렇게 했습니다.

사람들은 종종 잊어버리지만, 아일랜드는 세계 역사상 가장 오래된 식민지입니다. 영국과 마찬가지로 부유해질 수 있었지만 800년 동안 식민 지배를 겪는 바람에 망해버렸습니다. 게다가 세계 대부분의 식민지처럼 개발이 덜 되었을 뿐 아니라 인구가 감소한 몇 안 되는 곳 가운데 하나였습니다. 사실, 오늘날의 아일랜드는 19세기 초 인구의 절반밖에 되지 않습니다. 또 아일랜드의 기근은 경제적 기근이었습니다. 아일랜드는 실제로 대기근 동안에도 농산물을 영국으로 수출했는데, 정치경제학의 신성한 원칙에 따라 강요당했기 때문입니다. 영국에 더 좋은 농산물 시장이 있다면 아일랜드 농산물은 마땅히 그곳으로 흘러가야 했던 겁니다. 농산물을 아일랜드로 보내는 것은 적절치 못했는데, 그건 시장에 부당하게 개입하는 게 되기 때문입니다.[28]

그래서 아일랜드에 대규모 기근 사태가 발생했고, 미국으로 피난 온 아일랜드 이민자들은 필사적으로 일거리를 찾았으며, 사실상 푼돈을 받고 일할 수밖에 없었습니다. 남유럽과 동유럽에서 미국으로 이민 온 많은 사람들도 마찬가지 형편이었습니다. 그리고 이 때문에 초창기 노동운동이 현저하게 약화되었습니다. 로웰 여공들은 수백만 명에 달하는 이민자들 수준으로 일할 수 없었거나, 일하지 않으려 했던 것입니다. 저항할 때마다 국내 노동력은 즉시 이민자로 대체될 수 있었습니다. 그래서 오랜 시간이 흐른 다음에야 비로소 노동조직이 다시 성장하기 시작했습니다.

가난한 이민자들은 미국에서 개처럼 취급받았습니다. 내 말은, 비참한 대우를 받았다는 뜻입니다. 이를테면 아일랜드 여성들은 19세기 미국에서 멩겔레 스타일의 실험 대상이 되었습니다〔멩겔레는 생체 실험을 했던 나치 의사〕. 농담이 아닙니다. 산부인과 수술은 사실상 멩겔레 같은 의사들이 개발한 것입니다. 그들은 가난한 아일랜드 여성이나 노예 등을 대상으로 삼아 30여 차례나 실험하면서 완벽한 수술 방법을 알아내려고 했습니다. 사실, 요제프 멩겔레와 같은 의사들이 바로 그것 때문에 미국에서 명예를 얻었습니다. 오늘날에도 의과 대학원 벽에 그들의 사진이 걸려 있는 것을 볼 수 있습니다.[29]

그러므로 미국에서 노동운동을 시작한 것은 유럽의 이민자들이 아니며 그들은 본의 아니게 노동운동을 압박했습니다. 하지만 노동운동은 언젠가는 나타날 자연스러운 현상이었습니다. 특별한 훈련이나 마르크스나 다른 서적을 읽을 필요도 없이 이해할 수 있습니다. 노동자들의 생활은 너무나 비참하고 굴욕적이었습니다. 명령에 따라 하루에 12시간씩 노예처럼 뼈 빠지게 일하다가 품행을 감시당하는 공동 침실로 돌아가 쓸쓸히 잠을 자야 하는 생활, 그것은 너무나 볼품없었습니다. 노동자의 생활은 서글픔, 그 자체였습니다. 노동자들은 그 생활이 사람을 너무나 비참하게 만든다고 생각했습니다.

장인들도 마찬가지였습니다. 자영업자인 그들도 이제 공장으로 내몰릴 수밖에 없었습니다. 그래도 자신의 생활을 영위할 수 있기를 바랐습니다. 제화업자들은 일하는 동안 글을 읽어줄 사람을 고용하곤 했는데, 스티븐 킹을 읽는 게 아니라 본격 문학을 낭독했습니다. 이들은 집에 서가가 있었고 사람답게 살기를 원했고 자신의 일을 스스로 통제할 수 있기를 바랐습니다. 하지만 그들은 로웰 같은 신발 공장으로 들어가야 했으며, 짐승만도 못한 기계 취급을 받았습니다. 그들은 그 상황이 인간의 품위와 품격을 떨어뜨린다고 생각하고 그에 맞서 싸웠습니다. 말이 나온 김에 덧붙이자면, 그들은 경제적 수준이 떨어졌기(사실, 경제적 수준은 올라갔습니다) 때문에 그토록 싸운 게 아닙니다. 그들은 손에서 힘을 빼앗기고, 타인에게 복종해야 하고, 영혼이 없는 생산 도구로 전락했기 때문에 싸운 것입니다. 그들은 그런 상황을 원치 않았습니다.

만약 당신이 이 주제에 대하여 흥미진진한 독서를 하고 싶다면 지금까지 쓰인 책 가운데 최초라고 생각되는 노동의 역사에 관한 책 한 권을 권합니다. 1924년에 나왔고 시카고에서 재출판되었습니다. 노먼 웨어가 쓴 《산업 노동자*The Industrial Worker*》인데, 주로 19세기 중반 미국의 독립 노동 언론에서 발췌한 것입니다.[30] 당시, 미국에는 규모가 큰 독립 노동 언론들이 있었고 — 실제로 자본가의 언론과 규모가 비슷했습니다 — '여공'이나 장인 들에 의해 운영되었습니다. 책을 보면 상당히 흥미로울 것입니다.

19세기 내내, 미국의 노동자들은 이른바 '품위 상실, 억압, 임금노예, 기본권 박탈, 생산도구로의 전락' 등의 현실과 맞서 싸웠습니다. 우리가 지금 현대 자본주의라고 부르는 모든 것(사실은 국가자본주의)과 100년 내내 싸웠고, 그것도 지독하게, 정말 힘들게 투쟁했습니다. 그들은 '노동 공화주의labor republicanism'를 요구했고, '자유민이던 시대로 되돌아가자'고 주장했습니다. '노동'은 결국 '인간'을 뜻했습니다.

그들은 또한 공공 교육 시스템의 허상을 투시하고 그에 맞서 싸웠는데 사실 그것은 정당한 투쟁이었습니다. 그들이 교육의 본질을 정확히 꿰뚫어 보았던 것입니다. 그건 농부의 독립심을 빼앗고, 그들을 고분고분 복종하고 순응하는 공장 노동자로 만들려는 제도였습니다.[31] 그렇기 때문에 결국 공공 교육은 미국에서 가장 먼저 제도화되었습니다. 알다시피, 고분고분하고 순종적인 노동력을 양성하려면 먼저 노동자들을 맹목적이고 수동적인 존재로 만들어야 했습니다. 공공 교육은 이 목적을 달성할 한 가지 방법이었습니다. 물론, 노동계급의 발전된 독립 문화를 깨부수는, 훨씬 더 폭넓은 탄압이 병행되었습니다. 노골적인 권력 행사를 위시하여 광고 선전과 PR 캠페인 등 광범위하고 치밀한 기술이 동원되었습니다.

이런 프로파간다는 사실상 오늘날까지 유지되어왔습니다. 따라서 오늘날 미국에서 노동조합은 없어진 것이나 다름없는데, 영화부터 거의 모든 것을 망라하는 기업의 선전과 그 밖의 많은 프로파간다 기술이 엄청났기 때문입니다. 노조를 굴복시키는 데는 오랜 시간이 걸렸습니다. 나는 나이를 좀 먹은 덕에 미국의 노동계급 문화가 어떠했는지 기억합니다. 내가 어린아이였던 1930년대 후반에도 노동계급은 여전히 높은 수준의 문화를 향유하고 있었습니다. 노동자에게서 그 문화를 빼앗고 노동자를 수동적인 도구로 탈바꿈시키는 데는 오랜 시간이 걸렸습니다. 사람들은 이런 착취 유형이 유일한 대안이라고 받아들이게 되었고, 심지어 자신들의 권리를 망각하고 '그래, 나 타락했다. 그게 어쨌다는 거야?'라고 말하는 게 더 낫다고 생각하게 되었습니다.

따라서 예전의 독립적인 노동자 정신을 회복하는 것이 급선무입니다. 내 말은, 모든 것은 문화적 변화로부터 시작된다는 것입니다. 우리는 지금 사람들 머릿속에 고착되어 있는 저 모든 프로파간다의 문화를 깨부수어야 합니다. 사람의 마음과 정신을 바꾸어야 하고, 100년 전 로웰 공장 노동자에게 널리 퍼져 있던 독립 정신을 회복하도록 도와야 합니다. 만약 이 독립 정신이 19세기 노동자들에게 자연스러운 것이었다면 오늘날에도 여전히 자연스러울 수 있습니다. 우리는 지금 즉시 그런 회복 작업에 착수해야 합니다.

4

현대 경제학의 기만과
시장의 왜곡을 말하다

|

고전경제학은 '노동력은 유동성이 높고 자본은 상대적으로 유동성이 없다'는
기본적 생각을 깔고 있었습니다. 그런데 현재, 고전경제학의 그런 이론을
뒷받침하는 가설은 잘못일 뿐 아니라 진실과도 정반대입니다.
노동력은 이민 규제 등을 통해 고정된 반면, 자본은 기술 변화 덕분에
유동성이 높아졌습니다. 만약 자본이 유동적이고 노동력이 고정적이라면,
왜 유동적인 자본이 절대 우위를 추구하지 않겠습니까? 자본은 자기 나라의
노동력에 비해 값이 싼 다른 나라의 노동력을 활용하고,
임금이 더 싼 곳이면 어디든 찾아가면서 모든 사람들의 생활수준을
저하시키고 있습니다. 바로 이것이 북미자유무역협정과 지금 제도화되고 있는
다른 모든 국제무역 조약에서 우리가 목격하고 있는 바입니다.

|

현대 경제학의 기만

참조1 노엄, 이른바 자유시장의 요구 때문에 아일랜드는 대기근 당시 농산물을 영국으로 수출할 수밖에 없다고 말했습니다. 그런 '자유시장'이라는 경제사상은 지난 수십 년 동안 어떤 과정을 통해 대학교와 대중적 이데올로기로 정착한 것입니까? 사회진화론자들[자연선택과 '적자생존'이 개인과 사회의 부를 결정한다고 주장하는 사람들]의 연구와 맬서스[빈곤은 불가피하고 기근, 전쟁, 질병 등으로 인구 성장이 억제되어야 한다고 주장한 19세기 초의 경제학자]의 연구 등은 가난의 책임이 결국 가난한 사람들에게 있다고 주장하지 않습니까?

— 토머스 맬서스가 부정적으로 평가받는 것은 사실입니다. 자기를 부양할 수 없는 사람은 굶어 죽어야 한다고 말한 것으로 지목되었죠. 아무튼 이것은 고전경제학의 일반적인 노선입니다. 사실, 맬서스는 고전경제학의 기초를 닦은 학자들 가운데 한 명이고 데이비드 리카도 등과 어깨를 나란히 했습니다.

맬서스의 요점은 기본적으로 이런 것입니다. 만약 당신에게 독자적 재산이 없고, 생존을 유지할 수 있는 수준으로 노동력을 시장에 내다 팔 수 없다면, 당신은 여기에 살 권리가 없고 그래서 구빈원救貧院 감옥 같은 곳으로 가야 한다는 것입니다. 당시에 '다른 곳으로 간다'는 말은 북아메리카나 오스트레일리아 등으로 이민 간다는 뜻이었습니다. 그런데 맬서스는 만약 그들이 가난하다는 이유로 떠나야 한다면 그것은 누군가의 잘못이라기보다, 그렇게 움직이기를 강요하는 자연 법칙 때문이라고 말하고 있습니다.[32] 리카르는 사실 그것이 '중력의 법칙' 같은 수준의 진실이라고 말했고, 그런 자연 법칙을 방해하려고 시도하는 것은 사태를 더 악화시킬 뿐이라고 했습니다.[33]

따라서 맬서스와 리카도가 어깨를 나란히 하며 주장한 것은 이런 것입니다. '가난한 사람들에게 시장에서 얻을 수 있는 권리 이외의 권리(이른바 생존권)가 있다는 생각을 심어주는 것은 그들을 더욱 비참하게 만든다. 생존의 권리basic right to live는 시장, 효율성, 성장 등을 방해한다. 따라서 시장이 인정하지 않은 생존권을 인정한다면 결국 가난한 사람들의 생활만 더욱 악화된다.' 대충 이렇게 추려볼 수 있습니다.

아까 당신이 질문에서 슬쩍 언급했듯이, 이런 경제사상은 오늘날 여전히 강단에서 강의되고 있습니다. 나는 현재 대학의 경제학과에서 가르치는 자유시장 이론이 이것과 크게 다르지 않다고 생각합니다. 분명 오늘날의 강의실에서는 복잡한 수학 공식이 더 많이 있겠지만, 그 줄거리는 흡사한 것입니다.

청중1 그런 경제사상은 어떻게 제도화되었습니까?

— 어떻게 제도화되었느냐고요? 계급투쟁의 무기로 써먹으려고요. 사실 계급투쟁의 역사는 매력적인 주제입니다. 내가 아는 한, 이 주제를 다룬 책은 딱 한 권밖에 없습니다. 라자니 칸트라는 뛰어난 경제사학자가 저자인

데, 그는 이 연구 탓에 유타 대학교에서 쫓겨났습니다. 하지만 그는 계급투쟁의 역사를 철저하게 연구했고 그의 연구는 정말 시사하는 바가 큽니다.[34]

알다시피, 산업혁명 초기에 영국이 봉건사회를 벗어나 본질적으로 국가자본주의 체제로 접어들었을 때 신흥 부르주아 계급에게는 문제가 있었습니다. 봉건 체제 같은 전통사회에서는 사람들이 확실한 일터와 확실한 권리를 갖고 있었습니다. 사실 그들에게는 당시 '생존권$^{right\ to\ live}$'이 있었습니다. 봉건주의 아래에서는 형편없는 권리였을지 모르지만 어쨌든 그 당시에는 사람들이 생존을 위한 당연한 권리를 가지고 있다고 생각했던 것입니다. 하지만 이른바 자본주의가 등장하면서 없애야 했습니다. 노동시장에서 스스로 얻을 수 있는 것 이외에 자동적 '생존권'이 있다는 생각을 사람들의 머릿속에서 지워버려야 했습니다. 이것이 바로 고전경제학의 핵심입니다.[35]

여기서 이 모든 것이 발생한 맥락에 유념할 필요가 있습니다. 영국 인구의 대부분이 몇백 년 동안 농사짓던 땅에서 강제로 쫓겨났습니다. 그것도 무력으로 말입니다. 이 바탕 위에서 고전경제학이 발전했습니다. 그것은 결코 아름다운 그림이 아니었습니다(1750년부터 1860년까지 일어난, 영국 의회의 '공유지의 사유지화' 법령에 따른 집약적인 폐쇄 조치). 사실, 영국이 산업혁명을 이끈 주된 이유들 가운데 하나는 영국이 다른 나라들보다 농민을 더 난폭하게 쫓아냈다는 사실에 있습니다. 예를 들어 프랑스의 많은 농민들은 농토에 계속 머물 수 있었고 따라서 산업혁명에 더 오래 저항할 수 있었습니다.[36]

하지만 영국의 신흥 부르주아 계급이 수백만 명의 농민들을 농토에서 쫓

---

35 "우리 법률은 사람들이 생존권을 갖고 있고, 사회는 정규 시장에서 빵과 직업을 얻을 수 없는 사람에게 그것을 마련해주어야 한다고 말한다. 하지만 이렇게 규정한 법률은 자연 법칙을 거스르는 것이다. 그것은 사회의 목적을 달성하는 데 저해될 뿐 아니라 그 혜택을 받기로 되어 있는 가난한 사람들이 나중에 더 큰 비인간적 사기를 당하도록 조장하는 것이다." Thomas R. Malthus, *An Essay on the Principles of Population*, J. Murray, 5th ed., 1817, Vol. III, p. 154.

아낸 뒤에도 주민의 '생존권'이 오늘날의 '복지'와 비슷한 개념으로 유지되던 때가 있었습니다. 영국에는 이른바 구빈법[1601년 당시에 포괄적으로 성문화된 법률]이라는 일련의 법이 있었습니다. 이 법은 시장에서 자력으로 생존할 수 없는 사람들의 생존을 보장하기 위해 만들어진 것이었습니다. 이 법 덕분에 식품 보조금 등으로 가난한 사람들은 어느 정도의 최저 생활을 유지할 수 있었습니다. 게다가 이른바 곡물법[다양한 형태로 12세기부터 시작된 법률]도 있어서 땅주인들은 시장에서 얻을 수 있는 것 이외의 권리를 갖고 있었습니다. 곡물 가격을 임의로 인상할 수 있었던 것입니다. 그러나 이런 법령들은 영국의 신흥 산업계급에게 큰 장애물이었습니다. 따라서 없어져야 마땅했습니다.

이 신흥 계급은 사람들의 머릿속에서 기본 생존권이라는 개념을 싹 지워 버릴 새로운 이념이 필요했고, 그것을 제공해준 것이 바로 고전경제학이었습니다. 고전경제학에 따르면, 생존권이란 없으며 사람들은 노동시장에서 스스로 얻을 수 있는 권리만 있습니다. 고전경제학의 기초를 마련한 학자들은 그들이 이른바 '과학적 이론' 또는 '중력 원칙만큼의 확실성'을 발전시켰다고 자부합니다.

이렇게 하여 1830년대에 이르러 영국 정치 상황이 충분히 바뀌자 신흥 부르주아 계급은 구빈법[1832년에는 현저하게 제한되었다]을 폐지할 수 있었고 1846년에는 곡물법을 폐기했습니다. 1840년이나 1845년쯤, 부르주아는 총선에서 이겨 정권을 잡았습니다. 그런데 당시 아주 흥미로운 일이 발생했습니다. 그들이 경제 이론을 포기해서 정치경제가 바뀐 것이었습니다.

이렇게 바뀐 데에는 여러 이유가 있었습니다. 한 가지만 들어보면, 이들은 선거에서 승리했기 때문에 이념적 무기가 더 이상 필요 없었습니다. 또 다른 이유를 든다면, 그들이 '공개시장의 치열한 경쟁으로부터 그들의 산업을 보호해주는 국가의 강력한 간섭이 필요하다'는 사실을 깨달았다는 겁니다. 그동안 늘 국가의 간섭을 받았던 것처럼 말입니다. 게다가 사람들의 '생존권'을 제거하고 나니 심각한 부작용이 생겨나기 시작했습니다. 무엇보다도 먼저, 곳곳에서 폭동이 발생했습니다. 영국 군대는 오랫동안 영국 도처에서 발생한 폭동을 진압하는 일에 매달렸습니다. 그런데 더 심각한 일이 일어났습니다. 사람들이 단체를 조직하기 시작했습니다. 조직적인 노동운동이 시작되었고 나중에는 차티스트 운동[1838~1848년 의회 개혁을 요구했던 대중 캠페인]과 사회주의운동이 발전했습니다. 당시, 영국의 엘리트들은 게임을 포기해야 하거나 아니면 게임을 계속하다가 정말로 곤란한 입장에 빠질 거라는 것을 알게 되었습니다. 그리하여 어느 정도 생존권을 인정해주는 쪽으로 방향을 틀었고, 19세기 후반에 접어들 무렵, 존 스튜어트 밀의 《정치경제학 원리 *Principles of Political Economy*》—약간의 사회민주주의 노선을 가미한 책—같은 것이 지배적인 이데올로기가 되었습니다.

이렇게 볼 때, 고전경제학자들이 '과학 법칙' 운운하던 것이 실은 아주 가변적인 것임을 알 수 있습니다. 사람들은 그것을 마음 내키는 대로 바꿀 수 있었고, 그것이 바로 그들이 말하는 '과학'이었습니다. 따라서 19세기 중반, '과학'은 바뀌었고 이제는 자유방임[정부 간섭이 없어야 경제가 최고의 기능을 발휘한다는 사상]이 결국 나쁜 것이라는 게 드러났으며, 그 대신 등장한 것이 이른바 '복지국가'를 위한 지적 기초였습니다. 사실, 그 후 1세기 동안, '자유방임'은 근본적으로 입에 올려서는 안 되는 지저분한 말이 되었고 아무도 더 이상 그 말을 꺼내지 않았습니다. 이제 '과학'은 이렇게 말합니다. '사람들의 생존권을 일부 인정하는 것이 낫다. 그러지 않는다면 그들은 당신의 통치권에 도전할 것이다. 만약 당신이 그들의 생존권을 빼앗는다면 그들은 당신의 통치권을 무너뜨릴 것이다. 좋을 게 없다. 그러니 사람들의 편의를 도모할 방법을 찾아라.'

그런데 최근에 들어와서 자유방임 사상이 되살아났고, 그것도 계급투쟁의 무기로서 되살아났습니다. 내 말은, 내가 알고 있는 한, 고전경제학의 원칙이 여전히 교육되고 있다는 뜻입니다. 나는 시카고 대학교의 경제학과에서 가르치는 내용, 이른바 '신자유주의neo-liberalism'[사회보장 삭감, 통화 안정, 균형 예산을 강조하는 경제학의 한 입장]가 고전경제학의 주장과 크게 다르지 않다고 생각합니다. 신자유주의가 19세기 초에 비해 월등히 타당하다고 보지도 않습니다. 사실은 훨씬 덜 타당합니다. 적어도 19세기 초, 리카도와 맬서스의 가설은 어느 정도 현실성이 있었습니다. 오늘날의 이 가설은 현실과 아무 상관이 없습니다.

자, 한번 보십시오. 고전경제학은 '노동력은 유동성이 높고 자본은 상대적으로 유동성이 없다'는 기본적 생각을 깔고 있었습니다. 이것은 그들의 멋진 정리를 증명해주는 필수적 전제조건이었습니다. 그렇기 때문에 고전경제학자들은 자신있게 이렇게 말할 수 있었습니다. '만약 당신이 노동시장에서 생존할 수 없다면 다른 곳으로 가라.' 왜냐하면 그 당시만 해도 다른 곳으로 갈 수 있었기 때문입니다. 미국과 오스트레일리아와 태즈메이니아 같은 곳에서는 원주민들을 전멸시키거나 쫓아내버린 후 해외로부터 널리 이민을 받고 있었거든요. 그래요, 가난한 유럽인은 다른 곳으로 갈 수 있었습니다. 그리하여 19세기 초, 노동력은 사실 유동적이었습니다. 돌이켜보면, 자본은 당시 고정적이었습니다. 무엇보다도 '자본'은 주로 토지를 뜻했고, 땅은 움직이지 않으니까요. 게다가 땅에다 투자할 경우에는 주로 지역 단위로 이루어졌습니다. 당시는 오늘날처럼 전 세계로 자금을 쉽게 송금할 수 있는 통신 체계가 없었습니다.

따라서 19세기 초, 노동력이 유동적이고 자본이 고정적이라는 가설은 다소간 현실성이 있었습니다. 이 가설을 바탕으로 고전경제학자들은 비교 우위를 주장하고 그와 관련된 모든 것을 증명하려고 했습니다. 그리하여 오늘날 경제학과 강의실에서는 '포르투갈과 포도주'[영국이 옷감 판매에 집중하고 포르투갈이 포도주 생산에 집중하면, 자유무역이 서로 유리하게 작용하여 양국에 이익이 된다는 리카도의 가장 유명한 가설] 따위를 가르칩니다.

말이 나온 김에, 이 리카도의 원리가 실제로 어떻게 작용했는지 알고 싶다면 이 원리를 실천한 지 100년이 지난 지금, 포르투갈과 영국의 현황을 한번 비교해보세요. 산업화와 포도주 재배가 경제 발전의 양상에 어떤 영향을 미쳤는지 말입니다. 하지만 이 얘기는 잠시 접어두기로 합시다.

그런데 현재, 고전경제학의 그런 이론을 뒷받침하는 가설은 잘못일 뿐 아니라 진실과도 정반대입니다. 노동력은 이민 규제 등을 통해 고정된 반면, 자본은 기술 변화 덕분에 유동성이 높아졌습니다. 따라서 고전경제학의 그 어떤 결과도 더 이상 적용되지 않습니다. 하지만 학자들은 여전히 고전경제학을 가르치고, 아직도 예전과 다름없는 이론을 가르치고 있습니다. 오늘날의 현실은 19세기 초에 생각했던 것과 정반대인데도 말입니다. 그런데도 폴 크루그먼 등 저명한 경제학자들은 여기저기에서 온갖 기지를 발휘하여 실제로는 우스꽝스러운 고전경제학의 결과를 사실은 그리 우스꽝스러운 게 아닌 것처럼 꾸며대고 있습니다. 하지만 근본적으로 고전경제학은 한물간 아주 우스꽝스러운 유행입니다.

만약 자본이 유동적이고 노동력이 고정적이라면, 왜 유동적인 자본이 절대 우위를 추구하지 않겠습니까? 자본은 자기 나라의 노동력에 비해 값이 싼 다른 나라의 노동력을 활용하고, 임금이 더 싼 곳이면 어디든 찾아가면서 모든 사람들의 생활수준을 저하시키고 있습니다. 바로 이것이 북미자유무역협정NAFTA과 지금 제도화되고 있는 다른 모든 국제무역 조약에서 우리가 목격하는 바입니다. 이 추상적인 경제 모델은 현실에서 전혀 작동하지 않습니다. 그들이 아무리 많은 각주를 달고 아무리 다양한 방법으로 모난 가장자리를 갈아내더라도 소용없습니다. 이런 국제무역 협정은 핵심부터 썩어버렸고 현실과는 아무런 연관도 맺고 있지 않습니다. 그랬던 적이 한 번도 없습니다.

진정한 시장

그럼, 모든 경제학자들이 분명 알고 있지만, 이데올로기의 규제를 받는 제도권의 경제학자라는 신분 때문에 도저히 언급하지 못하는 한 가지 사항을 살펴봅시다. 그것은 어느 나라의 역사에서도 '자유시장' 원칙을 지켜서 경제 발전을 이룬 경우가 단 한 번도 없다는 것입니다. 미국에서는 확실히 그런 적이 없었습니다. 내 말은, 미국은 초창기 직후부터 늘 국가가 경제에 광범위하게 개입했다는 겁니다. 만약 비교 우위의 원칙을 따랐다면, 우리는 지금쯤 모피를 수출했을 것입니다.

로웰과 로렌스 같은 곳에서 산업혁명이 시작된 이유는 미국 정부가 영국 제품을 막기 위해 부과한 고율의 보호관세 때문입니다. 오늘날에도 똑같은 일이 벌어지고 있습니다. 펜타곤 시스템과 NASA 등을 통해 선진산업에 엄청난 공적 자금을 쏟아붓지 않았다면 미국의 첨단기술 산업은 성공하지 못했을 것입니다. 이러한 조치는 '자유시장'과는 조금도 상관이 없습니다.

만약 좋은 사례를 원한다면 《뉴욕타임스》를 읽어보세요. 지금 당장 이 나라의 경제가 얼마나 이상하게 회복되고 있는지 관련 경제 기사가 많이 실려 있습니다. 경제 성장에 대한 얘기는 많지만 새로운 일자리는 많지 않습니다. 이건 정말 놀라운 일입니다. 이 신문은 월풀 사가 툴사에 세운 가스레인지 공장을 예로 들고 있습니다. 기사의 마지막 단락이 '자유시장'이 실제로는 어떻게 작용하는지 생생하게 보여줍니다. 월풀이 멕시코가 아니라 툴사에 공장을 세우겠다고 결정한 이유는, 툴사의 납세자들이 회사 자본 비용의 25퍼센트를 내주겠다고 했기 때문입니다.[37] 이런 게 이른바 자유시장이라는 겁니다. 사실은 늘 이런 식으로 작동해왔습니다. 산업혁명 초기부터 오늘날까지 예외는 없었습니다.[38]

사실상, 미국은 역사상 경제적으로 가장 강력한 보호주의 국가였습니다. 미국은 전통적으로 세계에서 가장 높은 보호관세를 부과했고, 그런 만큼 한 저명한 경제사학자는 최근 저서(그것도 시카고 대학교 출판부에서 나온 책)에서 미국을 '현대 보호주의의 모국母國이자 요새'라고 설명합니다.[39] 그래서 19세기 후반, 유럽이 짧은 기간 동안 자유방임주의로 돌아섰을 때 미국의 관세는 유럽보다 5~10배 정도 높았습니다. 그리고 이때 미국은 역사상 경제성장이 가장 급속하게 이루어졌습니다.[40]

---

39 '현대 보호주의의 모국母國이고 요새'는 다음 책의 소제목이기도 하다. Paul Bairoch, *Economics and World History: Myths and Paradoxes*, Chicago University Press, 1993, p. 32. 53~54쪽에서는 이런 주장을 펴고 있다. "19세기 세계경제 역사상, 보호주의의 부정적 영향처럼 사실과 어긋나는 이론도 없을 것이다. 모든 경우에서 보호주의는 공업화와 경제 발전을 가져왔거나 아니면 그것을 도왔다. 19세기에 제3세계의 경제 자유주의를 강제함으로써 그곳의 공업화가 지체되었다는 것은 틀림없는 사실이다." pp. 53-54.

미국은 역사상 경제적으로 가장 강력한 보호주의 국가였습니다.
미국은 전통적으로 세계에서 가장 높은 보호관세를 부과했고,
그런 만큼 '현대 보호주의의 모국이자 요새'라는 것입니다.

보호주의는 현재까지 계속되고 있습니다. 한 세기 전 미국에서는 강철 산업이 발전했는데 '자유시장'의 규칙을 철저히 어겼기 때문에 가능했던 일입니다. 그리고 지난 10년 동안 철강 수입을 규제하고 노동조합을 붕괴시켜 임금을 떨어뜨리고, 외국산 강철에 엄청난 관세를 부과함으로써 미국의 강철 산업을 회복시킬 수 있었습니다.[41] 레이건주의자들이 늘 '시장의 힘 market forces'을 열심히 떠들어댔지만 그 힘이 자유롭게 작동하도록 내버려두지 않았습니다. 아주 단순한 이유 때문입니다. 만약 시장의 힘이 제대로 작동한다면 미국에서는 더 이상 자동차 산업, 반도체 산업, 컴퓨터 산업, 전자 산업이 버티지 못할 것입니다. 일본 제품에게 완벽하게 밀려날 것이기 때문입니다. 따라서 레이건주의자들은 미국의 시장을 보호하기 위해 엄청난 공적 자금을 쏟아부었습니다. 이런 사실을 업계에는 까놓고 말했지만, 물론 일반 대중에게는 숨겼습니다. 당시 상무부 장관이던 제임스 베이커는 1987년, 기업계 사람들에게 자랑스럽게 선언했습니다. "로널드 레이건 대통령이 지난 50년 동안 미국에서 그 어떤 전임 대통령보다 수입 제재를 더 많이 승인했습니다." 이것은 아주 신중한 발언이었습니다. 레이건은 지난 50년 동안 전임 대통령들을 모두 합친 것보다 더 많이 산업에 수입 제재를 했던 것입니다.[42]

물론 '자유시장' 이데올로기는 정부 당국에게 아주 유용합니다. 사회복지를 반대하기 때문에 미국의 일반 대중을 억누르는 무기가 되고, 외국의 빈민을 겨누는 무기가 되기도 합니다. 왜냐하면 이 이데올로기를 내세워 '너희들은 이 규칙을 따라야 한다'고 말하면서 빈민들을 착취할 수 있기 때문입니다. 정책 입안자들은 실제 계획을 수립할 때, 이런 민중 착취의 문제에는 전혀 관심을 기울이지 않습니다. 지금까지 그 누구도 관심을 표명하지 않았습니다.

'포춘 500대 기업Fortune 500'에 들어가는 선두 다국적기업 100개 회사를 다룬 영국의 연구서가 있습니다. 이 책에 따르면, 이 100개 기업 중에서 이른바 '국가 산업 정책'의 도움을 받지 않은 회사는 단 하나도 없었습니다. 이 기업들은 자국 정부가 회사 운영에 개입하는 것을 받아들였습니다. 100개 기업 중에서 적어도 20개 기업은 이런저런 시점에서 완전히 파산할 뻔하다가 정부 개입으로 간신히 구출되었습니다. 예컨대 1979년대 초 록히드가 침체기에 빠졌는데 닉슨 행정부가 공적 자금을 지원하여 구출해냈습니다.[43] 그래요, 이런 방식 덕분에 기업이 재기했습니다. 지금 록히드가 살아남아 있는 것은 일반 대중이 C-130〔군 수송기〕, F-16 전투기 성능 향상, F-22 프로젝트 등에 개발 자금을 지원했기 때문입니다.

그러니 보십시오, 이게 어떻게 '자유시장'입니까? 자유시장과는 아무 관계가 없습니다.

미국은 지금 너무 많은 사람들이 교외에 살고 있고 모든 사람들이 사방에서 자동차를 몰아야 생활을 할 수 있습니다. 이것은 '자유시장'의 결과일까요? 아닙니다. 그건 미국 정부가 1950년대에 거대한 사회공학 프로젝트social engineering project를 수행한 탓입니다. 이 프로젝트는 자동차와 항공기를 바탕으로 한 대단히 비효율적인 시스템을 확장하기 위해, 일부러 대중교통 시스템을 파괴하는 것이었습니다. 왜? 그것이 대기업에게 유리했기 때문입니다. 먼저 기업들이 공모하여 시내 전차 시스템을 매수하여 철거했고, 그다음 고속도로를 건설하기 위해 엄청난 공적 보조금을 계속 투입하고 극히 비효율적이면서 환경 파괴적인 대안을 추진하도록 부추겼습니다. 그리하여 시골이 교외화郊外化되어 근교에는 거대한 쇼핑몰이 들어섰고, 도심은 황폐해졌습니다."" 하지만 이런 정책은 의도적으로 계획한 결과였고 그건 '자유시장'과 아무 상관이 없었습니다.

내가 생각하기에, 가장 극적인 "시장 왜곡"의 사례들 ─ 경제학과에서는 가르치지도 않는 사례들 ─ 은 미국에서 처음 산업혁명이 일어난 과정에서 찾아볼 수 있습니다. 유념해야 할 것은 섬유가 산업혁명의 불길에 기름을 부었고, 섬유라고 하면 단 한 가지 상품, 즉 면화를 뜻했다는 것입니다. 면화는 저렴했는데, 그것이 무척 중요합니다. 그런데 면화는 왜 저렴했을까요? 시장의 힘 때문에? 아닙니다. 면화는 아메리카 대륙의 원주민을 몰살하고 또 그들을 노예로 만들었기 때문에 저렴해진 것입니다. 다시 말해 시장을 왜곡했기 때문에 면화가 싸진 것입니다. 대량 학살과 노예제도. 이것보다 더 심한 시장 왜곡을 생각해볼 수 있겠습니까?

면화 자원을 확보한 다른 나라들도 산업혁명에 불을 붙이려고 시도했지만 그다지 성공하지 못했습니다. 군사력이 더 강한 영국이 다른 나라들의 섬유산업 발전을 무력으로 방해했기 때문입니다. 이를테면 이집트는 면화 자원을 보유하고 있었고 1820년경 미국과 동시에 산업혁명을 시작했습니다. 하지만 영국은 동*지중해의 경제적 경쟁자를 용인하지 않았습니다. 따라서 영국은 무력으로 이집트의 산업 발전을 가로막았습니다. 그리하여 이집트의 산업 발전은 물거품이 되고 말았습니다.⁴⁵

이러한 영국의 초기 '실험'은 인도의 벵골에서도 되풀이되었습니다. 사실, 벵골은 18세기에 최초로 식민지가 된 곳 중 하나였고, 인도를 정복한 영국인 로버트 클라이브는 처음 인도에 상륙했을 때 그곳을 낙원이라고 묘사했습니다. 그의 말에 따르면 다카는 런던과 닮았고, 그래서 초창기 영국인들은 그곳을 '인도의 맨체스터'라고 불렀습니다. 다카는 풍요롭고 인구

가 많았으며 품질 좋은 면화, 농업, 선진화된 산업, 많은 자원, 황마^{黃麻} 등
온갖 것이 갖추어져 있었습니다. 사실, 제조업 수준이 영국과 비슷했고 정
말로 무한히 발전할 것처럼 보였습니다. 그런데 오늘날 어떻게 되었습니
까? 이른바 '인도의 맨체스터'라는 다카는 방글라데시의 수도이지만 재난
의 상징으로 추락했습니다.⁴⁶ 그건 영국이 오늘날의 용어로 말하면 '구조조
정'이라는 것을 내세워 그 나라를 해치고 파괴한 탓입니다〔구조조정이라는 것
은, 외국의 경제 세력이 제3세계를 침투·통제할 수 있도록 기초를 놓는 세계은행과 IMF
의 경제 정책을 말한다〕.

사실, 인도는 전반적으로 보아 진정 영국과 경쟁할 수 있는 나라였습니
다. 영국은 1820년대 말까지 선진 제철기술을 인도로부터 배웠고, 인도는
나폴레옹 전쟁〔1803~1815년〕 당시, 영국의 해군 함정을 만들었습니다. 또
섬유산업이 발전했으며 유럽 전체보다 더 많이 철을 생산했습니다. 그래서
영국은 인도의 산업을 무력으로 해체시키기 시작했고 그 결과 인도는 가난
한 농업국가로 전락하고 말았습니다.⁴⁷ 이러한 영국의 조치를 '자유시장'의
운용이라고 할 수 있을까요?

이런 일이 부지기수입니다. 미국은 1845년에 텍사스를 합병했는데, 핵
심적인 이유 중의 하나는 면화 독점권을 확보하기 위해서였습니다. 면화는
말하자면 '19세기의 원유'였고, 면화야말로 진정한 산업 경제를 촉발했습
니다. 그리하여 미국의 지도층은, 면화의 주요 생산지인 텍사스를 차지할
수만 있다면 영국의 경제력에 맞설 수 있다고 생각했습니다. 알다시피, 영
국은 당시 미국의 주요 적대국이었고, 미국은 영국을 싫어했습니다. 영국
은 미국에 비해 훨씬 더 강대국이었고, 영국의 견제 때문에 미국의 엘리트
들은 마음대로 캐나다를 정복하지 못했고 쿠바를 점령하지 못했습니다. 사

실, 미국이 독립전쟁에서 처음 영국을 이길 수 있었던 유일한 이유는 프랑스군이 대규모로 개입하여 영국을 타도하도록 도왔기 때문입니다.[48] 영국은 진정한 적국이었고 잭슨 지지파들, 포크 대통령과 타일러 대통령 등은 각자 저서에서 이렇게 말했습니다. "만약 우리가 텍사스를 차지할 수 있다면, 영국을 우리의 발밑에 굴복시키고 세계무역을 지배할 수 있을 것이다." 사실, 걸프전쟁이 터지기 전에 사담 후세인에게 퍼부은 지독한 비난, 그 편집증적인 비난은 잭슨 지지파가 100년 전에 써먹은 비난과 똑같습니다. 잭슨 지지파들은 모든 사람을 자신들의 발밑에 굴복시킬 수 있도록 세계의 주요 자원을 독점하고 싶어 했습니다.[49]

바로 똑같은 교훈을 오늘날에도 적용할 수 있습니다. 현재, 산업 경제의 핵심에 자리 잡고 있는 것은 원유입니다. 원유는 왜 저렴합니까? 납세자들의 세금 덕분입니다. 펜타곤 시스템은 유가를 어느 범위 내에 확실히 묶어두기 위해 존재합니다. 유가는 너무 낮아서도 안 되는데 서양의 경제와 에너지 기업들이 원유 이익에 의존하고 있기 때문입니다. 또 너무 높아서도 안 되는데 그러면 이른바 '국제무역의 효율성'을 방해하기 때문입니다[유가가 인상되면 수송비와 무역 비용이 증가하여 국제무역에 피해를 준다]. 이런 식으로 국제무역은 무력과 국제적 폭력으로 유가를 억제해주어야만 비로소 '효율적'인 체제가 되는 것입니다. 따라서 진정으로 '무역의 효율성'을 평가하고 싶다면, 그 효율성을 만들어내는 온갖 비용, 한 가지 예를 들어 펜타곤의 비용 같은 것을 감안해야만 합니다. 만약 펜타곤의 비용을 철저히 파헤치

---

49 타일러 대통령은 텍사스를 합병한 후 자기 아들에게 보낸 편지에 이렇게 썼다. "면화 농장의 독점은 아주 중요한 관심사이다. 이제 독점했으므로 모든 나라를 우리 발밑에 둘 수 있다. 1년만 면화 수출을 금지하면 유럽은 50년 전쟁보다 더 큰 고통을 겪게 될 것이다. 영국이라도 그 고통에서 벗어날 길은 없다." Lyon G. Tyler, ed., *The Letters and Times of the Tylers*, Whittet & Shepperson, 1885, Vol. 2, p. 483.

는 작업을 할 사람이 있다면 그는 아마도 무역이 '효율적'이라고 말하지 못할 것입니다. 만약 누군가가 이런 비용을 계산한다면 국제무역은 효율성이 대단히 낮아 극히 비효율적이라는 것이 증명될 것입니다.

무슨 말이냐 하면, 이런 시장 왜곡이 텍스트 밑에 작은 글씨로 쓰여 있는 각주가 아니라 텍스트의 한 중앙을 차지해야 하는 아주 핵심적인 현상이라는 것입니다. 아무도 이런 시장 왜곡을 평가하려 들지 않는데, 경제학에서 이 분야를 진지하게 보지 않기 때문입니다. 하지만 기업가들은 그 사실을 철저하게 알고 있습니다. 그렇기 때문에 그들은 늘 국가권력에게 시장 원칙으로부터 자신들을 보호해달라고 요청합니다. 그들은 민주적 통제를 원하지 않는 만큼 시장 원칙도 원하지 않습니다. 그들은 늘 원칙을 막았습니다. 이것은 기존 선진 경제의 모든 측면에서 발견할 수 있는 진실입니다.

자동화와 생존의 딜레마

시장 왜곡의 마지막 사례로서, 무척 중요하면서도 시사적인 자동화를 한번 살펴봅시다. 요즈음 이 말이 심심찮게 들려옵니다. 왜 사람들이 경제적 고통을 겪는지, 왜 사람들이 급격히 실직하고 있는지, 왜 실질임금이 지난 25년 동안 내려갔는지, 이런 질문에 대해서 리카도가 말했듯이 '중력의 원칙 같은 법칙'이 작용했기 때문이라는 말입니다. 그러니까 자동화 또는 국제무역의 효율성 같은 냉혹한 시장의 힘이 그렇게 만들었다는 얘기입니다. 이것이 일반적인 주장입니다. 시장이 우리에게 그런 현상을 부과하기 때문에 그것은 불가피하다는 것입니다.[50] 하지만 이건 전적으로 헛소리입니다.

왜 '무역의 효율성' 주장이 대개 날조된 것인지 내가 이미 앞에서 지적했으니 이제 자동화를 살펴보겠습니다.

자동화가 '효율적'인 것은 사실입니다. 자동화는 시장의 원칙에 따라 기업의 비용을 절감하고 노동자의 일자리를 빼앗고 있습니다. 하지만 시장 때문에 그런 결과가 온 것은 결코 아닙니다. 공공 부문에서 집약적이고 장기적인 투자와 개발을 했기 때문입니다. 그건 시장의 왜곡이었습니다. 30년 동안, 자동화는 미국의 군사 시스템을 통해 발전해왔는데, 이토록 오랜 시간과 엄청난 비용을 소모한 이유는 처음부터 그것이 대단히 비효율적이었고, 그래서 시장에서 살아남을 수 없었기 때문입니다. 이렇게 볼 때 자동화는 대부분의 첨단기술 개발 과정과 똑같은 개발 과정을 거쳤습니다. 공적 부문을 통해서 말입니다.

알다시피, 공군과 해군(대부분의 자동화 사업이 진행된 곳)에서는 아무도 비용을 신경쓰지 않았습니다. 납세자들이 비용을 대기 때문에 군 관계자들은 마음대로 비용이 많이 드는 비효율적 프로젝트를 개발할 수 있습니다. 그들은 이런 식으로 자동화를 진행하여, 사람들의 일자리를 빼앗고 기업에게 이윤을 제공한 것입니다. 이를테면 자동 계산기〔숙련공이 없어도 기계에 응용할 수 있는 숫자 정보를 처리하는 소형 기계〕의 역사를 살펴봅시다. 자동 계산기는 공군에서 개발되었고 몇십 년이 흐르며 효율성이 높아진 뒤, 마침내 기업으로 이전되었습니다. 그 덕분에 기업은 노동자를 쫓아낼 수 있었습니다. 하지만 시장의 힘이 작용했다면 그런 일은 전혀 발생하지 않았을 것입니다. 그것은 국가가 대규모로 개입한 결과입니다.

게다가 개발된 자동화의 종류를 살펴보면, 초창기 노동운동 때 노동자들이 무엇을 불평했는지 알게 됩니다. 그들은 자신이 영혼 없는 생산 도구로 전환되는 것을 온 힘을 다해 거부했던 것입니다. 내 말은, 숙련공의 기술을 활용하고 관리자들의 통제를 제거하는 방식으로 자동화가 개발될 수도 있었다는 것입니다. 자동화의 본래 취지는 그런 게(관리자의 통제 제거) 아니라고 말할 근거는 분명 없습니다. 하지만 그런 식으로 자동화가 개발되지는 않았습니다. 정반대로 활용되었습니다. 자동화는 국가 시스템을 통해 노동자의 품위를 떨어뜨리고 저하시키도록 계획되었습니다. 노동자에게 단순 작업을 시키고 관리자의 통제를 강화하려는 게 주목적이었습니다. 거듭 말하거니와 그것은 시장과 아무 상관이 없었고, 기술의 본질과 무관했으며 오히려 권력과 직접적인 이해관계를 가지고 있었습니다. 따라서 MIT 공대 같은 곳에서 개발되는 그런 자동화는, 대체 가능한 노동자를 만들고 경영 관리를 강화해주는 그런 방향으로 계획되었습니다. 이것은 경제적 이유 때문이 아닙니다.[51] 아서 D. 리틀 같은 경영 자문 회사들이 내놓은 여러 연구 자료들은, 자동화가 이윤을 감소시키는데도 불구하고 경영자들이 일부러 그것을 선택했다는 겁니다. 왜 그랬을까요? 자동화 덕분에 경영자와 기업이 노동력을 더 잘 통제할 수 있기 때문입니다.[52]

만약 여러분이 이 문제에 관심이 있다면, 그것을 자세히 다룬 흥미로운 저서가 있습니다. 이 뛰어난 저서를 펴낸 사람은 데이비드 노블입니다. 그는 이 고약한 책을 펴내는 바람에 MIT 종신재직권이 거부되어 지금은 캐나다에서 교편을 잡고 있습니다. 그는 주로 계산기의 발전을 분석한 전문 기술서《생산의 힘 *Forces of Production*》을 저술했고, 상당히 대중적인 책,《사람들이 없는 발전: 러다이트 운동을 변호하며 *Progress Without People: In Defense of Luddism*》를 냈습니다. 유감스럽게도 미국 주류에서는 카트만두나 뭐 그 비슷한 곳에서 출판되는 별 볼 일 없는 책으로 여기고, 그래서 시카고에 있는 아나키즘을 지지하는 소규모 출판사에서 출간되었습니다. 하지만 내용은 아주 흥미로운데, 그런 만큼 명문 대학의 교수 클럽 등에서는 인기가 아주 낮을 수밖에 없었습니다.[53]

데이비드 노블이 이 책에서 논의한 주제 가운데 하나는 러다이트 운동 [1811년에 시작된 영국의 노동자 운동]입니다. 알다시피 러다이트 운동은 늘 기계를 쳐부수는 수구적인 사람들의 못된 행위로 비난받아왔습니다. 하지만 학계에서는 오래전부터 이 비난이 사실무근이라는 것을 알고 있었습니다. 사람들은 단순노동으로부터 자신들을 지키고 싶어 했고 이것을 데이비드 노블이 책에서 이야기했습니다. 러다이트 운동은 기계 자체와는 아무 상관이 없으며 그들은 기계를 파괴하지 않았습니다. 그들은 자신의 기술과 힘을 강화하는 방향으로 기계를 발전시키고 싶어 했고 자신의 품위를 지키고 싶어 했습니다. 물론 정당한 주장이었습니다. 19세기 노동자계급 운동에서는 이 정서가 내내 유지되었고 심지어 오늘날에도 그런 정서를 볼 수 있습니다.

만약 경제학이 진정한 학문이라면 마땅히 이런 부분을 연구해야 합니다. 그리 복잡한 문제도 아닙니다. 가령, 모든 사람이 면화가 왜 저렴했는지 알고 있습니다. 초등학교를 다닌 사람은 누구나 면화가 저렴했던 이유를 알고 있습니다. 면화가 저렴하지 않았다면 산업혁명은 일어나지 않았을 것입니다. 뭐가 어렵습니까? 하지만 미국 대학의 경제학과에서는 이것을 가르치지 않습니다. 정말 놀라운 일이 아닙니까?

물론 시장의 힘이 일부 작용하는 경우도 있습니다. 현실은, 그 힘이 무

53　데이비드 노블은 MIT에서 9년 동안 가르쳤으나 그의 사상과 실천 행위를 이유로 1984년 대학 당국은 그를 해고했다. 그는 곧바로 MIT를 고소했고 정치적 이유로 해고당했다는 문헌을 일반에 알릴 수 있었다. 이 문헌에 근거해 미국역사협회는 MIT의 해고를 규탄했다.

척 약하다는 것입니다. 사람들은 자동화의 발전과 자유시장과 '무역의 힘'이 불가피하게 모든 노동자들의 일자리를 빼앗고, 온 세계를 제3세계와 같은 부의 편중으로 내몬다고 얘기하고 있습니다. 아주 편협한 시각으로 이 문제를 바라본다면 그렇게 말하는 것도 일리가 있겠지요. 하지만 현재 상황을 만들어낸 요소들을 면밀히 살펴본다면 그 시각은 진실과 가깝지도 않고, 오히려 현실과 동떨어져 있습니다. 그런데 이념적으로 제도권 내에 있는 경제학자들은 이런 이의 제기를 부적절하다고 판단하면서, 그런 질문은 하면 안 된다고 생각합니다. 그들은 눈앞에 이 모든 정보를 갖고 있지만 싹 무시한 채 그걸 얘기할 만큼 한가하지 않다고 말합니다.

도덕적 가치의 혁명적 변화

청중1 노엄, 당신이 설명한 것과 같은 지적 문화를 감안할 때, 과연 미국에 '정직한' 지식인들이 있을까요? 어디서 발견할 수 있겠습니까?

— 물론 정직한 지식인들이 있습니다. 하지만 내가 거듭 말하듯이, 그런 사람들은 제도권 안에 있지 않습니다. 그럴 만한 이유가 있습니다. 권력기관과 지배 기관은 자신들의 기반을 해치려는 사람들을 포용하거나 격려할 까닭이 없습니다. 그러면 제도권의 기능이 마비될 테니까요. 따라서 정직하고 진지한 지식인들, 내가 계몽 가치라고 부르는 것 —진실, 자유, 해방, 정의 —에 헌신하는 사람들, 이런 사람들을 소외시키려는 온갖 술수가 등장합니다. 이런 술수는 상당히 성공할 것입니다.

^{청중1} 그들이 누구입니까? 내 말은, 당신이 상황을 아주 어둡게 보고 있는데, 그처럼 제대로 일하는 지식인들이 과연 누구입니까?

— 그들은 세상에 참된 변화를 가져오려고 열심히 일하는 사람들입니다. 가령 SNCC에 참여한 사람들의 예를 든다면, 그들은 진지한 지식인들이고 큰 변화를 일으켰습니다. 또한 1960년대 사람들 중에서도 대단히 많은 발전을 이끈 사람들이 있었고 우리는 지난 20년 동안 이 나라에서 그 영향을 지켜보았습니다. 또 그들이 한 '일'은 거리에서 깃발을 휘두르는 것뿐 아니라, 사태를 곰곰이 생각하고 문제가 무엇인지 알아내고 사람들에게 해결 방법을 가르치고 설득하는 것이었습니다. 학계에서는 1960년대의 운동을 지식인 운동이라고 설명하지만, 정작 운동가들은 엘리트 지식인들이 아니었습니다. 미국의 자유주의 지식인 사회는, 미국의 인도차이나 침공을 원칙적으로 항의한 사람들을 온 힘을 다해 반대했습니다. 지식인 사회는 대중운동을 도와주지 않았습니다. 내 생각에는 운동가들이야말로 진지한 지식인들이었습니다.

이렇게 볼 때, '정직한' 좌파 지식인들이 분명 있습니다. 붉은 관료제에 봉사하지도 않고, 국가자본주의에 봉사하는 코미사르도 아닌 그런 지식인들 말입니다. 그들은 대부분 제도권 밖에 있었는데, 대개 사소한 이유였습니다. 가령 전투적 노동운동가가 제너럴일렉트릭의 회장직에 취임할 수는 없는 것 아니겠습니까? 결코 있을 수 없는 일입니다. 하지만 정직하고 헌신적인 사람들은 어디에나 있고, 세상을 걱정하면서 변화시키려고 노력하고 있습니다. 사실, 30년 전에 비해 오늘날 그런 사람들이 훨씬 더 많습니다.

오늘날 미국의 좌파 지식인들이 1950년대와 1960년대에 비해 그 숫자가 적다는 게 일반적 주장입니다. 하지만 나는 그 주장을 한 마디도 믿지 않습니다. 내 생각은 오히려 정반대입니다. 그들이 1950년대의 대사상가라고 부르는 사람들을 살펴보세요. 대사상가들은 누구입니까? 에드먼드 윌슨처럼 지적인 사람이 그런 부류에 들어가겠지만 과연 그가 좌파 지식인이었습니까? 또는 메리 매카시도 있지요. 그래요, 그녀는 똑똑하고 멋진 소설을 썼지만 좌파 지식인은 분명 아닙니다. 사실, 지금은 훨씬 더 진지한 사람들이 곳곳에 있고 그들은 중요한 문제를 신중하게 생각하고 있으며 많은 것을 옳게 파악하고 있습니다.

나는 1년 내내 강연 여행을 다니는데, 1980년대에 여러 곳에서 그런 사람들을 만나 깜짝 놀랐습니다. 중앙아메리카 연대운동을 예로 들어봅시다. 그 운동은 아주 극적인 발전인데, 나는 실제로 역사상 그런 전례가 없었을 거라고 생각하고 있습니다. 나는 캔자스의 교회, 몬태나 또는 와이오밍의 마을, 앵커리지, 알래스카 등을 다니면서 지식이 깊은 사람들을 만났습니다. 그들은 라틴아메리카에 대해 CIA 요원보다 더 많이 알 뿐 아니라 — 이건 실제로 그리 어려운 일이 아닙니다 — 학계 인사보다도 더 많이 알고 있었습니다. 그들은 라틴아메리카의 현실을 깊이 생각했고 상황을 정확하게 이해했으며 쟁점에 대해 지식을 많이 갖고 있었습니다. 비록 그들의 이름을 여기서 밝힐 수는 없지만 그런 사람들은 정말 많습니다.

게다가 나는 '좌파'라는 말이 그들을 표현하는 올바른 용어인지 확신하지 못합니다. 그들 가운데 많은 사람들은 어쩌면 기독교 보수주의자들일 겁니다. 하지만 내 생각에, 그들은 매우 급진적인 사람들이고 상황을 잘 파악하고 많은 일을 한 지식인들입니다. 그들은 대중운동을 일으켰고, 미국의 잔혹한 행위에 항의했을 뿐 아니라 실제로 희생자들의 생활에 동참했습니다. 그들은 1960년대의 사람들보다 훨씬 더 용감한 태도를 취했습니다. 1960년대에 일어났던 민중 저항은 중요했습니다. 하지만, 사람을 마구 죽이고 파괴하는 약탈자의 권력을 백인 신분으로 견제해보겠다는 희망 아래, 베트남 마을로 들어가서 눌러 앉겠다는 꿈까지 꾼 사람들은 없었습니다. 사람들은 그런 생각조차 하지 않았습니다. 사실, 아무도 희생자의 편에서 전쟁의 참상을 보고하지 않았습니다. 나는 그런 얘기는 들어본 적이 없습니다. 하지만 1980년대는 이처럼 직접 참여하는 경우가 흔했고 많은 사람들이 그렇게 행동했습니다. 사실, 평화의 증인처럼 종교 집단에 속한 사람들은 수천, 수만 명씩 그런 일에 참여했습니다. 내 생각에 그런 일을 하는 사람들이야말로 진지한 좌파 지식인들입니다.[54]

대중문화와 프로파간다에서 '좌파'라는 딱지를 붙이는 것에는, 그것(좌파)이 혐오스러운 것이기 때문에 사람들이 대대적으로 반대해야 마땅하다는 은밀한 의도가 있습니다. 그래서 본질적으로는 스탈린주의자에 불과한 프랑스의 '좌파 지식인'에 관한 책이 나오고 있습니다. 그 책은 그들이 저지른 끔찍한 행위를 생생하게 보여줍니다. 그래요, 그런 '좌파 지식인들'을 널리 선전하고 부각시켜 '좌파는 나쁘다'는 이미지를 조성하려는 것입니다. 사실, 엘리트 문화는 그런 나쁜 지식인들을 가능한 한 많이 부각시킬 것입니다. 또는 '좌파'를 스파르타쿠스 동맹이나 사회주의노동자당, 뭐 이런 소규모 분파로 몰아붙일 겁니다. 운동 집단에 참여해본 사람들은 알고 있듯이, 사무실을 어슬렁거리면서 방해할 만한 일이 뭐 없나 엿보는 그런 사람으로 나쁘게 몰아붙이는 것입니다. 분명히 말하거니와 그런 사람들은 좌파가 아닙니다. 그들은 좌파를 해치는 기생충적 존재에 지나지 않습니다. 엘리트 언론은 좌파를 나쁘게 몰아붙이기 위해 일부러 이렇게 떠들어댈 것입니다. '오, 스파르타쿠스 동맹? 거기는 회원이 얼마 없잖아.' 그러면서 저희들끼리 신나 합니다.[55] 반면, 그들은 진정한 좌파에 대해서는 입을 다물고 있습니다. 엘리트 언론은, 진지한 일을 하면서 이런저런 대의명분에 참여하는 수천, 수만 명의 좌파 인사들에 대해서는 침묵으로 일관하고 있습니다.

따라서 '좌파'라는 용어를 분명하게 정의해야 할 필요가 있습니다. 평화, 정의, 자유, 인권을 위해 싸우고, 사회 변화와 권위적 구조의 제거 등을 위해 싸우는 사람들, 이런 사람들을 가리켜 좌파라고 한다면 내가 평생 기억할 수 있는 것보다 더 많은 좌파들이 주위에 있을 것입니다. 엄청 많이요.

청중1 미국 문화에는 정말로 큰 변화가 있었습니다.

— 그렇습니다. 살면서 생각해볼 수 있는 거의 모든 분야, 가령 인종이든 성 문제든 군사개입이든 환경이든 그 어떤 분야를 예로 들어보아도, 이런 이슈들은 1950년대에 존재하지도 않았습니다. 사람들은 그런 것들이 쟁점이라고 생각하지도 않았고, 그냥 묵묵히 정부의 지시를 따랐을 뿐입니다. 하지만 이제 사람들은 묵묵히 복종하지 않습니다. 만약 1960년대 초기의 영화를 보면 모든 일에서 규율이 얼마나 엄격했는지, 권위적 구조가 얼마나 뿌리 깊었는지 믿어지지 않을 만큼 알게 될 것입니다. 심지어 대인 관계에서도, 또 당신이 친구들과 함께 외출했을 때 서로 쳐다보며 얘기하는 태도에서도 마찬가지였습니다. 젊은 세대는 잘 깨닫지 못하겠지만 요즈음의 생활은 40년 전에 비해 훨씬 더 쉬워졌습니다. 큰 변화가 찾아왔고, 이렇다 할 성공 사례도 많습니다.

자, 이런 많은 일들은 베트남전쟁 때부터 시작됐습니다. 공식적 이데올로기의 관점에서 본다면, 전쟁을 반대한 우리들은 한마디로 패배자들입니다. 오늘날 주류 제도권에서 제기하는 의문은 딱 한 가지뿐입니다. '베트남 사람들은 우리 미국에게 저지른 범죄를 충분히 보상했는가?' 여기 누군가가 미국의 주류 지식 문화에 속하고 싶다면 유일하게 던질 수 있는 질문은 그것뿐입니다. 그래서 조지 부시가 이런 말을 했던 것입니다. '베트남 사람들은 우리가 그들에게 영원한 악감정을 갖고 있지 않음을 알아야 한다. 우리는 그들이 저지른 모든 행위에 대해 대가를 치르라고 말하는 것은 아니다. 만약 그들이 정직하게 잘못을 실토하고, 대공포 사격으로 살해한 미군들의 유해를 정성껏 찾아내겠다고 약속한다면, 우리는 아마도 그들을 문명세계로 받아들일 수 있을 것이다.' 이 말을 듣고서 마룻바닥에서 데굴데굴 구르며 웃거나 '이 녀석은 나치보다 더 나쁜 놈'이라고 말하는 논설위원 또는 칼럼니스트는 단 한 사람도 없었습니다. 그들은 늘 그런 식이었으니까요. 그들의 유일한 쟁점은 '우리는 베트남 사람들이 우리에게 저지른 범죄를 용서할 것인가?'⁵⁶입니다. 미국 인구 가운데 교육받은 계층에 속하는 사람들 중에서는 전쟁을 반대한 사람들이 압도적으로 많습니다. 하지만 그들은 이른바 '실용적' 근거에 입각하여 전쟁에 반대한 것뿐이었는데, 철수 이외에는 다른 방법이 없다고 생각한 것입니다. 그들의 입장은 이런 것이었습니다. '우리는 선한 일을 하기 위해 전쟁에 참가했다. 하지만 실수가 중첩되어 어쩔 수 없이 철군해야 했다.' 엘리트 계층은 이런 생각을 갖고 있기 때문에, 그들이 보기에 우리 반전운동가들은 한마디로 패배주의자에 지나지 않는 것입니다.

다른 한편, 일반 대중으로 눈을 돌려봅시다. 지난 25년 동안 끊임없이 지속된 프로파간다에도 불구하고 오늘날 미국 일반 대중의 66퍼센트는 여전히 엘리트 문화에 동의하지 않습니다. 이 사실은 또 다른 수준에서 시민운동이 승리를 거두었음을 말해줍니다. 내 말은, 이토록 세뇌를 받은 뒤에도 만약 인구의 3분의 2가 여전히 여론조사에서 베트남전쟁이 '근본적으로 잘못되고 비윤리적'이었으며 결코 '실수'가 아니라고 말한다면, 반전운동이 뭔가를 달성했다고 보아야 한다는 겁니다. 또 그렇게 답변한 사람들이 스스로 그 답변을 선택했다는 사실이 중요합니다. 그들은 주류 문화나 지식인들에게서 다른 얘기를 들었는데도 불구하고 그렇게 대답한 것이었습니다.[57]

또 우리가 유념해야 할 것은, 권력층조차도 이 사실(베트남전쟁은 근본적으로 비윤리적 행위였다)을 알고 있다는 점입니다. 우리에게는 감추려 했지만 아무튼 그들은 알고 있었습니다. 사실, 그들의 문서를 보면 그들이 알고 있다는 게 분명해집니다. 이를테면 제3세계에 개입하려는 미 정부의 아주 중요한 문서가 걸프전쟁의 지상地上 공격이 개시되던 날 언론에 유출되어 발표되었습니다. 모린 다우드가 터뜨렸는데 이 여기자는 원래 《뉴욕타임스》의 가십 칼럼니스트였습니다. 그 문서는 일반 세계정세에 대한 관계부처 간 연구였고, 부시 행정부 초창기, 걸프전쟁 발발 훨씬 전에 CIA와 펜타곤 등의 기관에서 작성한 것이었습니다. 거기에 미국의 군사개입에 관한 부분이 들어 있었는데 그 내용인즉 이렇습니다. "'훨씬 약한 적국' ― 우리가 싸우려는 상대국 ― 에 개입하는 경우, 우리는 상대국을 패배시키는 데 그치지 않고 반드시 '압도적으로 또 신속하게' 패배시켜야 한다. 상황을 길게 끌고 간다면, '정치적 지원을 줄일' 것이다." 이것은 무슨 의미입니까? 그들은 전쟁에 대한 일반 국민의 지원이 무척이나 미약하다는 걸 알고 있었던 겁니다.[58]

그들의 생각은, 국민에게 겁을 주어 이틀 정도는 미국의 깃발 아래로 모여들게 할 수 있지만, 군사개입을 신속하게 마치지 못한다면 가망이 없다는 것이었습니다. 전쟁을 오래 끌면 국민들은 전쟁에 반대하면서 군사개입을 중지하도록 압력을 가할 것입니다. 권력층은 고전적 스타일의 군사개입이 더 이상 있을 수 없다는 점을 잘 알고 있습니다. 잘 알다시피, 과거에 미군은 베트남에서 몇 년 동안이고 계속 싸웠습니다. 하지만 이제는 사정이 달라졌습니다. 페루에서처럼 은밀한 전쟁(페루에 체재하는 1만 명의 미국인 중 단 한 사람도 그곳에 미군 부대가 있다는 사실을 모르는 그런 전쟁)을 하든지, 파나마·이라크 게임(적국이 우리를 파괴하기 위해 준비를 갖췄다고 엄청나게 선전한 다음, 싸우지 않고도 신속하게 승리를 거두는 게임)을 할 수 있을 뿐입니다.[59]

분명 사정은 케네디 시절과는 사뭇 다릅니다. 이 차이는 문화의 큰 변화를 반영하고 있습니다. 미국의 권력층은 더 이상 외국에 대한 군사개입을 추진할 선택권이 없음을 알고 있습니다. 어떤 무력한 나라들을 악마로 매도한 다음 그 나라들을 상대로 신속하고 결정적인 승리를 거둘 자신이 없으면 아예 군사개입을 하지 않는 것입니다. 권력층은 확실히 이 점을 깨닫고 있습니다. 이것만 봐도 좌파가 얼마나 큰 승리를 거두었는지 알 수 있습니다.

내 나이 또래거나 약간 어린 세대는 오늘날 미국이 얼마나 달라졌는지, 또 얼마나 문명화된 나라로 바뀌었는지 확실히 알고 있습니다. 아메리카 원주민의 권리 문제를 한번 보세요. 어렸을 때 나는 이런저런 일과 관련하여 내 자신을 급진적인 아나키스트라고 여기면서도 친구들과 '카우보이와 인디언' 놀이를 했습니다. 총으로 인디언을 쏘는 게임 말입니다. 그것은 독일 아이들이 '아리아인과 유대인' 놀이를 하는 것과 비슷합니다. 그런데 이 놀이는 미국에서 아주 오랫동안 전해내려온 '전통'이었고, 아무도 이상하다고 생각하지 않았습니다.

또 다른 이야기를 하나 해보겠습니다. 나는 렉싱턴에 살고 있습니다. 주로 보스턴 근교의 중상류층 전문직 인사들의 마을이고, 분위기가 자유롭고 모두가 민주당에 투표를 하며, 모두들 자신의 대의명분에 헌신합니다. 흥미로운 해였던 1969년에, 내 아이 하나는 초등학교 4학년이었습니다. 그 애는 《뉴잉글랜드 탐험*Exploring New England*》이라는, 뉴잉글랜드 초기 역사에 관한 사회 교과서를 가지고 있었습니다. 주인공은 로버트라는 소년인데, 좀 나이 든 어른이 이 소년에게 식민지 뉴잉글랜드의 영광을 보여주는 내용이었습니다. 어느 날, 나는 그 책을 샅샅이 조사해보아야겠다고 생각했습니다. 왜냐하면 식민지 건설자들이 원주민을 몰살시킨 과정을 저자가 어떻게 다루었는지 궁금했기 때문입니다. 그래서 나는 식민지 건설자들이 뉴잉글랜드에서 저지른 최초의 집단학살, 즉 1637년의 피쿼트족 대학살 대목을 훑어보았습니다. 당시 사람들은 피쿼트족을 대량 학살했습니다. 놀랍게도, 아주 정확하게 묘사되어 있었습니다. 그들은 마을로 들어가, 남녀노소 할 것 없이 모든 사람들을 죽이고, 가옥을 불태우고 피쿼트족의 곡식에 불을 질렀습니다. 교과서의 결론에 이 소년 로버트가 등장합니다. 소년은 이 모든 상황을 얘기한 뒤 이렇게 말합니다. "내가 일찍 태어나 그 현장에 있었다면 얼마나 좋았을까." 달리 말해, 그것은 대학살을 미화한 긍정적 설명이었습니다. 당시는 베트남의 '밀라이 대학살'이 폭로된 직후인 1969년이었습니다.[60]

오늘날에는 상상조차 할 수 없습니다. 문화는 중대한 변화를 일으켰고

---

60 촘스키의 딸이 학교에서 공부한 책은 Harold B. Clifford, *Exploring New England*(New Unified Social Studies), Chicago: Follett Publishing Co., 1961. 관련 내용은 다음과 같다. "그의 작은 군대는 아직 동트지 않은 아침에 피쿼트족을 급습하여 모조리 죽였다. 이제 말썽을 부릴 피쿼트족은 남지 않았다. 다른 인디언들은 백인이 훌륭한 전사라는 것을 알고 여러 해 동안 평화를 지켰다. …… '내가 일찍 태어나 그 현장에 있었다면 얼마나 좋았을까' 하고 로버트는 생각했다."

문명은 진정으로 진보했습니다. 그런 변화는 주로 지난 20년 동안 많은 의미 있는 시민운동과 시민 단체가 조직된 결과입니다. 내가 '정직한 지식인'이라고 부르는 사람들이 그 운동의 주체였습니다.

사실, 요즈음 엘리트 문화에서 'PC'(정치적 올바름)$^{Political Correctness}$를 외쳐대는 상황을 나는 이렇게 봅니다. 그것은 근본적으로 지난 30년 동안 일반 대중에게 확산된 모든 반체제, 행동주의, 관심사 등을 분쇄할 수 없었다는 현실에 대한 짜증인 것입니다. 그들이 지적하는 약간의 'PC'가 진실이긴 하지만 ─ 예, 그래요, 약간은 진실입니다 ─ 본질적으로는 엉뚱한 짜증에 지나지 않습니다. 그런데 진짜 중요한 점은, 이데올로기 시스템을 다시 통제하려는 우파의 엄청난 노력이 통하지 않았다는 겁니다. 우파는 근본적으로 전체주의를 신봉하기 때문에 통제에 조금만 틈이 벌어져도 재앙이라고 생각합니다. 98퍼센트 통제로는 충분하지 않고 100퍼센트 통제를 해야 흡족하다고 생각합니다. 이런 것은 분명 전체주의적 성향입니다. 하지만 그들은 그런 100퍼센트 통제를 할 수 없었고, 일반 대중 사이에서는 특히 더 통제력을 발휘할 수 없었습니다. 우파는 1960년대부터 민중운동의 성과를 억누를 수 없게 되었습니다. 민중운동은 성차별주의, 인종차별주의, 환경 문제, 다양한 문화에 대한 존중, 그 밖에 이른바 '나쁜 생각'에 대한 사람들의 관심을 불러일으켰습니다. 이렇게 되자 엘리트 사회는 진짜 히스테리를 부렸고, 그 결과 'PC' 운운하는 헛소리를 하게 된 것입니다.

바로 지금 대학은 자유 기업의 올린 교수직[보수적인 올린 재단$^{Olin Foundation}$이 기금을 지원하는 교수직]이 넘쳐나고 있고, 모든 학생들에게 무료로 배포하는 화려한 우파 잡지들이 있습니다. 이들은 그냥 우파가 아니라 극우입니다. 그사이 모두들 어떻게 좌파가 권력을 좌지우지할 수 있냐며 소리치고 있습니다. 하지만 이 모든 것들은 그들이 전적으로 통제하지 못한다는 히스테리에서 나온 것입니다. 사실, 그들은 현재까지 많은 사람을 잃었습니다. 이러한 변화가 이제 끝났다고 생각할 이유도 없습니다. 내 생각에, 대중이 훨씬 더 앞으로 나아가, 결국 제도권의 변화를 이끌어내야 한다고 봅니다. 어느 면에서 봐도 그렇습니다.

또 반드시 유념해야 할 사항이 하나 있습니다. 당신(운동가)에게 잘했다고 말해줄 사람은 주류 문화에 전혀 없다는 것입니다. 제도권은 늘 당신이 실패했다고 얘기할 뿐입니다. 1960년대의 인권운동에 대한 공식적 견해는 이런 것입니다. '이 운동은 대학가에 불을 지르면서 소리 지르는 한 무리의 미치광이들이 주도한 것이다. 그들은 히스테리 환자거나 베트남에 가기 두려워 그런 운동을 벌였다.' 뭐 이런 것이 공식적 견해인데, 지식 문화 the intellectual culture 로부터 늘 듣는 것입니다. 대중은 생활과 경험에서 이것이 사실과 다르다는 것을 알 수도 있지만, 진실을 말해주는 사람은 없었습니다. 기존 체제가 늘 텔레비전, 라디오, 신문, 서적, 역사서 등을 통해 진실과는 다른 엉뚱한 메시지를 전달했기 때문입니다. 기존 체제의 메시지는 또 다른 이야기 ― 운동가들은 실패했고, 그들은 결국 한 무리의 미치광이이므로 실패할 수밖에 없다는 이야기 ―를 사람들에게 각인시키려 애쓰고 있습니다.

물론, 공식적 문화가 그런 견해를 받아들이고 싶어 하는 것은 당연합니다. 그 문화는 대중에게 변화의 힘이 있다는 걸 감추고 싶어 하고, 가능한 한 그것을 은폐하려고 하기 때문입니다. 따라서 만약 변화가 온다면, 그것은 '우리 위대한 엘리트가 변화를 주도했기' 때문입니다. 민중의 압력에 굴복해서 할 수 없이 변화했을 때에도 마치 자발적인 자선 행위인 것처럼 말하려 듭니다. 가령 이렇게 얘기하는 것입니다. '우리는 이처럼 도덕적으로 위대한 인물이어서 노예제도를 싫어하게 되었고 그 때문에 그 제도를 종식시켰다.' 엘리트 지배자들의 말대로라면, 노예제 철폐를 위해 싸워온 대의명분도, 노예 폭동과 노예제 폐지 운동도 없었던 것이나 마찬가지인 것입니다.

우리는 1960년대 운동과 관련하여 지난 30년 동안 상당한 규모의 변화를 겪어왔습니다. 대중의 도덕적 가치와 문화적 수준은 혁명적 변화에 가까웠지만, 이 변화가 제도권에 지속적 영향을 미치지 못했기 때문에 지식문화가 계속 물고 늘어졌습니다. '여러분은 보잘것없고, 아무것도 할 수 없습니다. 그냥 입 다물고 집으로 가시지요.' 이것이 바로 그들이 늘 우리에게 되풀이하는 얘기이고, 우리는 그것이 프로파간다에 지나지 않는 것임을 명심해야 합니다.

1928년(출생) 언어학자이자 철학자이며 정치적 행동주의자인 에이브럼 노엄 촘스키^{Avram Noam Chomsky}는 12월 7일 필라델피아 부근 이스트 오크 레인^{East Oak Lane}에서 태어남. 아버지 윌리엄 촘스키^{William Chomsky}는 우크라이나에서 태어나 1913년에 미국에 온 이민자이고, 어머니 엘시 시모노프스키^{Elsie Simonofsky}는 벨라루스 출신. 부모 다 보수적인 정통 유대교 가문에서 자라남. 어머니는 교사이자 행동주의자로, 당시 미국 문화의 편협한 억압 속에서도 전통적 방식으로 가정을 꾸려 나감. 아버지도 교사였는데, 히브리어 문법을 전공한 히브리어 학자로, 《뉴욕타임스^{The New York Times}》 부고난에 "세계 최고의 히브리어 문법가 중 한 사람"으로 소개되었을 정도로 명성을 얻음. 언어학자인 아버지는 노엄에게 평생 큰 선물이 됨. 외가 쪽으로는 사회주의자인 친척이 꽤 있었지만 부모는 루스벨트^{Franklin Roosevelt}를 지지한 민주당원으로 중도 좌파였으며 존 듀이^{John Dewey}의 교육론을 지지했음.

---

* 이 연보는 촘스키 공식 웹사이트(www.chomsky.info)와 볼프강 B. 스펄리치^{Wolfgang B. Sperlich}의 《한 권으로 읽는 촘스키^{Noam Chomsky: Critical Lives}》를 참고하여 편집부에서 작성했으며 장영준 교수(중앙대학교 영어영문학과)가 감수했다.

1930년(2세) 상당히 일찍부터 정식 교육을 받기 시작해 템플 대학교^{Temple} University에서 운영하는 듀이식 실험학교인 오크 레인 컨트리 데이 스쿨^{Oak Lane} Country Day School에 입학. 열두 살까지 다님.

1933년(5세) 동생 데이비드^{David} 출생. 1930년대에 촘스키는 대공황의 여파로 드리운 전체주의의 어두운 그림자를 실감하며 자라남. 부모와 부모의 동료가 교육 현장에서 실천하는 모습을 보며 상식으로 세상을 바꿔야 함을 배움. 촘스키는 아나키즘적 정치철학에서 "행동이 이론을 세우는 것보다 훨씬 중요하다"는 교훈을 배움. 촘스키의 이상은 아나키즘적 생디칼리슴에 뿌리를 두는 반면, 정치적 행동주의라는 사상은 상식에서 출발함.

1938년(10세) 에스파냐 내전에서 바르셀로나가 파시스트에 점령당하자 학교 신문에 '파시즘의 확산'을 주제로 사설을 게재함. "오스트리아가 점령당했고 체코슬로바키아가 점령당했으며 이제 바르셀로나도 점령당했다"로 시작함.

1940년(12세) 센트럴 고등학교^{Central High School} 입학. 대학 진학을 최우선 목표로 삼는 경쟁적인 학교에서 위계적이고 엄격한 교육 방식에 다소 곤란을 겪음. 선천적으로 지적 활동을 좋아해 부모에게서 "아들 녀석이 벌써부터 부모를 이기려 한다"는 말을 듣고 자람. 또래 아이들이 슈퍼맨 만화책을 읽을 때, 유대인 공동체에 속한 탓에 시오니즘에 관한 책과 논문을 읽음.

1941년(13세) 중세 히브리어 문법과 역사를 학문적으로 연구한 아버지 덕분에 어린 시절부터 문법이란 개념에 익숙했음. 13세기 히브리어에 대해 아버지가 쓴 원고를 교정 봄. 그러나 문법보다는 정치에 더 관심이 많음. 특히 뉴욕의 외가에 자주 오가면서 이모부 밀턴 클라우스^{Milton Klauss}가 운영하는 신문 가판대에 드나드는 지식인들을 통해 지적 자극을 받음. 훗날 촘스키는 당시 경험을 "10대 초반에 내게 가장 큰 영향을 미친 지적인 문화"였다고 회고함. 이모부는 자유주의 이외에 국내외의 프로파간다에 속고 억압받는 계급과, 그들과 연대하는 것에 대해서도 관심을 가져야 한다고 가르침. 가족의 사교 범위는 좁았지만 이모부에게서 자양분을 공급받을 수 있었음. 한때는 에스파냐의 아나키즘 혁명에 심취했고, 반파시스트 난민들이 주로 운영하는 뉴욕의 중고 서점과 아나키스트들이 이디시어로 발행한 《노동자의 자유 목소리*Freie Arbeiter Stimme*》사무실을 들락거림. 이 잡지에 실린 글과, 주류 언론과 서점에 쌓인 책에서 접하는 정보가 극명하게 다른 것에 충격을 받음. 후에 촘스키가 언론 산업에 관심을 갖게 된 결정적인 계기가 됨.

1945년(17세) 펜실베이니아 대학교*University of Pennsylvania* 입학. 철학, 논리학, 언어학 등 일반 과정을 이수하면서 흥미로운 주제로 보고서를 써냄. 모국어인 영어와 제2 언어로 히브리어를 쓰며 성장한 그는 대학에서 고전 아랍어와 프랑스어, 독일어 기초를 익힘. 그러나 이것이 그를 언어학자로 이끈 것은 아님. 아버지의 학교에서 히브리어를 가르치며 학비를 번 까닭에 겨우 낙제를 면하기도 함. 대학을 중퇴하고 팔레스타인으로 가 키부츠에서 일할 생각을 품음. 이탈리아 출신의 반파시스트 망명자로 훌륭한 인격자이면서 뛰어난 학자인 조르조 레비 델라 비다*Giorgio Levi Della Vida*와 조우. 그는 촘스키의 이상과 정치적 행동주의에 적잖이 영향을 미침. 또 정치적 행동주의자이면서 뛰어난 작가인 조지 오웰*George Orwell*에 푹 빠짐. 특히 《카탈로니아 찬가*Homage to Catalonia*》에 깊은 인상을 받음. 드와이트 맥도널드*Dwight Macdonald*가 1999년까지 발행한 정치 잡지 《정치*Politics*》에 가끔 실리는 오웰의 글에 심취함.

1947년(19세) 정치 모임에서 같은 학교의 젤리그 해리스*Zellig Harris* 교수와 만남. 촘스키가 정치적 행동주의자와 언어학자로서의 길을 걷는 데 결정적인 영향을 준 그는 미국에서 처음으로 언어학과를 펜실베이니아 대학교에 만들었으며 구조주의 언어학과 담화 분석의 창시자임. 게다가 프랑크푸르트학파와 심리 분석에 푹 빠진 비판적 사상가로 정치관마저 촘스키와 매우 흡사했음. 자유분방한 해리스는 촘스키에게 수학과 철학을 공부하라고 권하기도 함. 격식을 벗어난 듀이식 교육을 받은 촘스키는 자유로운 분위기에서 학문적 토론에 심취함. 언어학자이자 《촘스키*Chomsky*》(1970)의 저자인 존 라이언스*John Lyons*는 "학생 촘스키는 해리스의 정치적 관점에 매료됐고 그 때문에 언어학과 대학원을 선택했다. 어떤 의미에서는 정치학이 언어학으로 그를 인도한 셈이다"라고 함.

1948년(20세) 학위 논문 주제를 고민하는 촘스키에게 해리스가 '히브리어 연구'를 권함. 해리스가 쓴 《구조주의 언어학의 방법론*Methods in Structural Linguistics*》(1947)에 완전히 매료되어 언어학에 빠져듦.

1949년(21세) 학사 학위 논문 발표. 이때부터 개인적인 삶과 학자로서의 삶, 정치적 행동주의자로서의 삶을 이어감. 히브리어에 해리스의 방법론을 접목해 〈현대 히브리어의 형태음소론*Morphophonemics of Modern Hebrew*〉 초고 완성. '생성통사론'의 출현을 예고한 논문이지만 촘스키는 이후로 시행착오를 거듭함. 12월 24일 어린 시절 친구인 캐럴 샤츠*Carol Schatz*(19세)와 결혼.

1951년(23세) 캐럴이 프랑스어로 학사 학위 받음. 펜실베이니아 대학교에서 학사 학위 논문을 수정하여 언어학으로 석사 학위 받음. 이즈음 촘스키는 철학에 심취해, 굿맨*Nelson Goodman*, 콰인*Willard Van Orman Quine* 등과 교류하고, 이 둘을 통해 카르나프*Rudolf Carnap*, 러셀*Bertrand Russell*, 프레게*Gottlob Frege*, 비트겐슈타인*Ludwig Wittgenstein*을 만남. 과학자이자 수학자이며 논리학자인 러셀은 오웰만큼 촘스키에게 깊은 영감을 불러일으켰으며, 그가 가장 닮고 싶어 한 사람으

로 지금까지 그의 사진을 연구실에 걸어둠. 이 밖에도 옥스퍼드 대학^{Oxford}

University 철학과의 존 오스틴^{John Austin} 교수에게 큰 영향을 받음. 굿맨의 권유로 유망한 대학원생을 지원하는 장학제도인 하버드 대학교^{Harvard University} 특별연구원^{Society of Fellows}에 지원함. 연구원^{Junior Fellow}으로 선발되어 보스턴으로 이주. 찰스 강 남쪽 올스턴^{Alston}의 커먼웰스^{Commonwealth} 가에 위치한 조그만 아파트를 세 얻음. 같은 연구원인 언어학자 모리스 할레^{Morris Halle}는 촘스키의 언어학을 이해해준 극소수의 동료 중 한 사람으로 남음. 프라하학파 창시자의 일원이자 절친한 사이가 된 로만 야콥슨^{Roman Jakobson}도 만남.

1953년(25세) 캐럴이 하버드 대학교의 여자 단과 대학인 래드클리프 대학^{Radcliffe College}으로 전학함. 하버드 연구원이 누릴 수 있는 가장 큰 혜택인 여행 보조금으로 부부가 첫 해외여행을 떠남. 주목적은 키부츠 체험과 유럽 여행. 영국, 프랑스, 이탈리아를 거쳐 이스라엘로 가, 제2차 세계대전이 유럽에 남긴 상흔을 직접 보고 옴. 음성학을 공부하던 캐럴이 돌연 학업을 중단함. 촘스키는 그간의 연구를 접고 취미로 해온 '생성문법^{generative grammar}'에 집중. 첫 학술논문 〈통사분석 체계^{Systems of Syntactic Analysis}〉를 언어학 저널이 아닌 논리적 실증주의 저널 《기호논리학 저널^{Journal of Symbolic Logic}》에 발표하여 큰 호응을 얻음.

1955년(27세) 유럽 여행 후부터 계속 영원히 키부츠에 정착하는 문제 고민. 가능성 타진을 위해 캐럴이 이스라엘로 떠남. 하버드 특별연구원 장학금을 1955년까지로 연장함. 4월 징집영장 받음. 6주 뒤로 징집을 연기하고 4년간 미뤄온 박사 논문 마무리. 〈변형 분석^{Transformational Analysis}〉으로 박사 학위 취득, 군 복무 면제받음. 이 논문은 1975년 출판되는데, 언어학의 새 지평을 열었다고 평가받음. '변형 분석'은 문장의 언어 층위를 심층 구조와 표층 구조로 설명하는 혁명적인 개념으로, 거의 1,000쪽에 달하는 이 논문에서 그는 이분지$^{\text{binary branching}}$를 이용한 수형도를 발전시킴. 하버드 대학교 도서관에 마이크로필름으로 보관되자마자 논문은 '지하 고전'이 되었고, 열람이 가능한 소수의 '내부자' 집단이 생겨남. MIT(매사추세츠 공과대학교)에서 강사로 일하기 시작. 처음에는 박사 과정 학생들을 대상으로 필수과목인 프랑스어와 독일어를 가르쳤으나 곧 '언어와 철학' 강좌가 개설되었고 강사를 찾지 못한 이 강좌에 지원함. 철학과 언어학을 결합해 강의하며 엄청난 분량의 원고와 독창적 강의 노트를 축적해갔는데, 이후 엄청난 양의 출판물을 쏟아내는 기반이 됨.

1956년(28세) 모리스 할레, 프레드 루코프$^{\text{Fred Lukoff}}$와 함께 논문 〈영어 액센트와 절점에 관하여$^{\text{On Accent and Juncture in English}}$〉 발표.

1957년(29세) 2월 공학과 수학, 과학을 전공하는 MIT 학부생들을 대상으로 한 강의 노트를 바탕으로 《통사 구조$^{\text{Syntactic Structures}}$》 출간. 상업적으로는 성공하지 못했지만 현대 언어학의 고전으로 언어학자의 필독서이자 스테디셀러가 됨. 4월 20일 딸 아비바^{Aviva} 태어남(중앙아메리카의 역사와 정치를 전공하고 아버지의 뒤를 이어 학자가 됨). 선배 교수이자 초기부터 촘스키 이론에 관심을 둔 조지 밀러$^{\text{George Miller}}$의 초대로 스탠퍼드 대학$^{\text{Stanford University}}$에서 여름 학기를 보냄. 이듬해까지 콜롬비아 대학$^{\text{Columbia University}}$ 초빙 교수를 지냄.

1958년(30세) MIT 부교수가 됨.

1959년(31세) 2004년의 한 강연에서 촘스키는 하버드 대학원 시절을 회고하며 "생물언어학적 관점$^{\text{biolinguistic perspective}}$은 제2차 세계대전 직후 미국에 알려지기 시작한 동물행동학^{ethology}을 비롯해, 생물학과 수학의 발전에 크게 영향을 받은 일부 하버드 대학원생들의 토론에서 이미 반세기 전에 요즘의 형태를 갖추기 시작했다"고 밝힘. 이런 접근법에 영향을 받아 스키너의《언어 행동_Verbal Behavior_》(1957)을 다룬 평론(〈스키너의《언어 행동》에 대한 고찰_Reviews: Verbal behavior_〉)을 언어학 학회지《언어_Language_》에 발표, 언어가 학습되는 행동이라는 이론을 여지없이 무너뜨림. '자극－반응－강화－동기부여'로 이루어지는 행동주의의 이론적 틀이 언어학에서나 일반 과학에서 추론적 의미는 물론 경험적 의미도 갖지 못한다는 점을 증명함으로써 당대 학자인 스키너와 콰인을 정면공격함. 마치 경험주의와 합리주의 논쟁으로도 비친 이런 논쟁을 다른 학자들과 즐겨 했고, 평론가들은 이를 일컬어 '언어학 전쟁_linguistics wars_' 이라고 부름. 그러나 길버트 하먼_Gilbert Harman_은 "촘스키의 언어 이론만큼 현대 철학에 영향을 미친 이론은 없다"고 평함. 이듬해까지 프린스턴 대학_Princeton University_ 고등연구소_Institute of Advanced Study_ 회원으로 있음.

1960년(32세) 둘째 딸 다이앤_Diane_ 태어남(현재 니카라과 수도 마나과에 있는 한 원조 기구에서 일함). 1960년대 들어 적극적으로 정치적 견해를 피력하기 시작. MIT 전자공학연구소에 있던 시절 촘스키는 테크놀로지를 경멸했는데 1950년대 말부터 컴퓨터와 컴퓨터 언어학에 컴퓨터를 응용하는 분야를 인정하기 시작했고, 이런 그의 비판적 관심이 오토마타 이론_Automata Theory_(자동번역이론)에 기여했으며, 결국 자연 언어에 수학적 이론을 접목한 '촘스키 계층 구조_Chomsky hierarchy_'를 완성하기에 이름.

1961년(33세) MIT 종신교수가 됨.

1964년(36세) 1967년까지 하버드 인지 연구 센터_Harvard Cognitive Studies Center_ 연구원을 지냄.

1965년(37세) 지금도 언어학계에서 가장 훌륭한 저작으로 손꼽히는《통사이론의 제상_Aspects of the Theory of Syntax_》출간. '표준이론_Standard Theory_'에 대한 대학원생과 신임 교수들의 허심탄회한 논의를 정리한 책임. 베트남전쟁이 발발하자 정치적 행동주의자가 되기로 결심하고 항의 집회에 적극적으로 참여함. 삶 자체가 불편해지고 가족들에게도 피해가 갈 것이며 더 자주 여행하고 더 많은 사람을 만나야 하고 또 정치에 무관심한 학계의 따돌림도 받겠지만 모든 것을 감수하기로 결심함. 그러면서도 충직한 학자답게 정치관과 언어학 교실을 엄격히 구분함. 렉싱턴 지역으로 이사해 지금까지 살고 있음. 학자들 사이에서 좌파라고 밝히는 것이 유행처럼 번지고 반문화 운동이 확산된 불안한 1960년대에 들어와 민중의 힘이라는 새로운 현상에 주목한 신생 조직들이 생겨남. 각종 정치 행사와 시위에 강연자로 초청받는 일이 잦아짐. 그의 회고에 따르면 "처음 치른 대규모 대중 집회는 1965년 10월 보스턴 커먼 공원에서 열린 행사"임. 이때 베트남전쟁을 찬성하는 반대파에 공격받고 지역 언론으로부터 맹렬하게 비난받음.

1966년(38세) 촘스키는 정치적 행동주의자로서 연설하고 강연한 것, 또 강연하기 위해 조사한 자료에 대해 어마어마한 양의 기록을 자세히 남김. 행동주의 저술가로서 그의 글과 소책자는 어떤 행동주의자의 글보다도 더 많은 독자에게 전해짐. 이해에 행동주의자가 아닌 대중을 상대로 하버드에서 최초로 강연했는데, 마침 힐렐Hillel(세계에서 가장 큰 유대인 대학들의 기관) 집회였고, 이 강연은 이듬해 2월 《뉴욕 리뷰 오브 북스The New York Review of Books》에 〈지식인의 책무Responsibility of Intellectuals〉로 실림. MIT 석좌 교수가 됨. 모리스 할레와 함께 하퍼 앤드 로Harper and Row 출판사에서 '언어 연구 시리즈the Studies in Language Series' 편집. UCLA와 캘리포니아 대학University of California 버클리Berkeley 캠퍼스에서 초빙 교수 지냄.

1967년(39세) 아들 해리Harry 태어남(현재 캘리포니아에서 소프트웨어 개발자로 일함). 징역형을 선고받을 위기에 처함. 아이 셋을 키우며 캐럴이 다시 공부를 시작함.《뉴욕 리뷰 오브 북스》에 실린 〈지식인의 책무〉를 통해 "지식인은 정부의 거짓말을 세상에 알려야 하며, 정부의 명분과 동기 이면에 감추어진 의도를 파악하고 비판해야 한다"고 역설. 그가 행동하는 지식인으로 각인되는 계기가 됨. 이 매체는 좌파 학자들에게 거의 유일한 언로였는데, 촘스키는 이때부터 1973년까지 꾸준히 기고함. 10월 처음 투옥되어, 그곳에서 베트남전쟁을 다룬 소설《밤의 군대들 The Armies of the Night》로 퓰리처상을 받은 소설가 노먼 메일러 Norman Mailer를 만남. 학생비폭력조정위원회 Student Nonviolent Coordinating Committee의 폴 라우터 Paul Lauter와 의기투합하여 저항조직 레지스트 RESIST를 창설함. 10월 21일 펜타곤 외곽을 행진하던 시위대가 헌병대와 충돌하는 바람에 체포당해 노먼 메일러와 함께 구치소에서 하룻밤을 보냄. 당국이 본보기를 남기기 위해 법무부 건물 앞 계단에서 연설한 그는 제외한 채 '보스턴의 5적'을 발표함. 이 재판을 지켜보며 보수 집단이 무슨 짓을 할지 두려움에 휩싸임. 그래도 캐럴은 아이들을 데리고 나가 반전 집회 행진에 참여하고, 매사추세츠의 콩코드에서 여성과 어린이가 참가한 침묵 시위에도 참여함. 이때 캐럴과 두 딸은 통조림 깡통과 토마토 세례를 받음. 런던 대학교 University of London에서 명예박사 학위를 받음. 시카고 대학 University of Chicago에서 명예 언어학 박사 학위 받음.

1968년(40세)《언어와 정신 Language and Mind》출간. 오랜 친구이자 동료인 모리스 할레와 함께한 기념비적인 저작《영어의 음성체계 The Sound Pattern of English》출간. 500여 쪽에 달하는 이 책으로 '음운론'을 거의 완벽히 정리해냄. 12월 〈콰인의 경험론적 가정 Quine's Empirical Assumption〉 발표. 캐럴이 하버드 대학교에서 언어학으로 박사 학위를 받음.

1969년(41세) 1월 캐럴이 박사 논문과 같은 주제인 '언어 습득 과정'에 관해 쓴 《언어습득론 *The Acquisition of Syntax in Children from Five to Ten*》을 출간함. 봄에 옥스퍼드 대학의 존 로크 강좌 John Locke Lectures에서 강연함. 9월, 펜타곤에서 연설한 것과 기고문을 모아 《미국의 힘과 신관료들 *American Power and the New Mandarins*》 출간. 미국의 베트남전 개입을 신랄하게 규탄한 이 책으로 미국 안팎에서 뜨거운 반응을 얻음.

1970년(42세) 4월 그리스도교 연합교회 목사인 딕 페르난데스 Dick Fernandez, 코넬 대학교 Cornell University 경제학과 교수인 더글러스 다우드 Douglas Dowd 와 함께 하노이 방문. 폭격이 잠시 중단된 틈을 타, 폭격의 피해를 입지 않은 하노이 폴리테크닉 대학교 Polytechnic University에서 강연. 이 강연 여행은 지하운동과 민중운동 쪽에서 큰 화제가 됨. 영화배우이자 반전운동가 제인 폰더 Jane Fonda가 하노이를 방문했을 때 '반역'이라 비난받자 대국민 사과를 한 것과 비교하면 비교적 알려지지 않은 채 넘어감. 이후로도 논란이 될 만한 해외여행은 하지 않음. CIA(미국중앙정보국) 용병부대의 폭격 탓에 항아리 평원 Plain of Jars에서 쫓겨난 라오스 난민들을 인터뷰해 《아시아와의 전쟁 *At War With Asia*》 출간. 이 책에서 그는 미국은 베트남전쟁에서 주된 목표를 이루었으며 그 대표적인 예가 FBI가 실행한 반첩보 프로그램인 코인텔프로 COINTELPRO라고 지적함. MIT 출판사가 창간한 학술지 《언어학 탐구 *Linguistic Inquiry*》의 편집위원회를 맡음. 촘스키 언어학을 알리는 수단에 불과하다는 비판도 있었으나 지금은 가장 권위 있는 언어학 학술지로 자리 잡음. 시카고의 로욜라 대학교 Loyola University와 스워스모어 칼리지 Swarthmore College에서 명예박사 학위 받음. 이때부터 1980년대까지 학자로서의 역할에 충실함. 《런던타임스 *The Times of London*》 선정 '20세기를 만든 사람'에 이름을 올림.

1971년(43세) 전해 1월 케임브리지 대학^{Cambridge University}에서 한 버트런드 러셀 기념 특강을 모아 《촘스키, 러셀을 말하다^{Problems of Knowledge and Freedom}》 출간. 영국 폰타나^{Fontana} 출판사에서 《아시아와의 전쟁》 출간. 폰타나는 유럽에서 유일하게 《밀실의 남자들^{The Backroom Boys}》(1973), 《국가 이성을 위하여^{For Reasons of State}》 (1973), 《중동에서의 평화^{Peace in the Middle East?}》(1975) 등 촘스키 저작을 연이어 출판하면서 그의 이름을 알리는 데 적잖은 역할을 함. 네덜란드 텔레비전 방송국에서 미셸 푸코^{Michel Foucault}와 대담. 평소 프랑스의 포스트모던 철학이 '정치 비평'적 색채를 띠어 철학이 정치적 행동주의처럼 여겨진다는 이유로 프랑스 철학을 경멸했던 촘스키는 푸코의 '포스트모던' 비판에 폭넓게 동의함. 철학자이자 과학자인 데카르트에게서 깊이 영향받은 촘스키의 언어학이 '데카르트 언어학'이라고도 불린 것에 비하면 이례적인 일임. 뛰어난 학자를 지원하는 구겐하임 펠로십^{Guggenheim fellowship} 수상. 바드 칼리지^{Bard College}에서 명예박사 학위 받음.

1972년(44세) 캐럴이 하버드 교육대학원에서 교편을 잡고 1997년까지 가르침. 델리 대학^{Delhi University}에서 명예 학위를 받음. 4월 1일 뉴델리 대학^{University of New Delhi}에서 네루^{Nehru} 추모 특강을 함. 5월 《언어와 정신》 개정판 출간.

1973년(45세) 《국가 이성을 위하여^{For Reasons of State}》 출간. 베트남전쟁과, 닉슨^{Richard Milhous Nixon}의 부관 헨리 키신저^{Henry Alfred Kissinger}가 비밀리에 캄보디아를 폭격한 사실을 알리기 위해 처음으로 허먼과 함께 《반혁명적 폭력: 대학살의 진상과 프로파간다^{Counter-Revolutionary Violence: Bloodbaths in Fact and Propaganda}》를 저술함. 출간을 코앞에 두고 워너커뮤니케이션스^{Warner Communications}의 간부가 "존경받는 미국인들을 아무 근거 없이 상스럽게 비난한 거짓말로, 명망 있는 출판사에서 낼 만한 책이 아니"라는 이유로 출간 보류함. 개정하고 글을 추가해 사우스 엔드 프레스^{South End Press}에서 1979년 《인권의 정치경제학 *The Political Economy of Human Rights*》으로 출간함. 매사추세츠 대학교^{University of Massachusetts}에서 명예박사 학위 받음. 닉슨의 '국가의 적^{Enemies List}' 명단에 이름이 올라 있는 것이 밝혀짐.

1974년(46세) 《반혁명적 폭력》의 프랑스어판 출간. '프랑스 좌파의 이데올로기적 욕구를 만족시키기 위한 오역이 난무한다'고 자평함.

1975년(47세) 3월 《중동에서의 평화》 출간. 정치적 행동주의가 담긴 책들은 출간이 어려웠으나 언어학 연구서들은 학계에서 주목받으며 널리 읽힘. 6월 《'인권'과 미국의 대외 정책 *'Human Rights' and American Foreign Policy*》 출간. 박사 논문을 고쳐 실질적인 첫 저작이라 할 《언어 이론의 논리적 구조 *The Logical Structure of Linguistic Theory*》 출간. 1월에 진행한 캐나다 온타리오의 맥마스터 대학교^{McMaster University} 휘든 특강^{Whidden Lectures}에 시론을 덧붙인 언어학 고전 《언어에 대한 고찰 *Reflections on Language*》 출간.

1976년(48세) MIT에서 인스티튜트 프로페서^{Institute Professor}(독립적인 학문기관으로 대우하는 교수)로 임명됨. 학자로서 최고의 전성기를 맞음. 이해부터 동티모르에 대해 끊임없이 문제를 제기하고 3년 뒤 책으로 엮음.

1977년(49세) 봄, 《리바이어던 *Leviathan*》과의 인터뷰에서 "미국은 제2차 세계대전 이후 일관된 정책을 유지했는데, 그것은 서남아시아의 에너지 자원을 확실하게 통제하려는 것이다"라고 함. 11월 네덜란드 레이던 대학^{University of Leiden}에서 하위징아^{Huizinga} 추모 특강.

1978년(50세) 이듬해까지 유엔 탈식민지위원회에 출석해 동티모르의 상황을 증언함(후에 출간). 11월 콜롬비아 대학에서 우드브리지^{Woodbridge} 특강.

1979년(51세) 1월 스탠퍼드 대학에서 칸트^{Immanuel Kant} 강의. 주로 언어학, 언어학과 철학을 결합시킨 것, 그리고 정치적 행동주의를 주제로 한 강연을 함.

이 세 주제를 넘나들며 진행한 인터뷰가 《언어와 책무: 미추 로나와의 대화*Language and Responsibility: Based on Interviews with Mitsou Ronat*》로 출간됨. 5월 리스본까지 달려가 동티모르의 위기를 다룬 첫 국제회의에 참석. 1980년대 초에도 리스본에서 동티모르 난민들을 만나고, 이후 오스트레일리아의 지원단체 및 난민들과 가까운 관계를 유지함. 촘스키는 동티모르와 관련된 대부분의 정보를 오스트레일리아 친구들에게서 얻음. 전해 우드브리지 특강을 바탕으로 한 《규칙과 표상*Rules and Representations*》 출판. 1980년대에 언어학에서 타의 추종을 불허하는 탁월한 철학자로 우뚝 섬. 정치철학과 현대 프랑스 철학에 휩쓸리지 않으면서 자신만의 언어철학을 완성해감. 언어가 인간 행위에 영향을 미치며 언어 능력이 세상을 변화시키고 더 낫게 만들어나가는 궁극적인 도구라고 본 촘스키는 《규칙과 표상》에서 언어는 보편적으로 학습된다는 인지언어학*conitive linguistics*으로부터 생물언어학을 구별 정립함. 1951년에 쓴 석사논문이 《히브리어의 형태소론*Morphophonemics of Modern Hebrew*》으로 출판됨. 〈나치의 쌍둥이: 안보국가와 교회 The Nazi Parallel: The National Security State and the Churches〉라는 도발적인 제목의 시론 발표. 라틴아메리카의 교회, 특히 브라질 교회가 저항의 중심이 될 것이라 낙관함. 이 글과 함께 《반혁명적 폭력》을 개정, 보완한 《인권의 정치경제학》(전 2권)을 에드워드 허먼과 함께 출간. 1권 《워싱턴 커넥션과 제3세계 파시즘*The Washington Connection and Third World Fascism*》(2권은 《대격변 이후: 전후 인도차이나와 제국주의적 이데올로기의 부활*After the Cataclysm: Postwar Indochina and the Reconstruction of Imperial Ideology*》)은 누설된 기밀 문서를 광범위하게 다루는데, 오스트레일리아에서 엄청난 판매고를 올림. 출판이 금지된 데다 책을 보관했던 창고가 원인 모를 화재로 전소되었기 때문. 프랑스 학자 로베르 포리송*Robert Faurisson*이 나치의 유대인 학살과 학살이 자행된 가스실이 존재하지 않았다는 논문을 쓰고 '역사 왜곡죄'로 재판받을 위기에 처하자 '표현의 자유'를 이유로 500여 명의 지식인들과 함께 탄원서를 제출함. 마치 포리송의 주장을 지지하는 듯이 비춰 프랑스에서는 '나치주의자'로 몰리고, 이듬해까지 이어진 이 사건에서 촘스키는 '정치적 올바름political correctness'의 문제로 논란의 중심에 섬.

1980년(52세) 《뉴욕타임스》에 동티모르에 관한 논설을 기고할 기회를 얻고, 《보스턴글로브 The Boston Globe》를 설득해 미국에서는 처음으로 동티모르에 대한 진실을 보도하도록 유도함. 1980년대 레이건 행정부 때는 분쟁 지역마다 쫓아다니며 정치적 견해를 피력함. 서벵골의 비스바-바라티 대학교Visva-Bharati University 명예박사 학위 받음.

1981년(53세) 1970년대에 작업한 '확대 표준 이론Extended Standard Theory, EST', '수정 확대 표준 이론Revised Extended Standard Theory, REST'에 이어, 1980년대 들어 중견 언어학자로 성장한 제자들이 촘스키의 언어학을 수정, 확대함. 그 중심에 서서 혁신적인 변화를 꿈꾸며 《지배와 결속에 대한 강의: 피사 강의Lectures on Government and Binding: The Pisa Lectures》(일명 'GB') 출간.

1982년(54세) 어떤 압력에도 굴하지 않고 계속 용기 있게 글을 써, 이해에만 대외적으로 150편이 넘는 글을 발표함. 해외에서도 즐겨 찾는 연사로 꼽혀 여행이 잦아짐. 대중적 인지도가 높아지면서 사생활을 지키기가 힘들어짐. 학자로서 성공했음에도 정치적 행동주의자로서 여전히 주류 세계에 편입하지 않고 많은 시민운동을 조직하며 활동함. 주류 학계와 정계에서는 그와 일정한 거리를 두려고 발버둥침. 동티모르에 대한 기본적인 내용을 담은 《새로운 냉전을 향하여Towards a New Cold War》 출간. 시러큐스 대학Syracuse University 초빙 교수 지냄. 《근본적인 우선순위Radical Priorities》 출간.

1983년(55세) 이스라엘과 서남아시아에 대한 그의 견해를 집약한 《숙명의 트라이앵글*The Fateful Triangle*》출간. 이 책에서 주류 언론에서 보도하지 않은 미국의 범죄를 낱낱이 나열함.

1984년(56세) 미국 심리학회로부터 '특별 과학 공로상*distinguished scientific contribution*' 수상. 11월 인도의 두 젊은이(라마이아*L. S. Ramaiah*와 찬드라*T. V. Prafulla Chandra*)가 촘스키의 출판물 목록을 최초로 정리해 출판함(《노엄 촘스키: 전기*Noam Chomsky: a Bibliography*》). 직접 쓴 것이 180종이 넘고, 그를 다룬 출판물의 수는 그 두 배에 달함. 펜실베이니아 대학교에서 명예박사 학위 받음.

1985년(57세) 《흐름 바꾸기: 미국의 중앙아메리카 개입과 평화를 위한 투쟁*Turning the Tide: U. S. Intervention in Central America and the Struggle for Peace*》출간.

1986년(58세) 《언어 지식: 그 본질, 근원 및 사용*Knowledge of Language: Its Nature, Origin, and Use*》출간. 3월 니카라과 마나과를 방문해 1주간 강연함. 강연 도중 미국이 니카라과를 비롯해 중남미에서 저지른 만행을 고발하며 미국 시민이란 것에 수치심을 느껴 눈물을 흘림. 언어학 분야에서는 '원리와 매개변인*principle*'에 대한 탐구 등 GB 이론을 더 정교하게 다듬은 《장벽*Barriers*》(1986)을 '언어학 탐구 모노그래프' 시리즈의 13권으로 발표. 얄팍한데도 지나치게 전문적이어서 대학원생은 물론 언어학자까지 당혹스러워했지만, 언어학의 발전 방향을 제시함. 《해적과 제왕: 국제 테러리즘의 역사와 실체*Pirates and Emperors: International Terrorism in the Real World*》출간.

1987년(59세) 니카라과 마나과 강연을 모아 《권력과 이데올로기: 마나과 강연*On Power and Ideology: The Managua Lectures*》출간. 아침에 한 강연만 따로 모은 《지식의 문제와 언어: 마나과 강연*Language and Problems of Knowledge: The Managua Lectures*》도 출간. 이 책으로 '평이한 언어로 정직하고 명료하게 뛰어난 글을 쓴 공로*Distinguished Contributions to Honesty and Clarity in Public Language*'를 인정받아 미국 영어교사 위원회*National Council of Teachers* of English가 주는 오웰상Orwell Award을 받음. 사우스 엔드 프레스의 공동 설립자인 마이클 앨버트Michael Albert와 리디아 사전트Lydia Sargent가 《Z 매거진Z Magazine》 창간. 촘스키를 필두로 진보적 지식인들의 글 게재, 이후 인터넷에서 정치적 행동주의자들의 언로 역할을 함.

1988년(60세) 에드워드 허먼과 함께 《여론조작: 매스미디어의 정치경제학Manufacturing Consent: The Political Economy of the Mass Media》 출간. '여론조작'은 칼럼니스트 월터 리프먼Walter Lippmann에게서 차용한 개념. 이 책으로 또 한 번 미국 영어교사 위원회로부터 오웰상 받음(1989년). 시론 〈중앙아메리카: 다음 단계Central America: The Next Phase〉에서 니카라과를 비롯한 중앙아메리카에 대한 미국의 공격을 '국가 테러'라고 고발함. 파시스트와 민주 세력 사이에서 교회가 선한 역할을 맡을 것이라 낙관하면서도 늘 기독교 근본주의를 호되게 비판함. '기초과학 교토상Kyoto Prize in Basic Sciences' 수상. 《테러리즘의 문화The Culture of Terrorism》 출간. 7월 이스라엘이 점령한 팔레스타인 지역 방문. 예루살렘 근처 칼란디야 난민촌Kalandia refugee camp에 잠입했다가 이스라엘군에게 쫓겨남.

1989년(61세) 《여론조작》에 이어 미국, 미국과 비슷한 민주 국가들을 신랄하게 비판한 《환상을 만드는 언론Necessary Illusions: Thought Control in Democratic Societies》 출간.

1991년(63세) 《민주주의 단념시키기Deterring Democracy》 출간.

1992년(64세) 《미국이 진정으로 원하는 것What Uncle Sam Really Wants》 출간. 캐나다의 언론인 마크 아크바르Mark Achbar와 피터 윈토닉Peter Wintonick이 《여론조작》을 기초로 만든 다큐멘터리 〈여론 조작: 노엄 촘스키와 미디어Manufacturing Consent: Noam Chomsky and the Media〉가 11월 오스트레일리아에서 처음 상영됨. 아크바르는 이 작품으로 20대 초반 젊은 영화인들에게 주는 '더 듀크 오브 에든버러 인터내셔널 어워드The Duke of Edinburgh's International Award'를 수상했고, 이 작품은 2003년 차

기작이 나오기 전까지 캐나다 역사상 가장 성공한 다큐멘터리로 기록됨.

1993년(65세) 《부유한 소수와 불안한 다수 *The Prosperous Few and the Restless Many*》(데이비드 바사미언^{David Barsamian} 인터뷰) 출간. 허울 좋은 명분 아래 풍부한 자원과 잠재력을 지닌 중남미 대륙과 아프리카, 아시아를 미국이 정치·경제적으로 어떻게 식민지화했는지 밝히고 "도덕은 총구로부터 나온다"는 미국의 오만한 역사 의식을 신랄하게 비판한 《507년, 정복은 계속된다 *Year 501: The Conquest Continues*》 출간.

1994년(66세) 《비밀, 거짓말 그리고 민주주의 *Secrets, Lies and Democracy*》 출간. 1991년 11월 말레이시아계 뉴질랜드 학생이자 오스트레일리아 구호단체 소속 카말 바마드하즈^{Kamal Bamadhaj}가 동티모르에서 인도네시아 헌병대 총에 등을 맞는 치명상을 입고 결국 사망함. 그의 어머니 헬렌 토드^{Helen Todd} 기자가 범인을 법정에 세우고자 투쟁을 벌인 4년간 그녀와 계속 연락을 주고받으며 격려함. 연루된 장군 중 한 명이 하버드 대학교에 다닌다는 사실이 밝혀지자 보스턴의 행동주의자들이 하버드 대학 당국에 항의 시위하여 결국 토드가 승소함.

1995년(67세) 동티모르 구호협회^{ETRA}와 저항을 위한 동티모르 국가 평의회^{CNRM}의 초청으로 9일간 오스트레일리아 방문. 수도 캔버라에서 난민들을 대상으로 강연하고 멜버른과 시드니에서 대규모 집회를 조직함. 생물언어학을 치밀하게 실행에 옮기고자 규칙을 최소화함으로써 강력한 설명력을 띤 소수의 원리 체계로 언어 메커니즘을 분석한 《최소주의 프로그램 *The Minimalist Program*》 출간. 이 '최소주의 프로그램'에 모든 인간이 생득적으로 갖고 있는 모든 언어에 내재한 '보편문법^{Universal Grammer, UG}'을 적용해 언어학을 발전시킴.

1996년(68세) 캐럴 은퇴, 촘스키의 실질적인 매니저로 활동. 전해 오스트레일리아에서 연 강연들을 모아 《권력과 전망*Powers and Prospects*》 펴냄.

1997년(69세) 《미디어 컨트롤: 프로파간다의 화려한 성취*Media Control: The Spectacular Achievements of Propaganda*》 출간(〈화성에서 온 언론인*The Journalist from Mars*〉을 추가해 2002년 개정판 출간).

1998년(70세) 《공공선을 위하여*The Common Good*》(데이비드 바사미언 인터뷰) 출간.

1999년(71세) 《숙명의 트라이앵글》 개정판 출간. 에드워드 사이드*Edward Said*는 서문에서 "인간의 고통과 불의에 끊임없이 맞서는 숭고한 이상을 지닌 사람에게는 무언가 감동적인 것이 있다"며 촘스키의 '숭고한 이상'을 피력함. 《그들에게 국민은 없다: 촘스키의 신자유주의 비판*Profit over People: Neoliberalism and Global Order*》 출간. 그의 장기적 연구가 컴퓨터와 인지과학*Computer and Cognitive Science* 분야의 성장에 기여했다는 이유로 벤저민프랭클린 메달*Benjamin Franklin Medal* 수상. 헬름홀츠 메달*Helmholtz Medal* 수상.

2000년(72세) 《신세대는 선을 긋는다: 코소보, 동티모르와 서구의 기준*A New Generation Draws the Line: Kosovo, East Timor and the Standards of the West*》 출간. 《언어와 정신 연구의 새 지평*New Horizons in the Study of Language and Mind*》 출간. 《불량 국가*Rogue States: The Rule of Force in World Affairs*》 출간. 이 책에서 서방 강국, 그중에서도 미국이 어떻게 각종 국제적 규범에서 면제되는 것처럼 행동해왔는지, 또한 이런 경향이 냉전 종식 이후 어떻게 더 강화돼왔는지를 면밀히 밝힘. 또 라틴아메리카, 쿠바, 동아시아 등지에서 미국이 저지른 만행과 치명적인 결과를 구체적인 자료와 실증을 통해 적나라하게 보여줌. 여기서 미국이 테러의 표적이 된 이유를 차근차근 설명하는데, 미국은 이라크, 북한, 쿠바 등을 '불량 국가'로 분류하지만 오히려 국제 질서 위에 군림하면서 국제 규범을 무시하는 미국이야말로 국제사회의 '불량 국가'라고 규정함. 《실패한 교육과 거짓말*Chomsky on Mis-education*》

(2004년 개정판), 1996년의 델리 강연을 엮은 《언어의 구조 *The Architecture of Language*》 출간.

2001년(73세) 5월 경제적 이익을 위해 폭력을 무수히 행사하는 부시 정부에 대해 어정쩡한 태도를 보여 비난받기도 함. '미국과 테러'에 대한 견해를 소상히 밝힌 《프로파간다와 여론: 노엄 촘스키와의 대화 *Propaganda and the Public Mind: Conversations with Noam Chomsky*》(데이비드 바사미언 인터뷰) 출간. 배타적 애국주의로 치닫는 미국의 주류 언론과 지식인을 비판하면서 미국 정부와 언론의 프로파간다 공세 뒤에 가려진 진실과 국제 관계를 보는 새로운 시각을 전함. 9·11테러 이후 인터뷰 요청이 쇄도해 9월부터 10월 초까지 많은 인터뷰를 함. 이를 모은 책 《촘스키, 9-11 *9-11*》이 이듬해 페이퍼백 부문 베스트셀러 1위를 차지함. 10월 프랑스에서 《촘스키, 누가 무엇으로 세상을 지배하는가 *deux heures de lucidité*》(드니 로베르 *Denis Robert*와 베로니카 자라쇼비치 *Weronika Zarachowicz* 인터뷰) 출간. 표현의 자유와 포리송 사건에 대한 공식 입장을 표명함. 12월 인도 델리에서 인도의 경제학자 라크다왈라 *Lakdawala* 추모 강연을 함(2004년 《인도의 미래 *The future of the Indian past*》로 출간됨).

2002년(74세) 1월 세계경제포럼 *World Economic Forum* (다보스포럼)에 대항한 NGO(비정부기구)들의 회의인 세계사회포럼 *World Social Forum* (브라질 프로투알레그리 *Porto Alegre*)에 참석. 2월 촘스키 책을 출간했다는 이유로 반역죄로 기소된 터키 출판인의 재판에 공동 피고인으로 참석하기 위해 터키 방문. 출판인이 공동 피고인이 되어달라고 부탁했고 촘스키가 기꺼이 요청을 받아들인 것으로, 재판부는 국제사회에 이런 사실이 알려질까 두려웠는지 첫날 기소를 기각함. 쿠르드족을 찾아다니며 그들의 인권을 강력하게 옹호하는 말과 글을 계속 발표함. 1월 23일 뉴욕에서 열린 미디어 감시단체 페어 *FAIR*의 창립 15주년

축하 강연 내용을 기반으로 《미디어 컨트롤》 개정판 출간. 《촘스키, 세상의 물음에 답하다 *Understanding Power: The Indispensable Chomsky*》, 《자연과 언어에 관해 *On Nature and Language*》 출간.

2003년(75세) 《중동의 평화에 중동은 없다 *Middle East Illusions*》(《중동에서의 평화》포함) 출간. 《촘스키, 사상의 향연 *Chomsky on Democracy and Education*》(C. P. 오테로 *C. P. Otero* 엮음) 출간. 브라질에서 열린 세계사회포럼에 참석. 라틴아메리카 사회과학위원회 *CLASCO* 회장의 초청으로 쿠바 방문. 귀국 후 쿠바에 가한 미국의 금수 조치를 격렬히 비난함. 인도의 시민운동가이자 소설가 아룬다티 로이 *Arundhati Roy* 는 〈노엄 촘스키의 외로움 *The Loneliness of Noam Chomsky*〉이란 글에서 "촘스키가 이 세상에 기여한 공로 중 하나를 고른다면 아름답고 밝게 빛나는 '자유'라는 단어 뒤에 감춰진 추악하고 무자비하게 조작되는 세계를 폭로한 것"이라고 말함. 미국 정치·경제 엘리트들의 '제국주의적 대전략 *imperial grand strategy*'을 완벽히 해부한 《패권인가 생존인가 *Hegemony or Survival: America's Quest for Global Dominance*》 출간. 9·11사태로 희생된 사람은 3,000명 남짓이지만, 미군의 직접적인 테러로 희생된 사람은 서류로만 봐도 수십만 명에 이른다고 주장하는 바람에 미국 우익과 자유주의자 모두의 분노를 폭발시켜 지식인 사회가 크게 동요함. 마크 아르바르 등이 촘스키 등을 인터뷰해 만든 다큐멘터리 〈기업 *The Corporation*〉 출시.

2004년(76세) 이듬해까지 이탈리아의 피렌체와 볼로냐, 그리스의 테살로니키, 아테네, 헝가리, 영국의 런던, 옥스퍼드, 맨체스터, 리버풀, 에든버러, 독일의 올덴부르크와 베를린, 라이프치히, 슬로베니아의 류블랴나, 크로아티아의 노비그라드, 북아메리카 등 전 세계 각지에서 강연함. 학자 9명이 촘스키의 논리적 허구와 사실 왜곡을 신랄하게 짚은 《촘스키 비판서 *The anti*

^{chomsky reader}》출간. 이때까지 촘스키가 등장하는 영화만 28편에 이름.

2005년(77세) 《촘스키, 미래의 정부를 말하다^{Government in the Future}》 출간. 2003년 캐나다를 방문한 촘스키의 1주간의 행적을 담은 DVD 〈노엄 촘스키: 쉬지 않는 반항자^{Noam Chomsky: Rebel without a Pause}〉 출시. 《촘스키의 아나키즘^{Chomsky on Anarchism}》(배리 페이트먼^{Barry Pateman} 엮음) 출간. 인터뷰집 《촘스키, 우리의 미래를 말하다^{Imperial Ambitions: Conversations on the Post-9/11 World}》(데이비드 바사미언 엮음) 출간. 10월 《가디언^{The Guardian}》이 선정한 '세계 최고의 지식인' 1위로 뽑힘. 이때까지 받은 명예 학위와 상이 30여 개에 이름. MIT에서 열린 컴퓨터 언어학 세미나에 참석. 더블린의 유니버시티칼리지^{University College}의 문학과 사학회^{Literary and Historical Society}의 명예회원이 됨. 11월 《포린 폴리시^{Foreign Policy}》 선정 '2005 세계 지식인 조사'에서 1위를 차지함. 2위인 움베르토 에코^{Umberto Eco}의 두 배인 4만 표를 받음.

2006년(78세) 5월 《뉴스테이츠먼^{New Statesman}》이 선정한 '우리 시대의 영웅' 7위로 뽑힘. 5월 8일부터 8일간 촘스키 부부와 파와즈 트라불시^{Fawwaz Trabulsi} 등이 레바논을 여행함. 9일 베이루트의 아메리칸 대학교^{American University}에서 '권력의 위대한 영혼^{The Great Soul of Power}'이란 제목으로 에드워드 사이드 추모 강연함. 10일에는 같은 대학에서 '생물언어학 탐구: 구상, 발전, 진화^{Biolinguistic Explorations: Design, Development, Evolution}'라는 주제로 두 번째 강연함. 12일에는 베이루트 함라 거리^{Hamra Street}의 마스라알마디나^{Masrah al Madina} 극장에서 '임박한 위기: 위협과 기회^{Imminent Crises: Threats and Opportunities}'라는 제목으로 강연함. 촘스키의 강연과 인터뷰에, 동행한 사람들과 서남아시아 전문가들의 글을 덧붙이고 캐럴이 찍은 사진을 담아 이듬해 《촘스키, 고뇌의 땅 레바논에 서다^{Inside Lebanon: Journey to a Shattered Land with Noam and Carol Chomsky}》 출간. 미셸 푸코^{Michel Foucault}와의 대담집 《촘

스키와 푸코, 인간의 본성을 말하다*The Chomsky-Foucault Debate: On Human Nature*》출간.《촘스키, 실패한 국가, 미국을 말하다*Failed States: The Abuse of Power and the Assault on Democracy*》출간. 배우 비고 모텐슨*Viggo Mortensen*과 기타리스트 버킷헤드*Buckethead*가 2003년에 발표한 앨범 판데모니움프롬아메리카*Pandemoniumfromamerica*를 촘스키에게 헌정함.

2007년(79세) 대담집《촘스키와 이슈카르, 중동을 이야기하다*Perilous Power: The Middle East and US Foreign Policy: Dialogues on Terror, Democracy, War, and Justice*》출간. 뉴욕타임스 신디케이트에 기고한 칼럼을 모아《촘스키, 우리가 모르는 미국 그리고 세계*Interventions*》출간. 바사미언과의 인터뷰집《촘스키, 변화의 길목에서 미국을 말하다*What We Say Goes: Conversations on U.S. Power in a Changing World*》출간. 스웨덴 웁살라 대학*Uppsala University* 카를 폰 린네*Carl von Linné* 기념회로부터 명예박사 학위 받음.

2008년(80세) 2월 골웨이 아일랜드 국립대학교*National University of Ireland, Galway*의 문학과 토론 클럽*Literary and Debating Society*으로부터 프레지던트 메달*President's Medal*받음.《촘스키 지知의 향연*The Essential Chomsky*》(앤서니 아노브*Anthony Arnove* 엮음) 출간. 12월 대한민국 국방부가 발표한 '2008 국방부 선정 불온서적'에《미국이 진정으로 원하는 것》과《507년, 정복은 계속된다》가 포함됨. 이에 대해 "한국민의 위대한 성취를 거꾸로 되돌리려는 시도"라며 한국 정부 당국을 "독재자 스탈린을 뒤따르는 세력"이라고 강력히 비난함. 12월 19일 평생을 함께한 캐럴 촘스키, 암으로 사망.

2009년(81세) 국제 전문 통번역사 협회*IAPTI* 명예회원이 됨.

2010년(82세) 1월 MIT 크레지 강당*Kresge Auditorium*에서 러시아 출신 작곡가 에드워드 마누키안*Edward Manykyan*과 하버드 대학교 언어학과장 제나로 치에치아*Gennaro Chierchia* 등이 촘스키 가족을 초대해 특별 콘서트를 개최함.《촘스키, 희망을 묻다 전망에 답하다*Hopes and Prospects*》출간. 11월 일란 파페*Illan Pappé*와 대담하여 《위기의 가자 지구: 팔레스타인과 벌인 이스라엘 전쟁에 관한 고찰 $^{Gaza\ in}$ $^{Crisis:\ Reflections\ on\ Israel's\ War\ Against\ the\ Palestinians}$》 출간. 진보한 인문학자에게 수여하는 에리 히프롬상 $^{Erich\ Fromm\ Prize}$ 수상.

2011년(83세) 케이프타운에서 학문의 자유에 관한 다비 ^{Davie} 기념 강연함. 3월 9·11 이후 미국과 서구 국가, 서남아시아 국가의 권력 관계와 국제적 협상 에 관해 10년간 발전시킨 분석틀을 제시한 《권력과 테러: 갈등, 헤게모니 그리고 힘의 규칙 $^{Power\ and\ Terror:\ Conflict,\ Hegemony,\ and\ the\ Rule\ of\ Force}$》 출간. 9월 소프트 스컬 프레스 $^{Soft\ Skull\ Press}$의 리얼 스토리 $^{Real\ Story}$ 시리즈 중 베스트셀러 네 권을 모은 《세상은 어떻게 움직이는가 $^{How\ the\ World\ Works}$》 출간(한국에서는 〈촘스키, 세상의 권력 을 말하다〉 시리즈로 출간). 《미국이 진정으로 원하는 것》, 《부유한 소수와 불안 한 다수》, 《비밀, 거짓말 그리고 민주주의》, 《공공선을 위하여》가 묶임. 수 가 클수록 학자로서의 저명함을 입증하는 '에르되시 수 $^{Erdös\ number}$'가 4가 됨. 시드니평화상 $^{Sydney\ Peace\ Prize}$ 수상. 국제전기전자기술자협회 ^{IEEE} 인텔리전스 시 스템 $^{Intelligent\ Systems}$의 '인공지능 명예의 전당'에 오름.

2012년(84세) 4월 맥길 대학교 $^{McGill\ University}$ 철학 교수 제임스 맥길브레이 ^{James} ^{McGilvray}와의 대담집 《언어의 과학 $^{The\ Science\ of\ Language}$》 출간. 2007년에 낸 《촘스키, 우리가 모르는 미국 그리고 세계》에 이어 뉴욕타임스 신디케이트에 기고 한 칼럼을 두 번째로 모아 《촘스키, 만들어진 세계 우리가 만들어갈 미래 $^{Making\ the\ Future:\ Occupations,\ Interventions,\ Empire\ and\ Resistance}$》 출간(한국어판은 시대의창에서 2013년 12월에 출간). 2007년 이후의 칼럼에는 북한 이야기도 포함됨. 전해 11월 월 스트리트에서 시작된 '점령하라' 운동에 대한 강연과 대담을 엮어 《점령하 라 ^{Occupy}》 출간.

2013년(85세) 이모부의 신문 가판대에서 일한 경험 때문인지 오랜 습관이

된, 아침 식사 자리에서 신문 네다섯 개를 읽는 것으로 하루를 시작함. 신문 기사는 그날 강연의 화두가 되고, 자신의 주장을 뒷받침하는 배경이 됨. 1월《권력 시스템: 글로벌 민주주의 부흥과 미국 제국주의의 새로운 도전 *Power Systems: Conversations on Global Democratic Uprisings and the New Challenges to U.S. Empire*》(데이비드 바사미언 인터뷰) 출간. 8월 미국 외교전문매체《포린 폴리시》가 정보자유법[FOIA]에 따라 최근 공개한 CIA의 기밀 자료에 따르면, CIA가 1970년대에 촘스키의 행적을 감시했음이 밝혀짐. 9월 영화 제작자이자 탐사 전문 기자인 안드레 블첵 Andre Vltchek과 대담하여《서구 제국주의에 관하여: 히로시마에서부터 무인 전투 폭격기까지 *On Western Terrorism: From Hiroshima to Drone Warfare*》출간.

현재 미국국립과학아카데미 National Academy of Sciences, 미국예술과학아카데미 American Academy of Arts and Sciences, 미국언어학회 Linguistics Society of America, 미국철학회 American Philosophical Association, 미국과학진흥협회 American Association for the Advancement of Science 회원이며, 영국학술원 British Academy 통신회원 corresponding fellow, 영국심리학회 British Psychological Society 명예회원 honorary member, 독일 레오폴디나 과학아카데미 Deutsche Akademie der Naturforscher Leopoldina 와 네덜란드 위트레흐프 예술과학회 Utrecht Society of Arts and Sciences 회원. 전 세계 수십 개 주요 대학에서 명예박사 학위를 받음. 58년간 MIT에서 학생들을 가르쳐왔으며 지금까지 120권이 넘는 저서와 1,000편이 넘는 논문을 발표함.